德国人眼中的
欧战胜利日

To VE-Day Through German Eyes

德国人眼中的
欧战胜利日
纳粹德国的最终失败

[英]乔纳森·特里格　著　　　小小冰人　译

民主与建设出版社
·北京·

图书在版编目（CIP）数据

德国人眼中的欧战胜利日：纳粹德国的最终失败 /
（英）乔纳森·特里格著；小小冰人译. -- 北京：民主
与建设出版社，2024. 9. -- ISBN 978-7-5139-4726-8

Ⅰ. K516.44

中国国家版本馆 CIP 数据核字第 2024PZ9307 号

TO VE-DAY THROUGH GERMAN EYES: THE FINAL DEFEAT OF NAZI GERMANY by JONATHAN
TRIGG
Copyright © 2020 BY JONATHAN TRIGG
This edition arranged with THE MARSH AGENCY LTD
through BIG APPLE AGENCY, INC., LABUAN, MALAYSIA.
Simplified Chinese edition copyright:
2024 ChongQing Zven Culture communication Co., Ltd
All rights reserved.

著作权登记合同 图字：01-2024-3697

审图号：GS（2024）3139 号

德国人眼中的欧战胜利日：纳粹德国的最终失败
DEGUOREN YANZHONG DE OUZHAN SHENGLIRI NACUI DEGUO DE ZUIZHONG SHIBAI

著　者	[英]乔纳森·特里格	
译　者	小小冰人	
责任编辑	宁莲佳	
封面设计	戴宗良	
出版发行	民主与建设出版社有限责任公司	
电　话	（010）59417749　59419778	
社　址	北京市朝阳区宏泰东街远洋万和南区伍号公馆 4 层	
邮　编	100102	
印　刷	重庆市国丰印务有限责任公司	
版　次	2024 年 9 月第 1 版	
印　次	2024 年 9 月第 1 次印刷	
开　本	787 毫米 × 1092 毫米　　1/16	
印　张	19.5	
字　数	350 千字	
书　号	ISBN 978-7-5139-4726-8	
定　价	99.80 元	

注：如有印、装质量问题，请与出版社联系。

献词

1945年元旦那天，英国阴沉沉的，寒冷而又灰暗，战争还没有结束，仍在实施配给制。但人们自有独特的应对之道，有时候甚至孕育新的生命。当天，格洛斯特郡工人阶级聚居的德斯利村，罗伯特·基斯·特里格呱呱坠地。他又瘦又小，是凯丝和杰克五个孩子里的老四，凯丝在当地的利斯特厂工作，杰克在附近的菲尔顿制造"喷火"式战斗机机翼。

罗伯特本来注定要在当地上学，在当地工厂找份活儿，结识个当地姑娘，在出生地附近过完这辈子。但他没有认命，而是选择了完全不同的人生道路，凭借不服输的坚定意志辛勤工作，终于成为行业翘楚。他周游世界，相中了数百英里外的一个姑娘，还养育了一群调皮捣蛋的小男子汉。

他是个闲不住的人，总给自己找事情做，任何工作都全力以赴，而且干得很棒。虽说有时候他也会不耐烦，可他对孩子总是关爱有加，教会我如何做个真正的男人，也教会我如何做个好丈夫、好父亲。无论身处何处，我都知道他就在我身边，他强有力的手扶着我的肩膀，永远为我指明方向，有时候还推我一把。所以，爸爸，谢谢您，谢谢您做的一切，祝您75岁寿辰快乐，这本书是献给您的。

乔纳森·特里格

鸣谢

　　欧战胜利日结束了欧洲漫长的血腥战争史上代价最高昂的一场战争，写作本书是为了配合二战结束 75 周年纪念，可以说它延续了我上一部著作，也就是去年出版的纪念诺曼底登陆 75 周年的《德国人眼中的 D 日：德国军队是如何丢失法国的》一书。

　　本书是"德国人眼中"系列的第二部，从盟军赢得法莱斯的胜利，迫使德国军队仓促后撤讲起，涵盖了战争最后阶段，纳粹德国夹在西线盟军与苏联红军之间，最终覆灭于这场导致欧洲大陆生灵涂炭的惨烈战争。整个欧洲，几乎没有一寸土地或一个家庭不受战火波及，数亿人遭受的苦难和不幸难以言述，尤以巴尔干地区和东部为甚，也就是历史学家蒂姆·斯奈德说的"血腥之地"，那里的厮杀极为残酷，到今天也难以理解。

　　话虽如此，但本书并不打算涉足近乎无限的主题，而是把重点置于西线战事，讲述英美军队偕同加拿大、法国、波兰和其他国家的军队如何打击希特勒及德国军队。当然，我绝无贬低东线重要性的意思，苏联为击败希特勒和纳粹德国做出的贡献不可磨灭，但讲述任何故事都要有所侧重，我选择了西线。

　　1944 年夏季在诺曼底对阵的许多将领仍会出现在本书里，把战争进行到底，例如德国一方的冯·伦德施泰特、迪特里希、莫德尔，盟军的艾森豪威尔、蒙哥马利、布拉德利、巴顿。虽说他们也很重要，但和上卷一样，本书的重点不是这些高级将领，而是从散兵坑的视角看待战争的最后阶段，那些士兵坐在散兵坑里，泥泞和污水经常没过膝盖，他们冻得瑟瑟发抖，不得不忍受战争结束前似乎永无止境的那几个月。

正是这些人（有时候还有妇女）的经历促使我写作本书，书里大量引用了他们的话。可惜没等拙著付梓，他们中的许多人就已撒手人寰，但我还是想对他们所有人说声谢谢。

我要感谢吉米·麦克劳德慷慨提供他收藏的照片，还要谢谢我妻子雷切尔，你真了不起，还有我们的孩子马迪和杰克，你们太棒了。

术语说明

　　苏联红军今天已不复存在，尽管当初这支军队由诸多不同民族和种族的人员构成，但战争期间，大多数德国人把他们统称为"俄国人"，为方便起见，我保留了这个表述。至于地名，众所周知，战争结束后许多地名改了，尤其是苏联和疆域发生变化的地区，例如原先属于第三帝国，现在纳入波兰的那些地方。所以我在书里用的是旧地名，后面用括号标出现在的地名，好比布雷斯劳（今天波兰的弗罗茨瓦夫）。而国名呢，我直接用了今天的称谓，例如白俄罗斯我写的是 Belarus，而不是 Byelorussia。我还沿用了德国人的军事术语，好比 88. ID，是第 88 步兵师的缩写；以及各种军衔，例如上尉是 Hauptmann；等等。武装党卫队的军衔是个例外，我用了他们自己的称谓，例如 SS-Hauptsturmführer 等。本书附录有一份对应的军衔表。①

　　一如既往，此类著作多多少少都有错误之处，我深感抱歉，这些错误都由我本人负责，烦请读者包涵一二。

---

　　① 书中德国陆、海、空军和武装党卫队的军衔都已译成中文，所以本书中文版不含原书的军衔对照表附录。本书所有脚注均为译者注，其他均为原注，后文不再说明。

引言

阿道夫·希特勒自杀身亡，欧洲战争结束了，"圣诞节前一切都会结束"的老话果然没错。从拉脱维亚的库尔兰半岛起，穿过德国中部，一直到维也纳和意大利北部的波河河谷，数百万垂头丧气的德国官兵迈着沉重的步伐走向战俘营，原先的强制劳工和战俘人数更多，他们相向而行，踏上归国返乡的漫长路途。

部分苏联红军兵团驻扎在宽阔的维斯瓦河东岸，不少高级指挥员为没能赢得奔向柏林的竞赛懊恼不迭，但普通士兵依然兴高采烈，他们欢庆胜利，猛灌伏特加，同时也没忘记在已经宣称主权的既占领土上用枪口威逼德国居民赶紧离开。西线盟军和苏联红军进军途中发现的一座座集中营，大屠杀的可怕场面向世人揭露了纳粹主义的本质，许多男女遭到逮捕，纳粹犯下的罪行很快会被冠以"种族灭绝""反人类"罪。

胜利的代价当然很高，但西线盟军从诺曼底出击，横扫欧洲，穿越比利时，渡过莱茵河，1944年秋季攻入第三帝国腹地，给予希特勒政权致命一击。气候恶劣的冬季到来，但纳粹已无力回天。奇怪的是，为巩固新共产主义国家，斯大林决心攫夺巴尔干地区和东欧，这项决定延缓了苏联复仇大军的前进步伐，暂时让德国缓了口气，也让美国、英国、加拿大军队得以在萨克森、西里西亚肃清纳粹死硬分子负隅顽抗的最后几个包围圈。

经历了5年多的战火，1945年新年想必会以和平开始，可惜，和平没有到来，也不会到来。

盟军 1944 年 6 月 6 日胜利登陆诺曼底，历时 10 周的消耗战随之而来，西线德军精锐损失殆尽，再也无力坚持，突然间崩溃不足为奇。几乎一夜间，这支作战大军，这支介入欧洲大陆生活方方面面的占领军，彻底沦为杂乱无章的残兵败将。弗里茨·菲尔里德上校是个经验丰富的军官，参加过第一次世界大战，当年秋季刚刚调到西线任职，目睹了前线的局面："整个西线土崩瓦解，敌人横冲直撞……已攻入比利时，到达德国边界，罗马尼亚、保加利亚、斯洛伐克、芬兰向苏联求和，同1918 年的情况如出一辙。"

这番对比倒很贴切。1918 年 8 月，德意志帝国陆军在法国亚眠大败亏输，就像德国国防军 26 年后在法莱斯惨败那样，德军统帅埃里希·鲁登道夫把当年 8 月 8 日称为"德国军队倒霉的日子"。他说得没错，不到 4 个月战争就结束了，德国投降。1944 年的第二个回合，战事还会以同样的方式发展吗？鲁登道夫说的"倒霉的日子"，5 万德军官兵投降，而 1944 年的法莱斯包围圈，盟军抓获的俘虏数大致相当，时隔几十年的两场战役，都以德军败退、盟军奋勇追击告终。但 1944 年的情况不同，西线盟军的进军速度不再受徒步跋涉、马拉火炮限制，各集团军彻底实现了机械化，速度之快前所未见。车轮和发动机替代了马蹄和军靴，上次战争要走一天的路程，如今只要一个钟头，1944 年圣诞节前结束战争很有可能，绝非奢望。想当初，德军1918 年 8 月在亚眠惨败，当年 11 月不就投降了吗？

可惜事与愿违，1944 年整个冬季，激烈的厮杀仍在继续，来年春季依然如此，一直拖到夏季，无疑是交战双方一连串决策造成的。事实证明，他们的许多决定是错的，当然，有的影响不大，但也有些造成严重后果，总之都是悲剧。之所以说是悲剧，因为这些决策导致成千上万人陷入原本可以避免的悲惨境地。

结果，德国国防军 1944 年夏季遭受了他们战史上最惨重的两场败仗，西线在诺曼底，东线在白俄罗斯。德国两个完整的集团军群几乎彻底覆灭，损失相当于西线盟军此时投入欧洲大陆的总兵力。德军折损的不仅仅是人员，还有作战需要的各种装备，坦克、突击炮、火炮、迫击炮、车辆、弹药、油料、补给物资损失殆尽，一同丢失的还有他们先前占领的大片地区，换句话说，德国军队很快要退到本国边界从事防御作战了。

遭受了这么严重的灾难，世界上没有哪支军队能存活下来，苏联红军也许是个例外，但德国国防军也做到了，他们不仅继续存在，1945 年还抵抗了很长一段时间。他们是如何做到的？世界上消息最灵通的情报机构，当时认为德军"……不再是一支有凝聚力的军队，纯属散兵游勇构成的一个个战斗群，不仅组织混乱，还士气低落，就连武器装备也不足"[1]，可他们居然顽抗了那么长时间，这怎么可能！

该情报机构自信地预测道："西线之敌损失惨重……两个半月的激战很快会结束欧洲战局，胜利指日可待。"时任大英帝国总参谋部副总参谋长的约翰·肯尼迪少将当年 9 月写道："要是我们继续以近期的速度挺进，28 日前应该能到达柏林。"

狂妄？还真不能这么说，想想伯纳德·蒙哥马利当初为反攻欧洲大陆制订的计划，他认为盟军要到 D 日后 90 天才能到达塞纳河，可盟军只用 81 天就进抵该河。艾森豪威尔好斗的红发参谋长沃尔特·比德尔·史密斯也自信满满，公开宣称："从军事上说，我们已经打赢了这场战争。"史密斯的话当然有事实依据：德国几乎一整年生产的坦克和火炮，不是被击毁，就是被遗弃在法国各地；空中再也见不到德国空军的踪影；4 个德国集团军仅剩些残兵败将，盟军解放法国之际，德军残部或坐车或徒步，全速向东仓皇逃窜。

盟军攻入比利时，一举解放布鲁塞尔，天气很好，夏季战局至少还能持续两个月。希特勒此时仍在休养，"7·20"刺杀事件导致他头痛、胃疼挛、体力不济，他还做了切除声带息肉的手术。最近三周的大部分时间，这位独裁者只好躺在床上，整个国家的领导机制几乎陷入停摆状态。

值此关键时刻，盟军却犯了错，德国人迅速抓住机会。

错误是盟国远征军最高统帅部犯下的。德怀特·D. 艾森豪威尔协调多个国家组成的联军很有天赋，但在军事战略方面并不出众，忽略了克劳塞维茨集中兵力的格言，用腓特烈大帝的话来说，就是："想进攻所有目标的人，最后一个目标也实现不了。"①

难辞其咎的不光是艾森豪威尔。生性刻薄的伯纳德·蒙哥马利是大英帝国最优秀的战地指挥官，这段时间他也犯下一连串军事错误。盟军的后勤需求到达顶点之际，蒙哥马利出人意料地夺得安特卫普，这座港口极为重要，简直是天赐良机，可

---

① 腓特烈大帝的原话是："想守住一切的人，最后什么也守不住。"

他漫不经心地否决了优先控制水道的建议，这条水道从大海一路延伸到几座码头，机会就此错失。德国人以火炮和水雷封锁水道，盟军耗费了整整85天，首批物资才在安特卫普码头卸载，简直令人难以置信。

在此期间，蒙蒂发觉手头有个完整的空降集团军，某位历史学家的话可谓一针见血："他是个只要兜里有钱就得花光的人。"结果，"市场－花园行动"应运而生，在阿纳姆造成一场灾难。这场失利来得不是时候，适逢英国和加拿大耗尽人力，就连美国人也对旧世界的战友失去了耐心。

东线，苏联红军势如破竹地冲过白俄罗斯和波兰，在维斯瓦河畔停下脚步。斯大林倒没有要费心协调的联盟，他只关心以无情的策略着手打造对苏联有利的战后世界。这就要求苏联红军停在波兰境内，同时控制巴尔干和东欧，确保这些地区纳入苏联势力范围。

自D日以来，纳粹帝国总算有了最易于防御的边界，主要依托两条宽阔的河流：东线的维斯瓦河、西线的莱茵河。苏联红军和英美军队强渡这些河流不成问题，但也绝非易事。西线盟军因缺乏补给陷入停顿，东线军队把作战重点置于其他地区，这让柏林抓住机会。德国军队终于获得了当年秋季他们最需要的东西：时间。

德国军事工业以前所未有的紧迫感开足马力，说实话，第三帝国整个统治期间几乎从没有过这种事。在阿尔贝特·施佩尔领导下，德国工厂、矿山、车间出产的东西比以往任何时候都多，而且没有为数量牺牲质量。相反，德国军事工业眼下生产的部分武器，堪称当时最先进的装备，例如梅塞施密特Me–262、Me–163"彗星"式喷气和火箭战斗机，虎II式重型坦克（更普遍的称谓是"虎王"），世界上首款真正的突击步枪StG–44，甚至还有盟军飞机几乎发现不了的新型潜艇。

使用这些装备的人员，是德国当时能提供的最后一批人力资源，他们大多被编入新型兵团，也就是人民掷弹兵师。这种兵团的编制小于原先的陆军师，但配备的自动武器远胜以往。大部分人民掷弹兵师开赴西线对付流动状态的盟军，英国和美国投入欧洲大陆的兵力原本相差无几，可随着美国增派兵力，美国军队逐渐居于主导地位。

这种变化导致西线盟军丧失重点，沿德国西部边界从事了一连串艰巨的战役，不仅毫无意义，还付出了高昂的代价。几场战役消耗了兵力和物资，最重要的是浪费了时间，因此，待亚琛、梅斯，特别是许特根森林最终落入盟军手里，1944年结束战争已经来不及了。

上帝随后伸出援手，像以往多次做过的那样，促使阿道夫·希特勒胡乱指挥，以此帮助盟军。希特勒精心拼凑了一支名副其实的战略预备队，把这股军力投入他永远无法企及、就算达成也毫无意义的目标：西线的安特卫普、东线的布达佩斯。

希特勒孤注一掷的鲁莽进攻，让东线德军彻底丧失了在北面挡住苏联红军主要突击的希望，果不其然，苏联人充分利用了有利战机。他们发动一月攻势，从维斯瓦河进抵奥得河畔，离柏林市中心仅45英里。诚然，纳粹德国此时已输掉战争，就算希特勒不把几个集团军投入阿登山区和匈牙利平原，结局也不会改变，可如果包括装甲兵主力在内的50多个德国师冲向盘踞在波兰大草原上的苏联红军，会不会给对方造成无法估量的损失？说不定是另一场基辅或坎尼战役！苏联红军被迫转入防御的话，也许只能停止前进，眼睁睁地看着西线盟军越过莱茵河，把大奖柏林纳入囊中。

可事实恰恰相反，最终停下脚步观望战事的是西线盟军。

1945年3月底，英美军队攻入德国腹地，一举包围鲁尔区和德国国防军最后一个值得一提的野战集团军群，而后朝东北方奔赴德国首都，但他们没有为攻占柏林全力以赴。艾森豪威尔又犯了个近乎莫名其妙的错误，决定让苏联人攻克柏林，己方军队转身向南，赶去消灭纳粹最后一个负隅顽抗的支撑点，也就是所谓的"阿尔卑斯堡垒"。到目前为止，德国有组织的抵抗几乎彻底瓦解，东西线盟军胜利会师，一连串问候和庆祝随之而来，可他们很快发现，自己既不太信任，也不太喜欢对方。

随着战事平息，一股股难民大潮堵塞了各条道路、铁路、海上航线，迅速发展成欧洲有史以来规模最大的人口迁徙，这场迁徙今天被称为"种族清洗"。他们的确遭受了巨大的苦难，而此时，伦敦、华盛顿、巴黎的民众忙着欢庆许多人觉得永远不会到来的日子：欧战胜利日。

德国没有此类庆祝活动。不到30年，这个国家的武装力量又一次输掉了世界大战，本书就是失败者讲述的战败经历。

注解

1. 盟国远征军最高统帅部每周情报摘要第 24 期，1944 年 9 月 2 日。

目　录

CONTENTS

1944 年夏季 : 德军惨败

第一章

我亲眼看见党卫队摧毁了俄国一个村庄……就因为游击队打死个德国兵。把责任归咎于那个村子毫无道理，可他们还是把整个村庄烧成白地，枪杀了妇女和孩子。[1]

此事发生在 1944 年的苏联！

……我方士兵闯入某个村子，要是村里有什么他们看不顺眼的东西，就枪毙几个村民，就是这样。[2]

此事发生在 1944 年的意大利！

"来自柏林的上等猎兵米勒是个狙击手，他开枪打死了几个手捧鲜花去迎接英国官兵的妇女。"
"您也朝她们开枪了吗？"
"我只是从远处开了几枪，她们不知道子弹是从哪里射来的。"[3]

此事发生在 1944 年的法国北部，适逢法莱斯的灾难发生后，德国军队混乱后撤之际。

英国境内有很多战俘营，伦敦北部特伦特公园的那座最出名，英国情报部门没有理会国际法，在不少战俘营里安装了窃听设备，有时候还安插眼线，诱使关在同一间牢房的战俘道出某些实情，此举很有效果。

情报部门真正想了解的是军事机密，例如证实德国研发 V-1、V-2 火箭的情况，这件事还是德国装甲兵上将威廉·冯·托马无意间透露的，他当时跟另一位将领谈起战争初期到访库默斯多夫的详情。[4] 当然，遭击落的德国飞行员如何看待德国战机的性能，也是英国情报部门感兴趣的。

可这些宝贵的情报隐藏在一小时接一小时毫无价值的交谈里，喋喋不休的往往是年轻人，他们觉得无所事事、乏味的囚禁生涯无聊至极。战俘披露的情况大多没什么用，包括那些可怕的场面，例如猎兵艾因齐尔讲述的经历，他和上等猎兵米勒冷酷地枪杀了几个欢庆解放的法国妇女。这种近乎随意的残暴行径，背后往往隐藏着两种心态：首先是行凶者对平民深感厌恶，觉得对方的行为不啻为背叛；其次是对他们当初大肆吹嘘的武装部队愤怒至极，昔日无所不能的德国国防军居然落得今天的下场。艾因齐尔和米勒环顾四周，见到的无非是德国军队全面瓦解的惨状，而他们的整个人生都建立在军事结构上。

在巴黎做生意的德国商人赫尔曼·福斯目睹了德军撤出法国的情形，他的回忆有异曲同工之处："简直惨不忍睹，德国军队的后撤沦为溃败……一支支车队、运送伤员的车辆、坦克、火炮、平民百姓把各条道路堵得水泄不通。"[5]

跟随部队溃逃的某个同胞附和了福斯的说法："我无法讲述当时的场面，谈不上什么后撤，就是彻头彻尾的逃跑……那些汽车里装满烈酒、香烟、数百个罐头，还有油脂和肉类。"这颗苦果不仅难以下咽，还有毒，许多德国士兵反应强烈，就像艾因齐尔和米勒那样，朝手无寸铁的平民百姓开枪射击。

两个猎兵本来不该对灾难的发展感到意外。诺曼底战役失利，的确让德国西线陆军元气大伤。德军究竟伤亡了多少人，确切数字存有争议，但普遍认为，德国军队在争夺法国的战役中损失了50万人左右，外加1500辆坦克、3500门火炮、2万辆各种类型的非装甲车辆。D日前，德军平均每个月折损417辆装甲战车，而D日后的6个月，这个数字攀升到655辆。西线残存的各个兵团沦为空壳，20岁的沃尔夫冈·东布罗夫斯基在精锐的党卫队第9"霍恩施陶芬"装甲师服役，他承认："我们师在诺曼底战役中几乎彻底消耗殆尽。"[6]其他装甲师的情况也差不多，每个师平均只剩10辆可用的坦克，而不是编制表规定的近200辆。虽说不少步兵师还算幸运，眼下仍有四分之一的兵力，可步兵的状况实际上糟糕透顶，8个步兵师列为"残部"，另外8个步兵师就地解散，残余人员编入其他兵团。

在法国战场遭遇灭顶之灾的不仅仅是德国陆军，身着天蓝色军装的德国空军将士也为他们把法国的天空拱手让给盟军背负了不该承受的骂名，其实他们为这场实力悬殊的交战拼尽了全力。德国空军在法国损失了1400多架战机和数百名飞行员，包括大批调自东线、无可替代的王牌飞行员（也就是他们说的"专家"）。战斗机飞行员海因茨·克诺克取得过52个击落战果，奉命率领残余的5架破旧战机执行新任务，他的证词很能说明问题：

上级下达的命令蠢透了，依我看纯属发疯，简直是谋杀！……其他中队无法升空，因为他们的机场遭到敌战斗轰炸机扫射……德林［克诺克的僚机］爬升得太快，结果失速，左翼断裂，一头扎入树林，他当场阵亡……我们遭遇60多架"雷电"和"野马"，根本没办法逃脱，大难临头！这场空战几分钟就结束了。二级下士瓦格纳第一个被击落，他没能逃离燃烧的战机。我随后看见另一架飞机中弹起火，弗赖冈中士跳伞逃生。过了片刻，他的僚机中弹，拖着火焰坠落。此时就剩我和我的僚机飞行员伊克斯中士……子弹冰雹般袭来，噼里啪啦地击中我的座机。

克诺克击落一架"野马"后跳伞，看着一架架美军战机"继续发出阵阵雷鸣，疯狂地盘旋、逡巡，过了几分钟他们才明白过来，空中已没有一架梅塞施密特……我的中队执行了6次任务，损失12架战机，我们完蛋了"[7]。

德国海军的情况也好不到哪里去。战役期间，德国水兵沦为次要角色，可还是借助手头寥寥无几的技术装备尽了最大努力。他们部署在法国的水面舰艇本来就不多，大部分已葬身海底，面对盟军强大的实力和更胜一筹的技术，德国潜艇遭受的威胁越来越大，硬是把潜艇艇员的水下忍耐力逼到极限，正如U-480号潜艇航海日志里明确道出的那样：

……1944年9月12日，5点11分，爱尔兰以西300海里，40天来首次浮出水面。艇内臭气熏天，所有东西上都覆了层磷光颗粒……双联装高射炮的防盾打不开，铰链好像生了锈……

……17点10分……整座高射炮塔已无法使用，防盾从底座上被扯落，就连火炮也布满积垢……所有东西都被腐蚀了，覆满海里的衍生物……[8]

德国潜艇一次次溜出系泊区，悄悄潜入比斯开湾或英吉利海峡，结果遭到盟军飞机或战舰猎杀，一艘艘被击沉，到9月底，潜艇艇长的平均预期寿命只有两趟出航任务。尽管如此，德国潜艇仍对盟军舰船构成致命威胁。9月份第一周，哈特穆特·冯·马图施卡的U-482号潜艇击沉4艘商船和皇家海军"赫斯特城堡"号护卫舰，平安返回基地。设在法国的潜艇基地，眼下的处境几乎跟身处盟军水域的德国岛屿一样，于是上级下令放弃这些基地，驶往相对安全的挪威水域。

总之，大约18艘德国潜艇驶离比斯开湾的基地向北转移，最后一艘是U-267号，9月23日离开圣纳泽尔。行动期间只损失了鲁普雷希特·菲施勒的U-445号，她① 被皇家海军"路易斯"号护卫舰击沉，艇上人员悉数身亡。可是，安全的北方水域也不太平，因为皇家空军接二连三地轰炸德国人新建的潜艇基地，10 月 4 日把 U-228 号、U-993 号潜艇炸毁在卑尔根港内，这不过是德国海军 1944 年损失的 242 艘潜艇中的 2 艘。9 德国潜艇部队此时危机重重，整个北大西洋总共只剩 36 艘潜艇，其中 28 艘完成巡航任务后正返回母港。

令人难以置信的是，盟军全速攻往德国边界，可纳粹高层某些人仍认为对方在法国展开的是牵制行动，英美军队的真实意图是进攻斯堪的纳维亚半岛。西线潜艇司令部某些人就持这种看法，他们在 10 月 1 日的作战日志里写道：

……撤回 6 艘配备水下通气管［水下通气管是德国人的新技术，能让潜航状态的潜艇继续汲取海面上的新鲜空气］的潜艇用于大西洋。此举有点冒险，万一敌人进攻挪威或日德兰［丹麦］，我们根本来不及派潜艇接替她们。但眼下临近年底，大规模登陆未免太晚了，我们必须承受这种风险。

我们把话题拉回陆地，盟军进军路线上，各处一片混乱。里夏德·冯·罗森少尉上次参加战斗还是在诺曼底的卡尼，他率领几辆虎式坦克挫败了英军"古德伍德"攻势，此时却发现他和部队陷入仓皇逃窜的队伍：

上级命令全营开往比利时的列日，可我们没有油料……我发现某处有个油料库，于是驶往那里，连哄带骗，好不容易找人批了条子，弄到 5 立方米油料……四处弥漫着末日来临的气氛：敌人显然离这里不远了。

仅凭征用的汽油，罗森和他率领的寥寥几辆坦克走不了多远，油箱很快又空了。罗森确实很走运，因为他又设法弄到一节满载汽油桶的车皮，但其他人也想分杯羹："各种车辆从四面八方驶来，要求分点油料，简直像扑火的飞蛾。我起初在车皮周围逡巡，觉得只要自己在场，就能让那些不受欢迎的人离开，可情况显然不是这样！

---

① 本书所有人称代词按原文翻译。

于是我骑在坦克炮管上，手里攥着手枪。"

罗森的小股装甲部队再次动身，赶赴马斯特里赫特，进入德国领土前，他们遇到个马上要炸毁的仓库，于是翻出各种食物和饮料狼吞虎咽了一通。"返回德国的感受很奇怪……没有喜悦感。"[10]

确实很奇怪。许多人觉得这场溃逃简直像中世纪发生的事情，多年占领攒下来的行李和战利品，把逃命的德国人压得喘不过气来，队伍里还有好多随军家属，荷兰工业城市艾恩德霍芬某位居民厌恶地指出："许多车辆上坐着年轻姑娘，就是平日里跟德国人交好的那些女人。"[11] 德国兵瓦尔特·格利茨也有同感："海军士兵向北而行，不仅没有武器，就连备用军装也卖掉了……他们还对围观的老百姓说，战争结束了，他们要回家。一辆辆卡车上载满军官和他们的情妇，还有好多香槟和白兰地，正设法返回莱茵兰。"海因茨·克诺克和他的中队撤回帝国本土期间，目睹了这一幕：

> 法国高速公路上，最后两天目睹的场面令我深感震惊……我们的占领军忙着收拾行李，压根儿没想抵抗，这一幕真让人恶心……他们似乎觉得最重要的是保住性命……后撤沦为怯懦、惊恐的溃逃……一切关于军事职责的念头都早已抛诸脑后，各条道路上乱七八糟地扔着各种行李，一辆辆汽车上载满装有食物、饮料、战利品的板条箱，他们通常还带着法国女友，一同分享这些好东西。[12]

成千上万的通敌合作者生怕受到严惩，也拖家带口，想方设法逃往东面。有个荷兰人看见这些倒霉的坏蛋挤满当地火车站："火车站候车室看上去像个挤满流浪汉的旧货店，他们一个个垂头丧气，哭得稀里哗啦。"15 岁的朱利安·赫滕韦格也"哭得稀里哗啦"，他来自佛兰德斯的亨克，是赫滕韦格家 9 个孩子中的一个：

> 盟军 1944 年 9 月逼近，很快要"解放"比利时，我们逃往德国的吕讷堡草原。战争最后几个月，林堡的抵抗组织和盗抢团伙越来越猖獗，杀掉了好多"通敌者"无辜的家属……随着战败日益临近，见风使舵、加入抵抗组织的家伙越来越多。

朱利安的姐夫弗朗斯·博芬在武装党卫队服役，阵亡在苏联境内，他两个哥哥很快也要加入武装党卫队，而他的一个姐姐，自1943年起就在德国容克斯飞机厂干活。全家"住在高级资深工程师赫尔穆特·舍尔普的避暑别墅里……母亲和几个姐姐给庄园住户帮工，父亲在锻造厂干活"。朱利安不觉得家人同占领军关系友好有什么错：

> 没人觉得德国人会输掉战争，所以照常过日子，孩子去上学，大人去上班，问医看病也没什么问题，日子过得挺好。我们都很钦佩德国，他们把一切组织得井井有条，对待我们的言行举止总是很得体。[13]

抱有这种想法的不止他一个。战争期间，4万多名比利时人在德国国防军或武装党卫队服役，大多是佛拉芒人，但也有数千名说法语的瓦隆人自愿加入德国军队，而德国军队里的荷兰人不下5万。至于支持德军但没加入德国军队的人，那就更多了。荷兰人扬·蒙克确实穿上了德国军装："我1942年加入武装党卫队，我不是NSB（荷兰的亲纳粹党派，国家社会主义运动）党员，但在学校里总是替德国人说话，某天，几个同学对我说：'既然你这么喜欢德国人，干吗不加入他们的军队呢？'于是我参加了武装党卫队。"蒙克跟随党卫队第5"维京"装甲师在苏联作战，身负重伤，伤愈后回家休假，1944年9月刚好在莱顿：

> 休假很快要结束了，我准备返回部队。母亲给我装了些三明治，令我无比惊讶的是，我哥哥赫里特主动提出开车捎我一段，送我到能搭上德军车队的地方，要知道他可是个坚定的反纳粹者……战争结束后，赫里特告诉我，他一直是抵抗组织成员，开车送我是怕我在途中给人捅上一刀。[14]

几个低地国家，大多数人跟赫里特有一样的想法，支持扬的毕竟是少数，所以，看见讨厌的德国佬狼狈逃窜，他们乐坏了，这种情绪在 *Dolle Dinsdag*（疯狂星期二）那天到达顶点，1944年9月5日就此得名。荷兰人从广播里听说马上要解放了，兴奋得情不自已，纷纷拥上街头，在各处挂上荷兰橙色国旗，还无情地嘲笑狼狈不堪的德国佬。不过，他们肯定有点操之过急，因为荷兰大部分国土仍控制在德国人手里，这种状况一直持续到战争结束。

比利时的情况则不然，英国和加拿大军队长驱直入，没几天就解放了比利时大部分领土。的确如此，爱尔兰禁卫装甲团9月2日的战时日志写道："这场进军势如破竹，13个钟头我们前进了82英里。"当天傍晚，他们的军长——一头白发、才干出众的布莱恩·霍罗克斯把麾下军官召到法国北部离比利时边界只有16英里的杜埃，简要通报了次日的目标，不是别处，正是90英里外的比利时首都布鲁塞尔。

第二天早上，禁卫装甲师的装甲车、谢尔曼坦克、布伦机枪运载车发出阵阵轰鸣，拥入比利时境内，虽说烦人的抵抗多少耽搁了他们的进展，但英军9月4日上午还是顺利进入布鲁塞尔。师长艾伦·阿代尔乘坐克伦威尔坦克走在队伍最前方，欢呼的民众人山人海，上前围住禁卫军官兵，似乎想以鲜花、亲吻、美酒的海洋"淹死"他们的解放者。难怪在蒙蒂司令部任职的英国军官卡罗尔·马瑟会说："我们确实认为，倘若一切顺利的话，圣诞节前有可能结束战争。"[15] 马瑟的德国对手也有同感，就连死硬的纳粹分子、党卫队第12"希特勒青年团"装甲师师长、绰号"装甲迈尔"的库尔特·迈尔也觉得：

> 实际上，鲁尔区毫无防备地暴露在盟军先遣力量面前，没有什么能阻止蒙哥马利攻占德国的军备中心。只要盟军调集10~15个师，朝西北方发起强有力的突击，就能彻底粉碎德军的抵抗，几周内结束战争。[16]

迈尔当然知道自己在说什么。他的师在诺曼底战役期间损失惨重，所剩无几的残部眼下正殊死奋战，企图守住默兹河畔的防线。可此举毫无意义，因为"希特勒青年团"装甲师的友邻部队收拾行装撤往东面，连个招呼也没打，导致迈尔的侧翼暴露在外，丧失了掩护。该师独木难支，只好跟随友军退却。

布鲁塞尔陷落，柏林的德国最高统帅部深感震惊，没过几个钟头，更惊人的消息传来，英国第11装甲师攻克安特卫普。雪上加霜的是，比利时抵抗组织挫败德军爆破组的企图，保住了安特卫普的大型港口和码头设施。欧洲第二大货运港口仍能使用，而且落入了盟军手里。占地1000英亩的码头、数十台装载起重机、若干仓库保全后，获得解放的比利时人忙着搜捕滞留在城内的德国佬，以及通敌的当地人。首先落网的是安特卫普城防司令，此人的名字很长：克里斯托夫·楚·施托尔贝格 – 施托尔贝格伯爵少将。他原先有15000多名守军，近6000人和他一同身陷囹圄，其他人脚底抹油，以最快的速度逃之夭夭。关押这么多俘虏不容易，比利时人干脆动用了市内的动物园，一个大笼子关押德国兵，另一个关押通敌者，再用一个关押通敌者的家属。最惨的是那些涉嫌跟德国佬上床的年轻姑娘，先是被剃了光头在人群前遭受着羞辱，然后再关入单独的兽笼。

布鲁塞尔和安特卫普陷落，有个德国军官惊恐地指出："英军的推进……实际上包围了冯·灿根将军的第 15 集团军。"昔日强大的第 15 集团军，眼下彻底困在斯海尔德水道南侧，似乎注定要被俘或覆灭，盟军把这个包围圈称为"布雷斯肯斯口袋"。西线德军仍在几个低地国家的余部，也就是第 7 集团军和第 5 装甲集团军的残余力量，简直是一群残兵败将，他们想方设法不让盟军先遣部队追上。

这里什么都没有，没有预设防线，没有战略预备队，也没有大批援军开来。进入第三帝国腹地的门户大开，几乎没有任何防御。德国国防军面临最终的失败，"霍恩施陶芬"装甲师的沃尔夫冈·东布罗夫斯基对此心知肚明："待我们到达荷兰，局势已然无望。"盟军只要再加把劲，就能歼灭西线德军，一举结束战争，德国兵弗里茨·耶尔奇承认："我们完蛋了，一点指望也没有。"

东布罗夫斯基和战友面临灭顶之灾，东线德军一点忙也帮不上。希特勒 1941 年 6 月入侵苏联，时隔 3 年的同一天，莫斯科发动"巴格拉季昂"进攻战役，时至今日，西方人士依然对这场攻势的详情知之甚少，但"巴格拉季昂"无疑是战争期间最重要的战役之一。这场进攻战役声势浩大，苏联红军投入的兵力超过 200 万，而德军兵力不到他们一半，苏联红军的 5000 辆坦克和自行火炮至少占有 5∶1 的优势，他们还获得 3 万多门火炮、迫击炮、6000 架战机支援。[17] 就连战场也很庞大，双方激烈厮杀的这片土地，面积 4 倍于东普鲁士。

苏联红军投入整整 4 个方面军的 166 个师，打击恩斯特·布施元帅的中央集团军群。由于缺乏车辆和油料，德军几乎丧失了机动性，再加上布施和希特勒命令他们无论如何都得原地坚守，中央集团军群命数已定。短短 5 天，苏联红军就在 6 处突破德军防线，一举收复明斯克，随后解放了整个白俄罗斯。希特勒解除了布施的职务，但改变不了任何结果。这场灾难远远超过斯大林格勒，中央集团军群灰飞烟灭，损失高得惊人，百万将士折损了三分之一。

到 8 月份，西线盟军忙着封闭法莱斯口袋之际，苏联红军已前进 300 英里左右，华沙和东普鲁士近在咫尺。维尔纳·布洛克是东线德军的坦克驾驶员：

入伍时我刚满 17 岁，我自愿加入武装党卫队，您知道的，他们可是精英。父亲不同意，我那时候年龄不够，他不答应我就无法参军入伍。于是我对他说："爸爸，我不想当步兵，我想加入武装党卫队，当装甲兵。"就这样，他总算松了口。

接受训练后，布洛克被派往东线，很快领教了战争的现实：

到达俄国没多久，我们开着坦克驶过草原，坦克舱盖开着，车长坐在我后面的战斗舱内。引擎的轰鸣吵得很，反正我没听到任何动静，可随后感觉到有什么东西滴到我头上，顺着脖子往下淌，没完没了，我随手抹了一把，哎呀，全是血。车长中枪了，坐在战斗舱里血流不止。

到 1944 年夏季，布洛克已成为老兵，亲身经历了东线德军的大溃败：

坦克舱盖开着，其实我不该打开舱盖，可太热了，坦克里简直像火炉。就在这时，一发炮弹落在旁边，离我们太近了，真的很近，我坐在驾驶座上，车长的脑袋掉在我腿上，这句话一点没夸张。炮弹炸飞了他的头，他的眼睛仍睁着，就这样直愣愣地盯着我，真吓人，太可怕了……但更吓人的是烤肉味，以及车组人员在坦克里被活活烧死的惨叫声。[18]

东线德军处境危急，西线德军丢失布鲁塞尔和安特卫普之际，党卫队二级突击队中队长梅茨格和部下正在波兰东部殊死奋战：

我们连把三辆突击炮部署在杰尔热宁公墓西面 1 公里处……敌人大举进攻……上午 11 点，我们终于以猛烈的火力击败了他们……我继续封锁北面……17 点，我们又击退敌人在阵地前方发起的猛烈冲击。战斗中，我方一辆突击炮履带严重受损，主减速器也出了故障……17 点 45 分，敌人再次进攻，我们全力抵抗。对方占有绝对优势，不断取得进展，很快就直接沿我的左翼进逼。我对付敌步兵时，看见右翼 200 米外有两辆 T-34……不到 20 秒，两发炮弹击毁了两辆敌坦克。整个进攻停顿下来……敌人部分突击力量退往后方。[19]

时任第 9 集团军司令的装甲兵上将尼古劳斯·冯·福曼不顾一切，企图守住某道防线："敌人的进攻彻底突破第 73 步兵师的防线……前几周的激烈战斗，第 9 集团军损失惨重，眼下仅仅是一股战斗力低下的作战力量。"来自瑞典的党卫队战地记者约斯塔·博里从前线发回报道：

> 敌人那一侧的各条道路上，挤满一支支车队，每片林地都塞满坦克、步兵、重装兵团……新调来的炮兵部队轰击各个路口、炮兵连阵地、指挥所；有个营报告，麦田里满是悄然逼近的敌步兵……一辆汽车中弹起火，腾起黑色烟柱，肉体燃烧的臭气，鲜血，破布，阳光，尘埃，苍蝇。第一批伤员，血迹斑斑的绷带，扯开的战斗服，一天没刮的胡茬，眼睛奇怪地睁着……战场上的人，好多是年轻小伙，为保住性命，拼命把散兵坑挖得深些，瞄准，装弹，射击，惨叫或爬离，好多人还没倒下就阵亡了。

最后，由于补给线过度拉伸，再加上德军加强了抵抗，苏联红军终于停在维斯瓦河畔。东线德军挡住不断前进的苏联红军，总算获得喘息之机，但有个事实无法掩盖，"巴格拉季昂"战役可能是战争期间纳粹德国败得最惨的一仗。

这场战役也影响到西线德军，因为东线德军再也无力提供支援。那么，能不能从南方的意大利战线抽调兵力呢，毕竟还有 28 个德国师在那里抗击英美军队。那条战线上的盟军登陆西西里，首次踏上意大利领土，还要追溯到 1943 年 7 月 9 日，打那以后就是惨烈的消耗战，就连天气和地形似乎也跟盟军作对。他们由南向北，沿半岛而上，不得不为争夺每一寸土地苦战。有个老掉牙的笑话恰如其分地说明了他们的进展——城里人向背靠篱笆的农夫打听方向，农夫告诉他："嗯，要是我去那里的话，肯定不会从这儿出发。"

其实，由北向南征服（盟军的情况用"解放"一词更恰当）意大利容易得多，但就 1944 年 9 月的情况看，德军部署在半岛上的兵团实力不足，损失惨重，党卫队第 16"党卫队全国领袖"装甲掷弹兵师的一级突击队中队长维尔弗里德·泽格布雷希特对此心知肚明："此前我们觉得意大利是个好地方，阳光明媚，居民待人友善，可现在不同了。我们看不见远处，不知何故，群山令人难以忍受……那里给我们造成严重的创伤。"佛罗伦萨西北方，托斯卡纳区圣马尔切洛 - 皮斯托耶塞南面的战斗中，泽格布雷希特亲眼看见他最信任的军士、党卫队小队长比勒被一发炮弹炸成碎片："我简直不敢相信，待我爬回掩体，毫不羞愧地失声痛哭起来。"[20]

不过，德国军队能不能继续打下去，最大的威胁倒不是缺乏兵力、坦克、火炮，反而是某座籍籍无名的城市 8 月 30 日陷落，对西线、东线或南线德军构成真正的威胁。这座城市名叫普洛耶什蒂，人口不到 10 万，位于罗马尼亚首都布加勒斯特以北 35 英里左右，欧洲人几乎没听过，更别说去过了。普洛耶什蒂最初是个毫不起眼的手工制造业中心，后来发现的石油彻底改变了该城，梅海丁采亚努兄弟 1856 年在那里建立了世界上首座大型炼油厂。20 世纪初，国外的投资，尤其是英美两国的大笔资金，改变了普洛耶什蒂的面貌，到 1939 年，罗马尼亚的石油为第三帝国重整军备提供了巨大的动力。1944 年，该地区十几个炼油厂星罗棋布，最大的是阿斯特拉罗马尼亚厂，它全盛时期的汽油月产量高达 146000 吨。总之，罗马尼亚油田为轴心国战争机器提供了 2500 万吨宝贵的石油。

希特勒对现代战争的经济问题痴迷不已，经常说要是没有罗马尼亚的石油和瑞典的铁矿石，德国军队就会瘫痪。纳粹德国缺乏石油，而战争伊始，盟军规划者却没有发现石油是个可资利用的阿喀琉斯之踵，这种情况令人惊讶。诚然，美国人 1942 年、1943 年两次轰炸普洛耶什蒂，可到 1944 年 6 月底，石油目标在盟军重型轰炸机的优先打击名单上仅占第三位，排在飞机制造厂和德国本土通往诺曼底的铁路线后面。"石油目标"也包括第三帝国的合成燃料生产网络，德国人耗费巨资，以合成燃料厂生产了他们需要的近半数汽油和三分之二的特种航空燃料。

尽管如此，盟军自 7 月底起稳步加强轰炸攻势，给德国炼油厂造成严重破坏。到 9 月份，几乎没有一家合成燃料厂还能全面运作，月产量从 17.5 万吨下降到少得可怜的 1.2 万吨。德国空军受到的影响堪称灾难，高辛烷值航空汽油几乎彻底断供。为节约库存油料，德国人想尽办法，甚至停飞了夜间战斗机，这让皇家空军轰炸机机组的损失大幅度下降，6 月份的损失率还是 11%，3 个月后已不到 2%。

到 10 月底，石油战已成为盟军轰炸机攻势的重中之重，11 月 2 日，美国第 8、第 15 航空队合兵一处，对纳粹燃料工业发起全面打击。损失很大，40 架轰炸机遭击落。但德国空军更惨，损失的飞机比美军多三倍，70 名飞行员非死即伤。第三帝国军工生产总指挥阿尔贝特·施佩尔当然知道情况的严重性：

1944 年 10—11 月，盟军对石油工业发起新的空袭，这些空袭相当成功，导致我们的产量几乎降为零。军队储备的油料逐渐耗尽，我们根本没有训练战斗机飞行员的汽油，坦克也只能行驶很短的路程。[21]

　　这种情况迫使德国最高统帅部 1944 年秋季给整个国防军下达了总命令，大幅度削减每天分配给各师的油料，从 7200 加仑降到微不足道的 1200 加仑。[22] 为维持战争，柏林现在只能依靠匈牙利的瑙吉考尼饶小油田，[23] 外加奥地利寥寥几口油井挤出的几桶石油。

　　我们再把话题拉回荷兰，沃尔夫冈·东布罗夫斯基还不知道东线发生的事情，不过他很清楚英美军队的实力，对西线德军的处境不抱任何希望："以这些杂乱无章、惊恐逃窜的部队构设防线似乎不太可能……我们觉得，一旦退过德国边界，一切就都要结束了。"[24]

注解

1. Neitzel, Sönke and Welzer, Harald, *Soldaten*, p146。迈尔中尉的谈话录音。

2. Neitzel, Sönke and Welzer, Harald, *Soldaten*, p145。党卫队第 16 "党卫队全国领袖"装甲掷弹兵师士兵布拉斯的谈话录音。

3. Neitzel, Sönke and Welzer, Harald, *Soldaten*, p85。两个德国伞兵谈论盟军 1944 年夏季进攻的录音，第二个谈话者霍伊尔，可能是英国人为诱导交谈内容故意安插在牢房里的"探子"。

4. 1943 年 3 月 22 日，英国人录制、翻译了冯·托马与同为战俘的路德维希·克吕维尔的交谈内容："我跟布劳希奇元帅去那里看过一次，库内斯多夫［原文如此］附近有个秘密基地……那里放了些很大的东西……他们总说这玩意儿能飞入平流层 15 公里，然后……只要瞄准某片地域……要是有谁……每隔几天……真可怕……少校信心十足，他说：'明年有乐子看了！'"

5. Hagen, Louis, *Ein Volk, Ein Reich*, p111。采访赫尔曼·福斯。

6. Kershaw, Robert J., *It Never Snows in September*, p20.

7. Knoke, Heinz, *I Flew for the Führer*, p170.

8. Carruthers, Bob (ed), *The U-Boat War in the Atlantic Volume III: 1944-1945*, p218.

9. 德国海军 1944 年损失了 250 艘舰艇，除 8 艘外都是潜艇。战争爆发时，纳粹德国只有 57 艘潜艇，战争期间又制造了 1153 艘，其中 830 艘执行了 3000 次作战任务，击沉的商船数超过 3500 艘，其中三分之二发生在大西洋，但英方记录对这个数字质疑，认为只损失了 2500 艘商船。德国潜艇还击沉约 175 艘战舰和辅助舰船。盟军共击沉 636 艘潜艇，另外 85 艘因碰撞或其他非战斗事件沉没。德国海军约有 4 万名水兵在潜艇上服役，人数大致相当于 3 个德国步兵师，约 2.8 万人丧生，伤亡率高得惊人。德国投降后，154 艘潜艇浮出水面，升起投降的黑旗，驶往指定投降的港口。其中大多数，大约 121 艘，1945 年年末和 1946 年年初被凿沉在北爱尔兰利萨哈利或苏格兰洛赫瑞恩外海的深水里。

10. Von Rosen, Richard Freiherr, *Panzer Ace*, p276.

11. Beevor, Antony, *Arnhem*, p10.

12. Knoke, Heinz, *I Flew for the Führer*, p176.

13. 本书作者采访朱利安·赫滕韦格。

14. 本书作者采访党卫队第 5 "维京"装甲师的扬·蒙克。

15. Williams, Andrew, *D-Day to Berlin*, p219.

16. Meyer, Kurt, *Grenadiers*, p308.

17. Perret, Bryan, *Knights of the Black Cross*, p192.

18. 本书作者采访党卫队第 5 "维京"装甲师的维尔纳·布洛克。

19. Klapdor, Ewald, *Viking Panzers*, p364.

20. Holland, James, *Italy's Sorrow: A Year of War, 1944-1945*, p352.

21. Holmes, Richard, *World at War*, p434.

22. Atkinson, Rick, *The Guns at Last Light*, p358.

23. 可资比较的是，战争期间美国生产了 6 亿吨石油，罗马尼亚只有 2500 万吨，而匈牙利的战时石油总产量仅 310 万吨，罗马尼亚油田丢失后，德国获得的石油 80% 来自匈牙利。

24. Kershaw, Robert J., *It Never Snows in September*, p20.

别跑了，转身迎战！

第二章

我们输掉了一场交战，但我告诉你们，我们会赢得战争。尽管发生了这一切，也别动摇你们对德国未来的坚定信念。我们要为元首争取时间，好让他把新部队和新装备投入交战。他们会来的！

此时是1944年9月，德军官兵听到的这番话，不是出自党卫队头头海因里希·希姆莱或宣传部长约瑟夫·戈培尔等纳粹高官，而是瓦尔特·莫德尔，他是西线德军最高军事统帅，也就是西线总司令。上述这番话出自"疯狂星期二"两天前他下达的日训令。空洞无物的夸夸其谈？除了大胆自信的言辞，莫德尔还有其他手段吗？巴特尔上尉似乎赞同总司令的说法："哪怕丢掉法国也没什么大不了的。"[1] 就连以往愤世嫉俗的沃尔夫冈·东布罗夫斯基似乎也抱乐观态度：

我们觉得战争也许结束了，可您要知道，我们这些下级士兵才十八九岁，我们的军官也才24~29岁，都是年轻人！我们不太关心生活中更深层次的问题，所以我们准备继续战斗。[2]

西线德军把法国和比利时苦涩的战场抛在身后，他们不断靠近帝国边界，心态发生了变化，巴特尔和东布罗夫斯基就是典型。德国人的决心不断加强，对盟军而言，敌人这种改变来得不是时候。

不是时候？盟军目前的进展不是一帆风顺吗？还真不是，问题出在盟国最高军事领导层，政治考量、错失的良机、彻头彻尾的错误致使圣诞节前结束战争的大好机会被浪费。

D日那天和诺曼底战役期间，盟军高级指挥部门团结和谐，职能明确，各司其职，这种状况跟他们的德国对手完全相反。德怀特·D.艾森豪威尔统揽全局，是大联盟的融合剂，也是伦敦、华盛顿政治领导人与战地指挥官之间的桥梁。蒙哥马利担任战场总指挥，听命于艾森豪威尔，负责策划、执行的战略是为盟军夺得牢靠的登陆场，再彻底歼灭西线德军。盟军随后在法莱斯大获全胜，可随之而来的争执和混乱却在本不该发生的时候发生了。

争论的重点很简单：最终击败纳粹德国，结束欧洲战争最佳、最快的办法是什么？暂时指挥盟军地面部队的蒙哥马利，在他的态势评估里明确阐述了自己的看法。

他认为集中兵力发起单路突击攻入德国，以夺取柏林为目标才是解决之道。因此，必须从其他战线大力抽调资源，最大限度地把作战力量集中到关键地段，也就是说，从北面穿过荷兰，强渡莱茵河，攻入德国工业中心鲁尔区，而后越过德国北部平原攻往首都柏林。当然，蒙哥马利打算亲自指挥这场突击，以他率领的英国和加拿大军队组成的第21集团军群为先锋。这项建议在盟军内部引发了轩然大波。

之所以说轩然大波，是因为蒙哥马利似乎忽略了大联盟内部不断变化的现实，还把实力持续壮大的美国军队降为从属地位。D日那天，英国和加拿大军队是登陆行动的主力，海上舰队他们占了四分之三，空中力量和地面突击部队也都超过半数。此时堪称战争期间大英帝国及其自治领军事实力的巅峰，打那之后，这股力量逐渐衰退，而且再也无法逆转。

加拿大政府决定，只有志愿者可以赴海外参战，这项政策安抚了许多法裔加拿大人和其他反对介入战事的人，他们认为那是"英国的战争"，可这样一来，哈里·克里勒的加拿大第1集团军就无法获得眼下急需的兵力了。到8月份，几个加拿大师严重不满编，只好以英军部队加强。可英国的情况也好不到哪里去，持续5年的世界大战几乎耗尽了英国的资源。大英帝国的殖民地和利益遍及全球，武装力量首屈一指的当数历史最悠久、实力最强大的皇家海军。自赢得特拉法尔加海战以来，皇家海军一直在海上保持优势地位，实力远胜对手，到1939年，世界上最强大的这股海军力量，战舰数量不下332艘（2019年，皇家海军只有75艘在役战舰）。虽说战争初期遭受了重大损失，包括"皇家橡树"号、"胡德"号、"反击"号、"威尔士亲王"号，但到1944年中期，皇家海军的战舰数量攀升到500多艘，人员也翻了4倍，从20万增加到80万。[3]

皇家空军发展得更快，1944年的机组人员略低于20万，还有100万男男女女担任各种辅助勤务。但战争期间实力增长最大的当数英国陆军。英国一直是志愿兵役制，只有在国家面临最高紧急状态的时候才采用征兵制，例如1939年年初，议会匆匆通过《国民兵役（武装部队）法》，应对纳粹德国日益加剧的威胁。这份法案起初规定，所有20~23岁的健康男性都有义务入伍服役。随着战争的继续，征兵年龄段逐渐放宽，最终适用于18~41岁的所有男性，英国陆军的规模达到290万人的顶峰。

但这种看似乐观的情形，掩盖了前线兵力日益短缺的严峻现实。1944年夏季部署在西北欧的每个英国步兵师，从编制上说应该有 18347 人，实际上很难实现，尤其是在最前方鏖战的那些连队，所以，每个步兵师的战斗兵力稍稍超过 6000 人。这是盟军军事结构的必然结果，他们的军事理论更看重炮兵、情报、后勤，而不是前线步兵，战斗兵与战斗支援兵的比例是 1：9，而 1944 年夏末，盟军迫切需要手持步枪的战斗兵。

早在 D 日那天，英国陆军部就估计，陆军兵力到当年 12 月会比 1943 年年底少 10 万。1944 年 8 月，随着前线的伤亡不断增加，陆军部严峻的预测迅速成真，英国国内只有 2654 名受过充分训练、做好战斗准备的步兵，等待部署到欧洲大陆。为弥补兵员缺口，英国人采取了一连串措施，起初都是应急之举，诸如合并同一个团里的几个营，皇家恩尼斯基林燧发枪手团合并第 2、第 6 营就是个例子。他们随后从次要战线抽调兵力，部署在意大利境内的大部分英军步兵营，从 4 个连减为 3 个，腾出的兵力调往法国。接下来轮到各兵团，辖内部队几乎被抽调一空，只剩军官，就像第 56（伦敦）步兵师第 168 旅，腾出的人员还是被派往了法国。与此同时，皇家炮兵和皇家空军团（皇家空军的地面警卫部队）也抽出 3.5 万人，重新接受步兵训练，而后跟随战斗支援、战斗勤务支援部队梳理出的数千人开赴前线。

不用说，大多数相关人员对这番举措极为不满，他们都知道前线到底有多危险。获得加强的前线部队也不高兴，见到新来的补充兵，英军某步兵连连长抱怨道："好多人连操作武器也不熟练，有些人甚至不知道手榴弹要拉发才能引爆，还有些军士走在路上，连地图也看不懂。"[4]

不仅如此，英国人很快就要采取更激进的措施，正如蒙哥马利在电报里向大英帝国总参谋长艾伦·布鲁克解释的那样：

> 很遗憾，我必须解散一个步兵师。我麾下步兵师的战斗兵力实在太少，无法在重大战役中有效遂行战斗任务了。请求批准立即解散第 59 步兵师。蒙哥马利。

第 59 斯塔福德郡步兵师的臂章是个笑意盎然的矿渣堆，顶部有个矿井绕组齿轮塔，以此纪念征兵区的采矿传统，该师在诺曼底打得很英勇，解散不会给师史或师里人员留下污点，相反，正如美国历史学家卡洛·德斯特说的那样："选中该师……完全因为他们是第 21 集团军群辖内资历较浅的师，跟他们的战斗表现无关。"不光第59步兵师，部署在意大利的英国第1装甲师也解散了，8月份他们在意大利半岛的几场战役中损失惨重，大部分人员作为补充兵被派往其他兵团。

与英国和加拿大相比，美国的军力发展刚刚步入正轨。得益于健康、营养良好的庞大人口，1940年只有17.5万人的弱小陆军，到1944年年末扩充为800万人的庞大军事力量，另有400万人在海军、海军陆战队、陆军航空队服役。罗斯福总统1944年10月在写给英国首相温斯顿·丘吉尔的信里抱怨道："我们现在都面临人力短缺，这种情况是预先没想到的。"这句话多少有点惺惺作态，丘吉尔肯定对此报以苦笑。

就1944年盟军在欧洲战场的战略而言，上述情况充分说明，美国人不会默然接受蒙哥马利"在北面发起单路突击"的建议。另外，该计划的潜在含义，是让比尔·辛普森的美国第9集团军、考特尼·霍奇斯的美国第1集团军听命于蒙蒂，美国公众舆论肯定会闹翻天，总统也不会答应，艾森豪威尔对此心知肚明。让美国充当大英帝国的跟班，这个主意不仅在国内遭到反对，就连美国最高军事圈也怒不可遏。时任美国第12集团军群司令的奥马尔·布拉德利[5]是个平心静气、处事泰然的密苏里人，可他受够了蒙哥马利，也看不惯英国人的自命不凡，他和巴顿竭力劝说艾森豪威尔否决英国人的计划，改为美军主导的南路推进。

面对争论不休的一众将领，艾森豪威尔的回答依然是艾克的风格，他是最终共识的促成者，也是最有能力调和各种矛盾的人，他决定不实施单路突击，而是沿整条战线的"宽大正面"推进，攻入德国本土。

这是个高明的政治策略，但从军事角度看糟糕透顶。

美国第3集团军司令乔治·巴顿同布拉德利的对话很能说明问题："该死的，布拉德，只要给我40万加仑油料，两天内我就能攻入德国。"但布拉德利没有40万加仑汽油，也不可能搞到。西线德军当面，目前有7个盟国集团军，美国4个，英国、加拿大、法国各1个，这些军团的机械化程度很高，好处不言而喻，但也带来个大问题。举例来说，一个美国装甲师通常有4200部车辆，包括232辆M4谢尔曼坦克，常规运动的话，每天消耗25000加仑油料，要是越野交战，油耗会增加到10万加仑。就连耗油较少的美国步兵师，每天也需要6500加仑。换句话说，仅部署在北部地区的4个盟国集团军，每个集团军每天就要消耗100万加仑油料。[6]再加上弹药、口粮、被服和其他各种战争物资，一个普通盟军师每天需要的总补给量达到了 600 吨。

除此之外，盟军还得承担解放的责任，必须养活当地百姓，否则就得冒上当地人挨饿、动乱的风险。这项任务可不容易，仅巴黎一座城市，每天就要消耗 2400 吨食物。消耗量确实很惊人，问题不在于盟国有没有油料或补给物资，他们有，还很多，关键是如何把这些东西运抵部队，这就是艾森豪威尔"宽大正面"战略的阿喀琉斯之踵。

盟军登陆诺曼底的计划大获全胜，把德国人打得措手不及，这方面的原因很多，其中一个是盟军当日没有以夺取任何一座重要的法国港口为目标。柏林方面长期以来一直认为，不使用大型港口，盟军无法加强登陆力量，也提供不了补给，他们依据这种思路制订了欧洲壁垒的防御计划。但盟军利用诺曼底几片海滩，避开德军大部分防御，极大地提高了胜算。虽说这项决定为 D 日的胜利打下坚实基础，但到 8 月底却让盟军自尝苦果！

现在，每颗子弹、每发炮弹、每盒口粮，甚至每滴汽油，都不得不卸在诺曼底海滩上，再驱车 300 多英里运抵前线。请注意，不是用火车，因为盟军针对敌交通线的轰炸攻势太彻底，法国与德国之间的铁路交通网已不复存在，盟军不得不把 31000 节美国铁路车厢拆散，运到法国重新组装后放在铁路上，以此弥补铁路车辆的缺失，但修复铁轨、桥梁、路堑也需要时间。

因此，这个时期前运一切物资唯一的办法是使用公路，派卡车运送，这就是当时著名的"红球快运"的由来。这个名称是那段时间美国铁路部门常用的术语，多少有点不恰当，因为"红球"其实是盟军后勤部门给第一条有组织的路线起的代号，很快又出现了另外几条路线，例如"绿钻""白狮"等，仓促组织的这些交通运输，唯一的目标是用卡车把各种物资尽快运抵前线。各条路线保持单向交通，不仅严格控制进出、车速、故障，还有若干警卫营保驾护航。

卡车主要是美国陆军运输兵提供的，早在 1943 年，他们就提出为即将到来的登陆行动组建 240 个新运输连，最后获准组建 160 个，这些运输连大多配备轻型、中型卡车，而不是能载运更多物资的重型卡车。一个个卡车车组，非裔美国人占了75%。美国军队里的种族隔离当时非常严重，加入战斗部队的非裔美国人少之又少。汽油装在传统的 5 加仑油罐里，到 9 月初，盟军运抵法国的油罐多达 2200 万个。[7]运输车队 8 月下旬投入运作，使用的卡车很快增加到 6000~7000 辆，任务是每天交付 5000~10000 吨补给物资。[8]

这是场了不起的后勤作业，只有 1948—1949 年的柏林空运能与之相比。"红球快运"充分证明，敢想敢干的作风是美国军事思想的闪光点。积极进取当然是好事，但也是他们最大的敌人，就像某位美国军官说的那样："据我所知，这恰恰是卡车最致命的杀手。"运输车队每天损失 70 辆卡车，不是出车祸就是发生机械故障，又或者遭遇德军散兵游勇伏击，总共损失了 7000 辆。[9]耗尽的不光是卡车，一支支运输车队每天消耗 30 万加仑油料，运送的油料也有这么多。他们付出的努力当然很了不起，可还是不够。

到 8 月底，巴顿第 3 集团军耗尽油料，8 月 30 日获得 3.2 万加仑汽油，仅仅是需求量的 10%。次日，他们发起迅猛突击，企图在凡尔登夺取默兹河上一座完好的桥梁，可没等到达目标，突击群的 17 辆坦克就有 14 辆耗尽了油料。

雪上加霜的是另一个情况，老话说得好，"兵马未动粮草先行"，换句话说，人不能靠汽油维生，反正盟军将士做不到。相关计算得出结论，这些官兵每人每天需要 66.8 磅物资，包括 8 磅弹药、7.2 磅口粮，甚至还有 7.3 磅建筑材料。汽车运输体系完全应付不来。

英国和加拿大军队面临的状况也很窘迫，英国政府一贯的做法是以大量分包合同从民用厂商那里采购车辆，这导致一支车队往往有几百款不同车型，简直是发疯，维修、零配件、缺乏互换性等固有问题无法避免。陆军部独特的采购方式糟糕至极，待他们明白过来为时已晚，例如刚刚交付的 1400 辆崭新的奥斯汀卡车，由于引擎活塞有问题，全都无法使用。他们赶紧检查仓库里备用的全新发动机，发现活塞也有同样的缺陷，英国人无计可施，只好使用德国军队遗弃的马拉大车。结果可想而知，8 月下旬，由于缺乏油料，加拿大某个军一连数日止步不前，英国第 2 集团军辖内 8 个师，2 个师奉命留在塞纳河一线，腾出油料让另外 6 个师继续前进。

解决后勤危机的办法不是没有，盟军必须夺取前进路线上的港口，这样才能以庞大的船舱缓解物资供应压力，仅凭卡车后厢有限的空间肯定不够。法国和比利时北部海岸散布着欧洲最好的一些港口，能不能利用呢，哪怕是一座？例如布列塔尼半岛的布雷斯特就很理想，那是法国舰队在大西洋海岸最重要的军港，水深足以容纳最大的货轮，还有数英里长的码头和泊位、好几英亩仓库和出色的停泊设施。

不过那里也驻有 4 万德军官兵，由空降兵上将赫尔曼 – 伯恩哈德·拉姆克统率。

他是个经历过克里特岛、意大利、东线战役的老兵，获得过高级勋章，最出名的当数他在北非从事的一场场交战。希特勒亲自命令他，务必在布雷斯特坚守到"最后一人一弹"，拉姆克是个忠诚的纳粹，决心奉命行事。[10]

布雷斯特大部分守军充其量只能算二流部队，除了第 343 步兵师辖内的静态要塞团，还有没了战舰的海军人员和部分建筑部队。不过，他们当中也有些官兵颇具战斗力，主要是第 266 步兵师经历过东线鏖战的老兵，以及第 2 伞兵师的伞兵。整座城市戒备森严，不仅有中世纪的石墙，还获得现代化碉堡、混凝土掩体、严密据守的炮台加强。守军储备了充足的弹药和口粮，等待盟军必然到来的进攻。

8 月 7 日，美国第 2 步兵师率先到达布雷斯特，随后展开漫长而又艰巨的战斗，企图突破德军防御。他们调来重型火炮和坦克，几乎把美丽的老城区夷为平地。拉姆克亲临前线，率领部队，特别是他的伞兵，展开顽强抵抗。战斗从 8 月持续到 9月，德国人仍在负隅顽抗。无奈之下，美军从英国人那里借来"鳄鱼"特种喷火坦克，逐一消灭环绕城区的各座堡垒，最强大的蒙巴雷堡抵抗到最后一刻才放下武器。9 月 19 日，拉姆克交出港口，率领守军向欧内斯特·海明威的朋友、美国第 8 步兵师副师长查尔斯·坎汉投降。

3 万多德军官兵列队走入战俘营，但投降前，他们彻底炸毁了港口，布雷斯特港直到战争结束后才重新启用。美军伤亡惨重，阵亡或负伤者高达 9831 人。海岸上方和下方，仍有 5 万多德军官兵困守近期加强的几座堡垒，盟军决定不再派兵夺取，把他们困在那里就好。可这样一来，盟军就无法使用敦刻尔克、洛里昂、拉罗谢尔、圣纳泽尔等港口，这些城市直到战争结束后才解放。

布雷斯特或法国北部另一些港口无法使用的话，还有其他港口吗？很巧，一颗熟透的李子 9 月初落入盟军手里，它就是安特卫普。安特卫普有 10 平方英里码头、20 英里海岸、不下 600 台起重机，是欧洲第二大货运港，仅次于鹿特丹，日卸载量8 万吨，完全能解决盟军日趋紧迫的后勤问题。

英军 9 月 4 日攻克安特卫普，港口仍在运作，艾森豪威尔日思夜想的问题似乎终于有了解决方案。货运船队可以直接驶往斯海尔德水道，停泊在安特卫普，卸下运载的物资，再用卡车转运到距离不远的前线。可惜他们无法做到，做不到是因为盟军犯了个大错，犯错的不是旁人，恰恰是蒙哥马利本人。

安特卫普通过斯海尔德水道与大海相连，这条水道长 40 英里，北面是瓦尔赫伦岛，希特勒把该岛定为瓦尔赫伦要塞。德国人料到盟军会夺取安特卫普，故而在瓦尔赫伦岛上部署了两个完整的高射炮、海岸炮兵营，还在水道布设了水雷。派皇家海军扫雷舰排雷的话，无疑会被德军重型火炮击沉。雪上加霜的是，步兵上将古斯塔夫-阿道夫·冯·灿根9万多人的第15集团军就部署在瓦尔赫伦要塞对面的水道南岸。

第15集团军一度是德国陆军实力最强大的野战集团军，盟军登陆期间，他们袖手旁观，眼睁睁地看着一个个德军精锐师为抵挡诺曼底地区的盟军消耗殆尽。该集团军现在撤到海岸地带，据守斯海尔德水道南岸，意外地发现此处是挫败盟军企图的绝佳位置。西线总司令部告诉冯·灿根："相关情报表明，只要我军顽强据守港口，就能限制敌人的补给，乃至他们的战斗力。务必以最大限度的抵抗，挫败对方夺取西斯海尔德水道、使用安特卫普港的企图。"

冯·灿根把命令传达给麾下部队，还强调了几处重点：

因此，我命令所有指挥官和受国家社会主义教育的军官，以最明确、最切实的方式指示各部队……英国人打垮斯海尔德水道沿岸的防御工事后，最终会把大批物资运到一座严密防御的大港口。有了这些物资，他们就能在冬季到来前给予德国北部平原和柏林致命一击……敌人知道，必须赶在我们彻底建立防御内线、派新锐师据守前，尽快对欧洲壁垒发起突击。为此，他们需要安特卫普港。出于这个原因，我们必须在斯海尔德水道沿岸防御工事里坚守到最后一刻。德国人民正看着我们。

冯·灿根的首要任务是以麾下主力渡过斯海尔德水道，开入瓦尔赫伦岛，留下后卫力量，尽可能长久地坚守南岸。身材矮小的第344步兵师前任师长、步兵上将欧根-费利克斯·施瓦尔贝①受领了率部队渡河的任务，他意志坚定地投入行动。

没有桥梁可用，施瓦尔贝只好征用了2艘荷兰旧货船、16艘内河驳船、3艘渡轮和几条机动橡皮艇。这支"船队"立即载上德军人员和装备，驶过3.5英里宽的水道，从布雷斯肯斯赶往瓦尔赫伦岛的弗利辛恩。由于盟军战斗轰炸机持续构成威

① 原文有误，施瓦尔贝此时是中将，先前不仅率领过第344步兵师，还担任过第719步兵师师长，此时是第67军军长。

胁,德军一切行动都得在夜间进行,昼间只能隐蔽在敌机视线外,夜幕降临才开赴登船点。23 岁的埃里希·亨泽尔中士也在渡河队伍里:

> 斯海尔德水道岸边,一名中校坐着卡车来了,车上满载香槟,还带着两个女人,他吩咐道:"把船给我!"担任渡船船长的二级下士气冲冲地拒绝道:"您就待在这里吧!"我们随即起航。连长是个正派人,对我们目睹的这一幕深感羞愧。[11]

这种抢夺船只的事件不多见,总的说来,渡河行动有条不紊,效率很高,主要得益于蒙哥马利似乎对眼皮下发生的事情漠不关心。虽说第 15 集团军的实力被严重削弱,但仍是个完整的集团军,他们被截断在水道南侧,处境岌岌可危,要是蒙哥马利迅速、果断地采取行动,本来能把冯·灿根和他的军团一网打尽,肃清斯海尔德水道南岸。相反,施瓦尔贝获得 16 个夜晚,率领第 15 集团军主力奇迹般地逃脱,简直令人难以置信。

埃尔温·桑德尔中将的第 245 步兵师率先渡河,瓦尔特·波佩中将的第 59 步兵师紧随其后,接下来轮到埃里希·迪斯特尔中将的第 346 步兵师和约瑟夫·赖歇特中将的第 711 步兵师。波佩将军是个经历过东线战事的老兵,对盟国海军居然没有阻拦德军渡河深感意外,他本以为会被对方"炸得飞出河面"。最后,不下 9 个德国师[12] 平安逃脱,共计近 8 万人,外加 400 多门火炮、数千辆卡车和其他车辆,他们甚至带走了几千匹马。[13] 这些人员和装备现在可以加强瓦尔赫伦岛的防御,同时在荷兰境内构设防线,驻守奈梅亨、艾恩德霍芬、阿纳姆等城镇。

库尔特·埃贝丁少将留在布雷斯肯斯指挥后卫力量,和波佩一样,他也是东线老兵。后卫部队的核心是第 64 步兵师,该兵团当年 8 月匆匆组建,随后投入法国战场,损失惨重。他们在利奥波德运河后方挖掘阵地,埃贝丁把没渡过斯海尔德水道的士兵悉数投入,全力加强防御。他的总兵力超过 1 万人,但战斗兵只有 2500 人左右,其他都是战斗支援和战斗勤务人员。埃贝丁率领部下,以水道边缘的布雷斯肯斯镇为核心,构设了柏林大肆吹嘘的"斯海尔德水道南要塞",但它更广为人知的名称是"布雷斯肯斯口袋"。接下来几周,他们成了盟军的眼中钉、肉中刺。

斯海尔德水道遭封锁,安特卫普港的码头闲置,盟军将士首次尝到补给短缺之苦,尤其是最重要的军事物资——弹药!整个西线战局期间,德军官兵总说盟军发射强大火力的能力是他们永远无法匹敌的，战役中，对方平均每分钟投掷 2 吨弹药，[14] 这是盟军作战理念的组成部分，总是优先考虑物质战，以此对付希特勒强调的战斗意志。但盟军的火炮现在逐渐沉寂下来，许多炮兵连每天只分到 4 发炮弹，巴顿第 3 集团军的情况尤为严重。

蒙哥马利的误判导致盟军步履蹒跚，适逢西线德军的恐慌开始消退，取而代之的情况只能称为"德国军队的九月奇迹"。不知怎么回事，纳粹战争机器以大批杂乱无章的官兵、几乎彻底瓦解的指挥机构重整旗鼓，恢复了秩序，但这也是战争中的最后一次。尽管德军各级指挥官 D 日当天没表现出任何主动性和干劲，但 9 月初，德国军队最优秀的一面展露无遗。德国外交部长约阿希姆·冯·里宾特洛甫的儿子鲁道夫是党卫队第 12 "希特勒青年团" 装甲师的一级突击队中队长，他解释了德国军队是如何实现这场转变的：

> 德国陆军采用了历史最悠久、最行之有效的管理制度……基本理念是，只有每个士兵都能在空阔的战场独自战斗，各部队才能发挥最大效力……德国军事操典的基本准则，要求德军各级部队必须能独立行动，充分发挥主动性。[15]

这番话与纳粹的刻板形象大相径庭，许多人原本觉得他们都是机器人，没有自己的想法，不加思考地投入战斗。随着盟军放缓追击速度、德军指挥机构重新发挥作用，尤其是他们的小股部队，秩序开始恢复。阿尔弗雷德·齐格勒是党卫队第 9 "霍恩施陶芬" 装甲师的摩托车传令兵，他回忆起这场转变："法国和比利时境内的混乱局面发生后，我们休整了 8 天，这场休整非常关键。我们利用这段时间重新编组，重新装备，我还趁机修好了摩托车。我们先前遭遇敌战斗轰炸机扫射，一发子弹射穿了摩托车发动机缸体。"

他的战友沃尔夫冈·东布罗夫斯基说道："我们营里，当初在德累斯顿完成一年训练的士兵，现在只剩 7 个，新来的补充兵自然没受过充分训练……尽管远处偶尔传来炮火的轰鸣，可我们还是愉快地活在近乎和平的环境下。"[16]

西线德军最高指挥机构此时也起了变化，希特勒绝望之余，再次把目光投向年迈的普鲁士老将格尔德·冯·伦德施泰特，请他出山稳定局面。几周前，希特勒刚刚解除冯·伦德施泰特的职务，而且是战争期间的第二次，但纳粹独裁者现在亲自接见这位先前公然嘲笑他是"波西米亚二等兵"的老帅："我想把西线重新交给您指挥。"

冯·伦德施泰特不该接受这项职务，应当把军事局势的真实情况告诉希特勒，就算接受任命，也该要求获得彻底的自主行事权，可他什么都没做，而是答道："我的元首，无论您下达什么命令，我都会尽己所能！"

冯·伦德施泰特随后驱车赶往科布伦茨附近的阿伦贝格，新的西线总司令部设在此处。他听取了参谋人员的汇报，作战处处长博多·齐默尔曼上校也在其中。齐默尔曼告诉总司令，西线总司令部目前统辖48个步兵师、15个装甲和摩托化师，但这些师的实力严重受损，真正的战斗力可能只相当于27个师，而当面之敌约有60个师。冯·伦德施泰特私下里说道："依我看，战争9月份就结束了。"但在公开场合，他未置一词，只是在发给柏林的电报里指出："B集团军群只有约100辆可正常使用的坦克。"

改变现状的念头是没有的，但1944年9月，听天由命的高级将领绝不止这位70多岁的普鲁士老帅。他的新任参谋长是骑兵上将西格弗里德·韦斯特法尔，此人也不是希特勒的忠实信徒，他后来回忆道："9月初，我出任西线总司令冯·伦德施泰特元帅的参谋长。我们有3个集团军群，共计8个集团军，但没有部队。"[17]韦斯特法尔在意大利服役期间精神崩溃，近期刚刚重返现役，尽管如此，尽管西线的局面极为严峻，可他还是按部就班地投入工作，从没认真考虑过德国已战败的现实，拖延战争不过是延长痛苦而已。

瓦尔特·莫德尔不再担任西线总司令，只指挥B集团军群，他是另一个有可能跟柏林领导层较劲，要求做出变革的高级将领。另一位将领弗里德里希·冯·梅伦廷把莫德尔描述为："……机灵警惕、衣冠齐整、脾气暴躁的矮个子，永远戴着单片眼镜，虽说是个干劲十足、精力充沛的军人，但很难把他视为曼施泰因合适的替代者，尤其是莫德尔太喜欢干涉细节问题，动辄告诉麾下的军长和集团军司令他们该把辖内部队部署在何处。"无论莫德尔是不是平民版的曼施泰因，他可能是唯一让希特勒感到不安的将领，这位独裁者亲口承认："他是我最好的陆军元帅……我相信他能把事情做好，可你们看见他那双眼睛了吗？我可不想在他手下服役。"莫德尔一直指挥B集团军群，几乎到战争结束前，他们始终是盟军在西线面对的劲敌。

毫无疑问，德军高级指挥部门严重缺乏坚定的意志，可他们总算行动起来，着手控制前线军事态势，还临时设立了一道防线，穿过荷兰，沿阿登山区、艾费尔高原延伸，越过孚日山脉、阿尔萨斯－洛林地区、德国南部，直达瑞士边界。

库尔特·施图登特是德国空降兵的缔造者，他匆匆赶赴西线，奉命组建第 1 伞兵集团军，以赫尔曼·戈林亲自提供的 2 万名缺乏训练、仓促拼凑的士兵接防荷兰南部。弗里德里希·冯·德尔·海特评论道："这些新伞兵师就是二流的高射炮野战师……纯属戈林的虚荣心作祟。"他对自己心爱的第 6 伞兵团获得的补充兵也印象不佳："年轻的补充兵占了全团人数的 75%，他们不是缺乏训练就是根本没受过训练。"

第 6 伞兵团的老兵阿尔贝特·施图尔姆赞同团长的看法："好多小伙才 17 岁，甚至还没长大。他们在跳伞学校获得额外的牛奶配给，加入我们团后，医生叮嘱他们继续喝牛奶，这样才能长得更壮实。"团部的西格弗里德·迪特里希中尉知道这批新兵需要帮助，于是他设法确保"每个连都有一两个老兵"。不管怎样，第 6 伞兵团另一名老兵弗朗茨·许蒂希看不出有什么能让他加强信心的事情："那些空勤人员，我说的是德国空军没了飞机的老飞行员，还有从后勤和行政部门抽调的人，都跑到我们这里……我们都知道，他们派不上任何用场。"

霍夫曼伞兵团是新建部队的典型代表，以团长霍夫曼中校的名字命名，人员大多是从各训练营召集的年轻人。加入团部的海因茨·福尔茨是个经验丰富的军官，可他一点不抱希望："我们团……甚至没配发统一的伞兵服，就连武器也不足。"三个营长中的两个没有战斗经验，大多数连长和 90% 的军士根本没打过仗，就连霍夫曼本人也是如此。福尔茨想方设法让全团做好战斗准备："最重要的是，我们至少给大部分士兵配备了自行车，好歹让部队多少有点机动性，我们手上的摩托车少得可怜，而且油料不足。"倒霉的是荷兰人，因为这些自行车是从当地百姓那里偷来的。该受谴责的德军部队不止霍夫曼伞兵团，战前的荷兰，800 万人口估计有400 万辆自行车，战争结束时最多只剩几十万辆。

施图登特采取种种应急措施之际，他的空军战友弗里德里希·克里斯蒂安森将军已经赶到荷兰，还派若干要塞营和空军人员开赴阿尔贝特运河据守防线。拼拼凑凑、临时将就成了司空见惯的事。骑士铁十字勋章获得者库尔特·希尔中将违抗命令，自作主张让第 85 步兵师余部调转方向，还收容了第 84、第 89 步兵师路过的残部，派他们据守防御阵地。同袍卡尔·西弗斯将军把他指挥的第 719 静态师人员召集起来，命令他们在阿尔贝特运河北岸掘壕据守，部署在克里斯蒂安森的空军人员旁边。

西弗斯的部下大多是中年人，他们惊愕地发现眼下据守的防线居然长达75英里，只有一个炮兵团提供支援，该团的火炮不仅老旧，型号也五花八门，难怪众人开玩笑说他们是"欧洲炮兵博物馆"。其他地方，德国海军失去战舰的水兵被编入"舰艇骨干营"，空军把各股航空力量辖内的地勤人员编为"航空基地"部队。荷兰党卫队队员组成的党卫队第3警卫营[18]不再看守阿默斯福特集中营，他们奉命开赴前线，营里好多人懊恼不迭，因为他们自愿加入党卫队的动机不纯，主要是不想去德国当苦力，这种想法完全可以理解。尽管如此，他们还是跟随46岁的营长、一级突击队大队长保罗·黑勒开赴枪炮声响起的方向。黑勒是个预备役军官，没有作战经验，完全依赖他年轻的副官、三级突击队中队长阿尔贝特·瑙曼，瑙曼倒是个老兵，先前在东线身负重伤，丢了右臂。

米夏埃尔·利珀特[19]是个经验丰富的武装党卫队军官，目前在阿纳姆担任党卫队士官学校校长，上级命令他停止训练工作，率领年轻学员开赴前线。利珀特在途中目睹了德军后撤的场面："大批德国士兵被拦下……无数车辆载着你能想到的各种东西，现场极度混乱。"另一些可能算不上一流的德军兵团迅速开抵，例如贝特霍尔德·施图姆中将的第176步兵师。该师7000名官兵在亚琛搭乘"闪电列车"[20]开赴西北方，赶去接防一段防线。他们能派上多大用场还是个未知数。该师没有战斗经验，以原先的空军人员组成，师里的"耳疾营"以患有严重听力问题的人员组成，"眼疾营"都是近视或远视的士兵，"足疾营"的人患有严重的腿脚疾病，其他人的情况也不好，例如"胃疾营"的人患有严重的肠胃道疾病，此前一直列为"不适合服兵役"。友邻部队根本看不起第176步兵师，说他们是"病号师"。

可事实是，德国人这套应急措施奏效了。盟国远征军最高统帅部的情报机构通知艾森豪威尔，截至10月中旬，德军前线兵力6周内增加了两倍。沃尔夫冈·东布罗夫斯基的指挥官、党卫队一级突击队中队长汉斯·默勒亲眼见识了这场重组整顿的效果：

9月6日，我们到达阿纳姆东北面的集中地域……三级小队长比金提前在这里做了许多工作，协助我们尽快进入战备状态。这只狡猾的老狐狸，修好了我们的两辆卡车和三辆半履带装甲车，真不知道他是从哪里搞到的零配件。[21]

开进中的盟军部队一头撞上仍在构设的德军防线，随之而来的激战相当残酷，施图登特的部下已做好准备，与实力强大的对手展开血腥厮杀。海因茨·福尔茨描述了霍夫曼伞兵团首次参战的情形："我们营在勒伊克斯赫斯特尔首度遭遇伤亡。9月13日或14日，一发炮弹直接命中堑壕，汉斯巴赫少尉当场身亡。纷飞的弹片引爆了营部某人携带的手榴弹，把他炸成碎片。在此期间，迫击炮弹还炸死个中士，他倒在指挥所门口。"尽管如此，纪律依然严明，福尔茨回忆，炮击期间电话响了："趁炮火短暂停顿，集团军司令部的沙赫特少校告诉我，他对当前情况一无所知，不习惯按照规定等电话。"²²冯·德尔·海特的第6伞兵团，虽说包括上等猎兵安东·里希特在内的部分老兵心存顾虑，可依旧打得很顽强：

> 真正的勇士寥寥无几……一切发生在几秒钟内。两具"铁拳"发出轰鸣，火焰喷射而出，伴随剧烈的爆炸，两辆谢尔曼坦克被炸碎。没等英国人明白过来，冲锋枪和手榴弹就在夜色中打响了，敌突击部队仓皇逃窜。²³

弗里茨·菲尔里德上校几天前还对德国军队土崩瓦解的惨状愤怒不已，现在注意到部下的变化：

> 第2营……部署在错误的地方，还遭到友邻部队"暗算"，结果被实力强大的敌人包围……他们在历时三天的激战中拼光了，只有少数散兵游勇和寥寥几辆坦克逃了回来。所有坦克、自行火炮、反坦克炮、高射炮部队几乎损失殆尽……第1、第3营奉命开往艾恩德霍芬……这道命令无疑是让他们去送死……令人难以置信的是，牺牲了那么多人，活着的士兵仍能放声大笑，相互调侃。²⁴

无独有偶，英国情报部门当时在英国各地的战俘营里偷偷录下大约80名武装党卫队军官和200名士兵的谈话内容，发觉他们都不相信当年秋季输掉了战争，更没人发表诋毁希特勒的言论。²⁵诚然，武装党卫队与陆军袍泽不同，但西线陆军大批将士似乎都下意识地做出决定，决不投降，转身迎战。不过，正如某个士兵承认的那样，不见得人人都抱这种想法："我们总共15人，就这样坐着，没人敢说'我们就待在这里，等美国人来俘虏我们'。当天傍晚，出现了一些德军士兵，他们对我们说道：'好了，跟上队伍！'于是我们不得不跟随他们出发了。"[26]

盟军也注意到了对手的变化：

德国人以各个团的残部或散兵游勇组建了若干战斗群，以指挥官的名字命名。这些战斗群实力不等，有的只有百十来人，也有的多达3000人，许多战斗群迅速投入战斗，速度快得就连德国士兵也不知道他们的战斗群叫什么。口粮和弹药短缺，但有些战斗群打得非常英勇，有时候甚至怀着狂热的决心……[27]德国人收容、整顿败军残部的能力相当出色。另外，他们新组建的战斗群，战斗力……似乎没有减弱。[28]

虽说盟军抱有这些看法，但不可否认的事实是，1944年9月初，西线德军战败了，想想1918年9月，德国高级将领还能下令停止无谓的杀戮，结束战争，而1944年的德军高级将领却无法做到。做不到的主要原因是他们所处的时代和政权不同，当然跟相关人员的个性也有关系。1918年，德皇威廉二世在德国国内的权力远不及1944年的希特勒，他也没有纳粹政权那种严密的安保机构，"7·20"刺杀事件的余波充分证实了这一点。

至于军方将领，二战期间的德国将领一再以效忠希特勒的誓言为借口，为他们不敢反抗独裁者开脱，而威廉二世呢，他当时问他的将领："你们当初发下的誓言呢？"他们回答："不过是说说罢了。"德国国防军的冯·伦德施泰特元帅也许瞧不上希特勒和他的纳粹党羽，而包括莫德尔在内的许多将领却对希特勒死心塌地，他们都没打算推翻纳粹政权，宁愿苦战到底。结果，德国军队取得重大胜利，经过激烈防御，他们总算稳固了防线，挡住了盟军在北部地区的主要突击，而蒙哥马利对安特卫普港处置欠佳，致使情况更趋恶化。

美国陆军战后发布的官方报告谈到这个时期的战事，分析得合情合理，不免有点事后诸葛亮："……前线需要更多补给物资，才能确保军队继续前进，很明显，我们眼下无力发起大规模后续进攻，除非调集更多兵力，改善后勤状况……暂时停止行动很有必要。"

"暂时停止行动"这段时间，是结束战争转瞬即逝的机会。可惜盟军没有抓住，相反，他们付出巨大代价才在法国赢得的种种优势，浪费在一连串令人费解的战役中，似乎是为了拉直战线，而不是赢得战争。这些战役，以盟军在战争期间最壮观、最英勇、最欠考虑的行动拉开序幕，胜利的颂歌唱响前，他们付出了高昂的代价，共伤亡 20 多万人。[29]

注解

1. Neitzel, Sönke and Welzer, Harald, *Soldaten,* p205.

2. Kershaw, Robert J., *It Never Snows in September,* p53.

3. 战争结束时，皇家海军的名册上有 553 艘战舰。

4. Hastings, Max, *Armageddon,* p177.

5. 布拉德利 1915 年跟德怀特·D. 艾森豪威尔一同毕业于西点军校，他们那一届号称"将官班"。第一次世界大战期间，布拉德利在蒙大拿州守卫铜矿，1941 年任本宁堡步兵学校校长，1942 年"火炬行动"期间才首次获得前线任命，随后在北非的巴顿手下任职。诺曼底战役中，布拉德利指挥美国第 1 集团军，之后平步青云，出任第 12 集团军群司令，该集团军群最终辖 43 个师、130 万官兵，是美军战地指挥官有史以来统率的最庞大的美国重兵集团。

6. Hastings, Max, *Armageddon,* p25.

7. 当时的偷盗和黑市交易极为普遍，到 1944 年 9 月底，2200 万个汽油罐"消失"了一半。

8. 运输车队每天交付的物资数量存有争议，阿特金森认为是 5000 吨，比弗给出的数字是 1 万吨，另一些作者提出的数量更高，达到 12000 吨。盟军当时的后勤工作极为庞大、繁复，尽管组织得当，但混乱是难免的，各种数字出现偏差完全在情理中。

9. Atkinson, Rick, *The Guns at Last Light,* p241.

10. 拉姆克 1943 年出版了回忆录《从客舱侍者到伞兵将军》，纳粹宣传部长约瑟夫·戈培尔下令，每个德国市长都要买一本。拉姆克的回忆录总共销售了 40 万册，他狠赚了一笔，希特勒也收入颇丰，因为他在那家出版社占的股份不小。

11. Kershaw, Robert J., *It Never Snows in September,* p24.

12. 第 59、第 70、第 245、第 331、第 334、第 346、第 711、第 712 步兵师和第 17 空军野战师。

13. 确切数字存在争议。阿特金森认为德军撤离 600 门火炮、5000 辆汽车、4000 匹马；黑斯廷斯说是 225 门火炮、1000 匹马、750 辆卡车。阿特金森提出的数字看上去过高，尤其是火炮和车辆，所以我采用了折中的数字。

14. Atkinson, Rick, *The Guns at Last Light,* p301.

15. 本书作者采访党卫队第 12 "希特勒青年团"装甲师的鲁道夫·冯·里宾特洛甫。

16. Kershaw, Robert J., *It Never Snows in September,* p47.

17. *World at War interview with Siegfried Westphal,* p159.

18. 荷兰历史学家卢·德容指出，党卫队第 3 警卫营是"一群乱七八糟、毫无军纪的乌合之众"。当初的征召标准很低，营里许多人根本不具备当兵的体能。该营首次遭遇开进中的英军就阵亡了 200 人，还有 200 人逃之夭夭。没过几天，全营 1200 人少了三分之二。

19. 1934 年的"长刀之夜"，米夏埃尔·利珀特陪同上司奥多尔·艾克前往施塔德海姆监狱，遵照希特勒的命令处决了冲锋队领导人恩斯特·罗姆。战争结束前，利珀特一直指挥一个荷兰党卫队师。

20. "闪电列车"指的是在前线发生危机的情况下立即使用德国铁路系统的应急措施。这种体制允许铁路官员取消目前的车次时刻表，把所有非必要的车次调离优先路线，同时征用列车把援兵运往危机发生地。

21. Kershaw, Robert J., *It Never Snows in September,* p39.

22. 同上，p22。

23. Griesser, Volker, *Lions of Carentan,* p164.

24. Kershaw, Robert J., *It Never Snows in September,* p26.

25. Neitzel, Sönke and Welzer, Harald, *Soldaten,* p315.

26. 同上，p272。

27. 英国第 30 军的情报评估。

28. 美国第82空降师的情报评估。

29. Beevor, Antony, *Ardennes*, p5。1944 年 9 月到 11 月底这 3 个月，盟军共伤亡 209672 人，其中 36976 人阵亡。美军占了大头，伤亡约 14 万人。

阿纳姆和德国奇迹

第三章

就算虔诚、滴酒不沾的蒙哥马利带着宿醉、跟跟跄跄地走入盟国远征军最高统帅部，也不会比他提出的大胆冒险计划更令我震惊……我本人从没赞同过这场冒险，可我必须承认，蒙哥马利夺取阿纳姆的计划，确实是战争期间最富想象力的方案。

这就是奥马尔·布拉德利的看法，这场行动完全不符合蒙哥马利的风格，跟他以往发起的任何一场战役也都不一样。蒙哥马利的计划非常大胆，新颖得令人难以置信，结果以彻底失败告终，成千上万盟军官兵为这份本不该出台的计划送了命。就像法国将领皮埃尔·博斯凯差不多 100 年前谈到英国另一场军事灾难时说的那样："C'est magnifique, mais ce n'est pas la guerre: c'est de la folie.（真了不起，可这不是战争，而是发疯。）"[1]

阿纳姆战役，更准确地说是"市场－花园行动"，不仅被好莱坞搬上荧幕（不是一部，而是两部电影），更有无数著作详加描述，甚至激发了理查德·亚当斯的灵感，写出著名的《兔子共和国》，描绘了一群勇敢的兔子。[2]

这些电影和书籍都很精彩，往往把重点集中于参战官兵杰出而又英勇的行动，尤其是英国伞兵，当然也谈到某些高级将领的错误决策。但这些文艺作品都没有明确质疑：为什么一定要发起这场战役？因为强有力的证据表明，"市场－花园行动"不仅没有缩短，反而延长了战争。阿纳姆战役消耗了大量资源，要是把这些资源用于其他地方，也许能让盟军获得更大收益；赢得胜利的德国军队犹如打了针强心剂；最重要的是，"市场－花园行动"浪费了宝贵的时间，盟军各军兵种本来可以利用这段时间发动联合攻势，一举攻入德国境内，说不定能结束战争。

自盟军在法莱斯赢得胜利后，远征军最高统帅部就纷争不断，"市场－花园"成为双方暗中较劲的焦点。早在艾森豪威尔"跨过诺曼底遍布尸体的战场"时起，这位盟国远征军最高统帅就把他的宽大正面战略付诸实施，还跟布拉德利确认了此事，布拉德利新组建的第 12 集团军群编有巴顿第 3 集团军，完全可以继续向东攻往梅斯和德国萨尔区。同时，艾森豪威尔也答应加强蒙哥马利的兵力，好让他在北面发起突击，攻往鲁尔区。但现有的油料和弹药不足以全力支持两路突击，更别说其他物资了，倘若平均分配物资，那么两路突击都无法取得决定性战果。

盟军将领各执一词，争论得越来越激烈，蒙蒂司令部的马瑟少校回忆道："……不出我们所料，麻烦来了，美国投入的兵力现在远远超过英国。我们知道艾森豪威尔可能很快会接掌指挥权，可我们没把这件事太当真。"结果还真发生了，艾森豪威尔9月初从蒙哥马利手里接过地面作战行动指挥权，随后引发的轩然大波令艾森豪威尔怒不可遏，差点把尖酸刻薄的蒙哥马利打发回国，同时他还要竭力安抚以辞职相威胁的布拉德利、巴顿和一批美军高级将领，他们都想让专横傲慢的蒙哥马利走人。

盟军内部出现嫌隙之际，蒙哥马利向艾森豪威尔提出"市场－花园"计划，艾克批准并不为过，因为这是英美军队的联合行动，既能消除双方的积怨，也能安抚这位脾气暴躁的英国将领。

从理论上说，蒙哥马利的计划很简单。布莱恩·霍罗克斯的英国第30军负责发起大规模闪电攻势，60个钟头内穿过荷兰，前出到阿纳姆镇的莱茵河畔，在那里利用河上的桥梁攻入德国境内。要想实现战役目标，盟军得渡过至少6条大型河流和运河，为此，必须以伞降和机降的方式投入3个满编空降师，完好无损地夺取并守住几条河流上的桥梁。这场声势浩大的空降行动史无前例。

虽说整个作战构想并不复杂，但无论是从理论还是实际角度看，蒙哥马利的计划都存在严重缺陷。先说具体执行：面对敌人迅速加强的防御，编有2万部车辆的一个装甲军如何能在60个钟头内前进100公里，这种设想愚蠢至极，特别是在该军只能沿一条道路前进的情况下。另外，与普遍流传的说法不同，盟军知道目标地域有德军重型装甲兵团，可他们还是觉得只配备轻武器的伞兵能挡住敌人。同时，英国伞兵在阿纳姆真正的优势是突然性，所以必须让他们降落在距离大桥几英里外，这才是成败的关键。

还有其他不利因素：通信难以确保，因为无线电台通信范围有限，而且受到作战地区大批建筑物干扰；空中支援不完整，整股空降力量无法同时着陆，只能零零碎碎地到达。要是英国陆军参谋学院的学员呈交"市场－花园"计划，教官肯定会用红笔给他打个"差"。

除了上述种种缺陷，"市场－花园"计划最大的问题在于，蒙哥马利甚至没选择攻入德国的最佳路线，就像被俘的德国装甲兵上将海因里希·埃贝巴赫对狱友说的那样："他们这场主要突击的重点搞错了，攻入德国的传统入口是穿过萨尔区。"持这种观点的不止埃贝巴赫，第15集团军司令冯·灿根指出："水道构成的障碍由东向西穿过这片地区……此处地形对防御很有利。"[3]

往轻了说，是艾森豪威尔押错了宝。"市场－花园"毫无获胜的机会，极有可能把盟军领入荷兰北部的死胡同，因此他们不得不杀开血路，从一条河流冲往下一条运河，再奔向前方的河流，根本无法取得决定性突破，迅速攻入纳粹德国腹地。

还有个办法，派美国军队从南面发起突击。法莱斯距离布鲁塞尔约240英里，阿纳姆距离柏林约320英里，而从梅斯攻往德国首都，路程只多50英里，但这条路线不需要穿过极度拥挤的鲁尔工业区。挥师进入德国南部，那片地区相当开阔，似乎特别适合巴顿这种进攻型将领。他率领的第3集团军迅猛推进，从布列塔尼半岛一路前出到阿尔萨斯－洛林地区，充分展现出不凡的战斗力。到底该把筹码押在哪一路？艾森豪威尔没有选择南路突击，而是决定试试"市场－花园行动"。

高大威猛的罗伊·厄克特即将率领英国第1空降师投入战斗，绰号"男孩"的英国第1空降军军长布朗宁将军告诉他，阿纳姆地区的德军"只有旅级兵力，战斗力不强，没几辆坦克"。作战任务下达到各部队，厄克特的部下詹姆斯·西姆斯回忆起当时的情形："情报部门告诉我们，没什么可担心的……敌人没有坦克……都是二流通信部队和空军人员，此次行动纯属小菜一碟。"

所谓的德军"二流部队"，主要以两个（而不是一个）武装党卫队装甲师残部构成，也就是党卫队第2装甲军辖内第9"霍恩施陶芬"装甲师、第10"弗伦茨贝格"装甲师。两个兵团在诺曼底地区遭重创，侥幸逃离法莱斯包围圈，奉命开赴荷兰阿纳姆地区整补。德国人的想法是把一个装甲师剩余的重装备和车辆交给另一个师，回国彻底重建，合适的时候，再把另一个师调回国内。每个装甲师目前只有3000来人，坦克也很少，与昔日强大的实力完全不可同日而语，但他们自有妙计，结果让盟军伞兵大吃苦头，"弗伦茨贝格"装甲师师长海因茨·哈梅尔指出：

> 整个党卫队第2装甲军受过专门训练……在诺曼底地区对付空降力量支援的登陆行动。阿纳姆战役期间，这种训练让我们受益匪浅。下级部队的军官和军士学会了如何自行做出决定，迅速应对敌情。各级军士都知道，不必等待命令，应当自行决定该怎么做。[4]

二级突击队大队长泽普·克拉夫特是个武装党卫队老兵，获得过高级勋章，此时浑然不觉地待在阿纳姆，但他和哈梅尔的看法完全一致："以往的经验告诉我们，要想以较少的兵力消灭敌人的空降力量，唯一的办法是直接冲上去。"⁵克拉夫特和部下幸运地获得些援兵，也就是恩斯特·海纳中校和第352步兵师部分官兵，他们也经历过诺曼底战役，都是老兵。D日那天，这些官兵差点击退登上奥马哈海滩的美国人，待盟军攻往内陆，第352步兵师的将士又一次展现出顽强的战斗力。和武装党卫队的战友一样，他们也奉命开赴阿纳姆地区整补，很快会协同"弗伦茨贝格"装甲师抵御盟军空降。不过，海纳此时只有200名适合作战的部下，其他人都损失在法国。

关键问题是，盟军情报部门知道这些德军部队部署在阿纳姆，可他们对敌军战斗力评价不高，也严重低估了对方的应对速度。即将面对英国伞兵的德国人，并不都是训练有素的老兵，远非如此。部署在武装党卫队装甲兵、装甲掷弹兵身旁的是贝特霍尔德·施图姆将军的第176步兵师，他们从亚琛匆匆调来，师里好多病号，战斗力无从谈起，尤其是"耳疾营"，全营官兵不是聋子就是一只或两只耳朵听力严重受损，还有的彻底失聪。不仅如此，有资格编入"耳疾营"的人，还得有其他轻微残疾，例如缺了根手指或患有风湿。某个老兵回忆起此类疾病造成的问题：

一道道口头命令，只能以一连串手忙脚乱的手势来传达。夜间查岗很危险，这项任务让人大伤脑筋，因为站岗的哨兵听不见任何人走近的声音，黑暗中，要是你突然出现在他们面前，他们会先开枪，然后再弄清来的是谁。部队投入战斗后没多久，某"耳疾营"的两名中士就这样送了命。炮火给他们造成的伤亡也高得离谱，因为他们听不见炮弹袭来的声音，想隐蔽已经来不及了。⁶

另一支部队的补充兵也发现，与新战友会面，其场面惨不忍睹："我今天调到第42要塞机枪营……营里的士兵都是半残废的人民掷弹兵。我发觉好多人的精神明显不正常，有些人少了条胳膊，还有些人的腿短一截。"

友邻师某位中士同样大失所望：

一支车队遭到敌战斗轰炸机攻击，我们赶紧替伤员包扎，把他们送往后方。死者只好留在街上，因为敌人的战斗轰炸机在上空盘旋，任何不必要的动作都可能带来杀身之祸。某些死者的尸体严重损毁，根本无法辨认。有个战友实在受不了，上

吊自杀了……我们待的地方真不错，简直是地狱！⁷

霍夫曼伞兵团年轻的少尉海因茨·福尔茨回忆，面对这些情况，9 月 17 日那个周日，"临近中午，我们突然听见空中传来怪异的嗡嗡声。一大拨运输机和滑翔机从敌人的方向飞来……无数战斗机为庞大的机群护航"[8]。海因茨·哈梅尔手下的初级士官、19 岁的党卫队分队长鲁道夫·特拉普也看见了："我们上方的天空布满飞机，这支庞大的飞行编队全是运输机和轰炸机，拖曳着滑翔机。我们立即发出警报，没时间吃饭了！"[9]

库尔特·施图登特自己也是伞兵，他在菲赫特的司令部驻地目睹了这一幕，此处位于美军空投地域西面 9 英里，"空中弥漫的轰鸣声非常强烈。我离开书房走上阳台，放眼望去，到处是飞机，既有运兵机，也有拖着滑翔机的大型飞机。飞机构成的庞大洪潮从屋子上方低低飞过，看得我目瞪口呆。"

约瑟夫·恩特哈默少尉此时在阿纳姆附近，跟 V-2 发射分队待在一起，也见到了这个壮观的场面："不可能，9 月这里从不下雪，肯定是伞兵！"（罗伯特·克肖撰写了从德国人视角看待"市场 – 花园行动"和阿纳姆战役的著作，书名就是恩特哈默这句话。）

第 82、第 101 空降师的美国伞兵在艾恩德霍芬与奈梅亨之间空投，英国第 1 空降师的战友飞往更北面的阿纳姆。德军立即做出应对，但不像某些历史学家说的那般娴熟，弗里德里希·冯·德尔·海特指出："各处都发来敌人空降的报告……似乎只有阿纳姆守军在短时间内组织起防御，对付英国伞兵……盟军实施空投的其他地区，简直一片混乱。"[10]

冯·德尔·海特说的不全对，美军的空降确实很顺利，德国人没能阻止，不过，他们抢在第 101 空降师的"啸鹰"赶到前，在索恩炸毁了威廉敏娜运河上的桥梁。他们还挡住第 82 空降师，在奈梅亨守住了瓦尔河上的主要公路桥。两场行动都给盟军的计划造成无法克服的延误。不过，德军在阿纳姆做出的应对最快，也最具成效，正如沃尔夫冈·东布罗夫斯基详述的那样："简直像蛮荒西部的枪战，根本没有战线，各个班和小队各自为战，对付兵力相当的英国人。"

英国伞兵降落在几英里外，丧失了突然性，这种愚蠢的做法给他们造成了大麻烦，只有一支部队，也就是约翰·弗罗斯特的第 2 营，设法找到条通道，沿无人据守的道路穿过德军部队，朝枪声响起的方向而去。詹姆斯·西姆斯回忆道："我们经过党卫队警察的一所营房，外面躺着几具尸体。两具身着德国空军蓝色军装的尸体趴在一挺机枪上，是一个小伙和一个姑娘，年龄跟我差不多，她倒在他旁边，弹链从她手指间穿过，一头金发上沾满血迹。"弗罗斯特率领部下到达阿纳姆，占领了桥梁北端。

整片地区的德军部队迅速投入战斗，现年47岁的米夏埃尔·利珀特指挥的党卫队士官学校就是其中之一。某学员后来说利珀特是个"慈父般的指挥官，深受众人钦佩、尊敬"[11]。利珀特向负责当地防务的指挥官汉斯·冯·特陶中将[12]报到，申请任务，可对方的话让他心里凉了半截："利珀特，我们遇到了大麻烦，要完蛋了！"利珀特答道："将军先生，首先，英国人还没跟我们接触，其次，倘若发生接触，我们是不会让他们好过的。"[13]

卷入战斗的德军官兵，几乎都赞同这位党卫队军官的看法，盟军将士很快发觉，他们严重低估了德国人的抵抗力。整个"市场-花园行动"，最不顺的莫过于南面第30军的进展，冯·德尔·海特手下一名军官回忆道：

整条战线原本一直很平静……突然，地狱之门敞开了，14点，异常猛烈的炮火骤然落下，逐渐加强……整整一个钟头，地面反复震颤……迫击炮弹直接命中指挥所，布罗克斯上尉阵亡……从上方飞来的弹片射穿了他的头颅。

德国伞兵决心还以颜色，直到英军坦克驶上唯一一条畅通的道路，他们才发起打击：

一发发"铁拳"从10~12米开外射出，大批敌坦克中弹起火……我们之所以能彻底挡住对方，是因为道路两侧的地形不适合坦克机动，都是沙地和沼泽……战斗极为激烈，伤员隐蔽的散兵坑，很容易被敌坦克转动的履带压塌。[14]

英国第30军原本指望的闪电般冲刺迅速沦为血腥的苦战，德军部队为争夺每一码地盘而奋战，就像第6伞兵团上等猎兵维利·伦纳描述的那样：

我们这支突击队有 15 个士兵，奉命肃清居民区某条街道。一颗颗手榴弹投入屋内或地窖……我们遇到个腹部负伤的英国兵……我估计他是在街上中弹的，他的战友把他留在屋子里，因为他们没法带上他撤离。我们朝一栋房屋冲去，子弹从地窖几扇窗户射出。就在我左侧几米外，一名战友喉部中弹，鲜血喷涌而出，太可怕了！另一个战友胸部负伤，他的胸兜里放着女友的相片，子弹射穿了相片……我们隐蔽着跑向右侧……踢开地窖几扇窗户，朝里面丢了几颗手榴弹。剧烈的爆炸声响起，手榴弹在那么狭小的空间爆炸，真的很吓人，我自己也经历过。地窖里的英国兵非死即伤，走出来 4 个，我押着他们返回己方部队……我发觉几名俘虏很担心会被当场处决，我们交换香烟后，他们才稍稍定下心神。几个英国兵都是年轻小伙，巷战给他们造成不小的精神压力。

伦纳的战友阿尔贝特·施图尔姆是个经历过诺曼底战役的老兵，也参加了巷战，一辆满载伤员的英国卡车一度出现在他"铁拳"的射界内：

我拎起"铁拳"，竖起瞄准具，调整了射程……可突然间，我觉得下不了手。对付敌坦克那种冷冰冰的钢铁巨兽，它们追击我们时疯狂地开火……我多次经历过这种情况……可卡车上都是伤员，用"铁拳"把他们炸飞，我真下不了手……我放下"铁拳"，有个年长的一等兵拍拍我肩膀说道："是啊，阿尔贝特，战争就是臭狗屎！"就这样，我俩没再多说什么。

几天后，一发迫击炮弹把施图尔姆炸成重伤：

我没觉察到爆炸，也没感觉到冲击波把我掀入半空……我唯一能移动而又不觉得疼痛的是右臂。身体其他部位全是血，腿上的伤最重。右腿的军靴被炸碎，骨头露了出来，左膝盖肿得厉害，满是弹片，两条大腿也插满弹片，血迹斑斑，碎肉惨不忍睹。一大块弹片嵌入我左上臂，胸部也疼痛不已，两根肋骨断了……脸上和嘴巴里全是血……没人救得了我的副射手，他的脑袋被炸飞了。

施图尔姆的战友总算把他拖到隐蔽处，随后把他送往急救所。[15]

英军推进速度放缓，德国人的应对却加快了。帝国铁路[16]的"闪电"机制又一次展开卓有成效的工作，不到一周就把近8万名官兵运抵荷兰，给"市场－花园行动"造成毁灭性影响。就连被陆军将士长期视为"总是不露面的家长"的德国空军也伸出援手。战役首日昏暗的暮光中，德国空军约120架战机突袭艾恩德霍芬，造成严重的混乱，9000多栋房屋损坏或坍塌，227名居民丧生。不仅如此，德国空军投掷的炸弹碰巧命中盟军4辆弹药车组成的车队，车组成员和附近的人被炸得尸骨无存。

约翰内斯·考夫曼上尉也驾驶Bf-109G战斗机参加了战斗："我们起飞后赶往奈梅亨—阿纳姆走廊，执行首次战斗巡逻，任务是搜索企图空投补给的敌运输机……我们扫射了空投地域，击毁一些被遗弃的滑翔机，打击了附近的林地，先前有报告说敌人在那里活动。"[17]一架孤零零的福克－武尔夫还攻击了阿纳姆的英军阵地，但没取得太大战果，只投下一颗炸弹，还是臭蛋，飞机随后撞上大教堂的塔楼，阿纳姆这座最高的建筑建于14世纪，福克－武尔夫一头栽入附近的湖里，据某个英国伞兵说，"阵地上一片欢声笑语"[18]。

阿纳姆现在简直成了一口大锅，弗罗斯特的部下竭力控制桥梁，其他战友力图守住空投地域，赶到弗罗斯特他们身旁。9月18日，星期一，德国人当天上午打算从弗罗斯特伞兵营手里夺回桥梁，一举解决问题。执行这项决定性任务的是党卫队一级突击队中队长维克托·格雷布纳。格雷布纳个头不高，一头黑发，深受部下和同袍爱戴，是个性格冲动的人。他1943年从陆军转入武装党卫队，虽说是个迟来者，但很快在武装党卫队里赢得一席之地，还因为诺曼底战役期间表现突出获得骑士铁十字勋章，今天早上发动进攻前，他刚刚收到这枚勋章。

格雷布纳指挥的是党卫队第9装甲侦察营，就算在充满阳刚气的武装党卫队装甲师里，该营也算得上是精锐力量。格雷布纳不知道自己面对一个完整的英国伞兵营，而且对方挖掘的阵地相当完善，他决定充分发挥22辆战车的速度和联合火力的威力，驶上桥梁，以正面冲击夺回桥北端。

上午9点，这位30岁的党卫队军官登上缴获的英制亨伯Mk IV型侦察车，随即下达命令："前进！"德军车队全速向前，没有掩护或支援火力，他们迅速驶过桥梁，随即遭到反坦克火箭筒、机枪、轻武器火力猛烈打击。格雷布纳的部下、党卫队分队长毛加事后回忆道："我们前方突然乱了套。我那辆战车周围满是爆炸声和战斗的喧嚣，我置身混乱中……营长彻底消失了，我们再也没见到过他。"[19]

格雷布纳的确阵亡了，几乎可以肯定，战斗打响后没过多久，党卫队装甲掷弹兵企图强行通过时，他们的营长就送了命。好多德军官兵跟毛加一样，待在顶部敞开的半履带装甲车上，很容易遭受手榴弹攻击，弗罗斯特的部下占据一栋栋房屋，居高临下地朝德国人投掷手榴弹。格雷布纳营里两部车辆企图逃离杀戮场，结果一头撞断护栏，从桥上掉了下去，摔在桥下的道路上，车上的人悉数毙命。70 个装甲掷弹兵和他们的营长一同阵亡，投入进攻的 22 辆战车，12 辆沦为残骸，堆在桥梁末端堵住后面的车辆。但有个顽强的德国兵怎么也不肯投降，待在燃烧的车上继续朝英国伞兵开火，19 岁的詹姆斯·西姆斯震惊不已，他后来回忆道：

英国伞兵朝那个党卫队队员大声喊话，让他出来，答应决不杀他，因为大家都对他狂热的勇气钦佩不已。可他射来一串火力作为回答。火焰蔓延到他身上，我们听见他痛苦的惨叫，隔着钢制炮塔，惨叫声模糊不清，可还是令人不安。惨叫似乎持续了很长一段时间，这位勇敢的战士才为元首和祖国献出了生命。

英国第 1 空降师辖内其他部队鼓起勇气，几乎有点不顾一切，再次企图从奥斯特贝克村冲往阿纳姆西部，赶到桥梁处。保罗·米勒当时是个年轻的党卫队军士，看见一群伞兵朝他扑来："我用机枪打了两个连发，子弹飞入人群，造成灾难性影响，只有一个英国佬仍站着，其他人都倒在地上痛苦地扭动，发出阵阵惨叫。"唯一的幸存者继续冲来，米勒身旁的战友四散奔逃，他自己也负了伤，可还是朝对方扔了颗手榴弹："那个英国佬真难对付，仿佛有金刚不坏之身！"米勒事后回忆："我当时昏昏沉沉的，拼尽全力朝他扔了颗手榴弹。"令他惊异的是，对方没有停下，稍稍苏醒的米勒暗自思忖："我得赶紧离开，否则那个英国佬会要了我的命！"他抹掉眼里的鲜血，刚跳出散兵坑，一颗英制手榴弹就落入空无一人的散兵坑，纷飞的弹片击中米勒的后背。[20]

英国伞兵奋力靠拢弗罗斯特营之际，德国人忙着肃清桥上的伞兵支撑点。战斗愈演愈烈，某个党卫队军官回忆道："我们朝一切目标开火，从一个房间杀到下一个房间，从底楼往上冲，从这个花园打到下一个花园，从这棵树冲到下一棵树。"21岁的阿尔弗雷德·林斯多夫描述的情形如出一辙："这场交战比我在俄国经历的战事更艰巨，完全是持续不停的近距离贴身近战。到处是英国人……我们相互射击，距离仅隔几码。我们拼命厮杀，肃清了一个个房间，进展只能以码计，简直是地狱！"[21]
阿尔弗雷德·齐格勒也谈到这场交战有多近："我们根本无法确定自己人在哪里，英国人又在何处。双方靠得太近，我一度听见莫尔斯电码的传送声，嘀—嗒—嗒—嗒—嘀—嘀，我们赶紧逃开，肯定是英国人，因为我们没有电报机。"

蒙哥马利精心制定的时间表彻底被打破。英国第30军的实力不足以碾碎德军防御，要想在伞兵苦苦支撑的阵地土崩瓦解前赶到阿纳姆，他们得付出非凡的努力，可惜，第30军缺乏像巴顿那样干劲十足的指挥官。他们还莫名其妙地患了毫无根据的妄想症，觉得德国人正准备冲出东面的赖希瓦尔德森林，从翼侧取得进展。纯属臆想。可接下来几月，盟军的妄想症越来越严重，给他们的军队造成严重后果。实际上，德国人最初在森林里只有两个营：一个营由没受过训练的前空军地勤人员组成，另一个营都是患有耳疾或胃病的士兵。

面对盟军的攻势，当地德军指挥官仓促做出应对，拼凑了3个小股战斗群，每个战斗群一千来人，少量高射炮和野战炮、5辆装甲车、寥寥几门迫击炮和机枪提供支援。正如某个德国军官说的那样，这些战斗群"纯属乌合之众"，可他们的出现给盟军指挥部敲响了警钟。德军战斗群里某个参加过第一次世界大战、上了年纪的预备役军人对新指挥官说的话很有意思，要是盟国远征军最高统帅部听到的话，可能就不会那么紧张了："您看，重任又一次落到我们这帮老家伙肩头。我们会像当年那样奋战。首先我们要打败英国佬（他们的当面之敌其实是第82空降师的美国伞兵），然后就大获全胜了。"

令人难以置信的是，这场突击居然突破美军外围防御，打垮了几片空投地域，遭遇美军果断的反冲击后，德军才被迫退却。

随着时间流逝，阿纳姆的战事更趋恶化：

有个德国兵双腿中弹，负了重伤，双手交替，拖着身躯朝己方战线爬去。我们惊呆了，就这样看着他缓慢而又痛苦地一点点往前爬……他好不容易爬过马路，又爬过人行道，拖着残破的身躯一寸寸爬上草皮覆盖的斜坡……他肯定痛苦难当，全凭坚定的意志克服了斜坡。他以超人的意志，拖着身子越过最后一道障碍，就在这时，我旁边的步枪响了，我难以置信地看着那个德国伤兵倒下，子弹射穿了他的脑袋。我觉得这简直是谋杀！开枪的是个威尔士人，是我们最优秀的射手，在他看来，

德国佬都是合法的射杀目标！ [22]

德国人还以颜色，以重武器猛烈打击英国伞兵，霍斯特·韦伯描述道：

一栋栋建筑像玩具小屋那样坍塌，我不知道怎么会有人能在这种灾难中活下来。我真心为英国人感到难过。我目睹一辆坦克炸毁了某栋房屋……屋顶塌了，最上面两层开始坍塌，随后像皮肤剥离骨架那样，房屋整个正面倒在街道上……声音很吓人，但最可怕的是，我们听见了伤员的惨叫。

某个党卫队士兵告诉刚刚赶来的炮兵军官："要想赶走英国人，唯一的办法是一块砖接一块砖，把整栋房屋轰掉。相信我，他们都是真正的男子汉，决不会放弃那座桥，除非把他们抬出去。" [23]

激烈的战斗中，见到自己的朋友和战友倒下，双方士兵深受刺激，有时候难免干出残暴的行径，"弗伦茨贝格"装甲师的鲁道夫·特拉普对连长阵亡的情形记忆犹新："福格尔心脏中枪……医护兵跑过去救他，结果也中弹身亡，这让连里的伙计怒火中烧！我们决心把这帮英国佬全干掉！"

不过，双方也有所克制，鉴于交战的激烈程度，这一点令人难以置信。英国伞兵约翰·霍尔亲身经历了这一幕，他给负伤的战友包扎时，抬头看见一个党卫队士兵举枪对着他："我当时真以为自己要死在这里了，我们有时候不留俘虏，所以我没指望德国人大发善心……可他没开枪，我也没问原因。"仁慈往往是双向的，就像沃尔夫冈·东布罗夫斯基目睹的那样：

该如何处理我方伤员呢？我们硬着头皮，打着红十字旗朝倒在地上的伤员走去，一步步走得很慢。令我们惊愕的是，枪声立即停了。担架兵赶紧抬起伤员匆匆离开，枪声随后再次响起。我们都不太理解，因为大家习惯了东线毫不留情的厮杀，我们当然知道，对面的英国伞兵都是硬汉，可他们却允许我们撤走伤员！我们投桃报李，随后也以同样的方式对待他们。 [24]

"帝国"师的装甲指挥官弗里茨·兰甘克提起诺曼底地区的交战，也谈到类似情况，他还回忆起东线的战事：交战双方只会用坦克从伤员身上碾过去。

英国第1伞兵师余部现在放弃了赶往桥梁的企图，不得不为生存而战，他们的处境岌岌可危，因为德军消灭了几处补给空投地域，还以其他方式阻止盟军空投弹药、口粮、医疗用品，利珀特党卫队士官学校的鲁道夫·林德曼解释道："据我们观察，英国人每天下午空投补给，好像是16点左右。我们还发现，英国伞兵用彩色对空联络板给飞机发信号，于是我们提前准备好对空联络板。敌机朝对空联络板投下物资，所以我们总能获得足够的补给，而英国伞兵什么也捞不着。"[25]

整个战役期间，盟军为英国第1空降师空投的1500吨物资，真正落入他们手里的不到200吨，其他的都成了对方的战利品。德国人倒是感激涕零，甚至有几名高级将领声称，阿纳姆是他们打过的成本最低的战役，因为英国人承担了德军的补给。空投期间，66架盟军运输机遭击落。就连德国空军也跑来助阵，约翰内斯·考夫曼的部队"声称在阿纳姆地域击落皇家空军3架台风式战斗轰炸机，己方损失1架战机"。空战仍在继续，损失不断增加，因为"……我们奉命出击，对付阿纳姆地域的敌战斗轰炸机，在那里再次遭遇大批英美战斗机，虽说我们击落了3架喷火式和1架P-47雷电式战斗机，但我们也损失了4名战友，2人阵亡，另外2个据报失踪了"。

地面上的英国伞兵很快就饥肠辘辘，弹药也不多了，迫使他们不得不使用能搞到的各种武器，有个党卫队士兵回忆道："两三天后，再也无法凭武器发射声分辨敌我了，我们的武器，射速通常高于英国货，可交战双方都使用了对方的武器。"使用斯特恩冲锋枪的人，很难说是德国兵还是英国伞兵！[26]

盟军企图以空降的方式增援地面上的英国伞兵，波兰第1独立伞兵旅的行动最引人注目，这支经常被低估的部队，由作战勇猛、脾气暴躁的斯坦尼斯瓦夫·索萨博夫斯基率领。9月19日那个星期二下午，该旅部分人员搭乘滑翔机，打算降到英国伞兵不断缩小的防御圈内。德国空军的Bf-109战斗机扑向毫无保护的滑翔机群，波兰战地记者马雷克·斯维齐基目睹了可怕的后果：

好几架滑翔机中弹起火，剧烈翻滚，一头扎向地面……有架滑翔机像孩子的玩具那样在空中解体，吉普、反坦克炮、伞兵被抛出机外。我们真没料到情况会这么严重，糟透了！[27]

不用说，这场空降失败了。

南面，美国人冒着猛烈的炮火，凭借英勇无畏的战斗意志，昼间强渡瓦尔河。到达对岸，美国伞兵朝桥梁冲去，击毙了隐蔽在上层钢梁间的德军狙击手。这些狙击手用绳索把自己固定在钢梁上，美国人没多理会，任由绳索吊着的几具尸体晃来晃去。并非所有守军都死在战斗中，有个德国军官在日记里憎恶地写道："美国人的战斗表现一如既往，他们把我方伤员抛入瓦尔河，还枪杀了寥寥无几的俘虏。"桥上清点出近300具德军官兵的尸体。[28]

在此期间，阿纳姆的激战到达顶点，鲁道夫·特拉普描述道：

上级命令我们，设法把负伤、阵亡的党卫队队员从敌火力射界内弄出来……两挺机枪提供掩护……我们得沿街道狂奔，打开半履带装甲车后门，把负伤或阵亡的战友放进去，再不停地射击，掩护自己迅速撤离……英国人的火力相当精准。有一次，他们射中某个德国兵，子弹穿透他的士兵证［每个德国士兵随身携带的证件，上面详细记录了他的军饷、口粮、获得过的奖励等内容］，正中心脏。

特拉普和战友一次次冒险，但不是每次都能顺利完成任务。上级命令他们开上半履带装甲车，设法与友邻部队取得联系。车组人员心里直打鼓，都知道这次要穿过英军反坦克炮火，对方半埋的那门反坦克炮已经干掉德军好几辆战车：

贝恩德·舒尔策 - 贝恩德是我们的驾驶员，来自森登霍斯特，出身农门……我们连就剩三个老兵，他是其中的一个。受领任务时，他眼中噙满泪水，告诉连长这项任务根本没法完成，可命令就是命令……我们驱车穿过十字路口时，左侧中弹，就在贝恩德的座位旁。半履带车停了下来，贝恩德阵亡了，被炮弹直接命中！[29]

党卫队"弗伦茨贝格"装甲师师长海因茨·哈梅尔打定主意，只有拿下一栋栋房屋，有条不紊地推进，才能赢得阿纳姆的战斗，于是亲自指引火炮和坦克炮火："瞄准三角墙，一米接一米、一层接一层地开炮，直到整栋房屋倒下。"9月21日，星期四，德军打垮了弗罗斯特所剩无几的部下，桥上的战斗停息了。绰号"弗雷迪"的查尔斯·高夫接替负伤的弗罗斯特指挥全营，战斗结束后，某个党卫队二级突击队大队长讯问高夫时说道："我对您和您的部下深表钦佩，你们都是英勇的战士。我在斯大林格勒打过仗，你们英国人显然对巷战很在行。"

高夫答道："过奖，这是我们头一回打巷战，下次会打得更好。"

弗罗斯特也抱同样的看法："德国人，尤其是党卫队队员，对我们的战斗方式钦佩不已，但丝毫缓解不了我内心的痛苦。"

周末到来，第 30 军前出到阿纳姆的最后期限已经过去好几天。前进的英军解放了艾恩德霍芬、奈梅亨，以及荷兰许多较小的城镇和村庄，但显然无法在灾难降临到厄克特的伞兵师头上前到达主要目标了。

战斗初期就被英国伞兵俘虏的约瑟夫·恩塔梅尔密切观察看押他们的英国兵："英国士兵跟他们的长官处得很亲密，也很随意……没人敬礼，就这样正常交谈，换作德国军队，绝不会允许我们这样做，我们觉得这些人肯定都是军人中的精英。"有趣的是，恩塔梅尔见到的情形，武装党卫队里也是如此，党卫队"维京"装甲师的伊瓦尔·科内柳森证实道：

当然，我们在兵营里敬礼，可上了前线就不同了。大家都很尊重我们的指挥官，因为我们知道，他们受过的训练跟我们一样，从来不命令我们去做他们自己不想做的事。我们平等交谈，分享各自的口粮，根本没有陆军那种明显存在的界线。[30]

虽说发生了某些疑似甚至确实涉及犯罪的事件，但许多参战者（尽管不是全部）谈到某些看似奇怪的事情，表明交战双方的相互敬重之情与日俱增。有个英国伞兵甚至跟被俘的德国兵开起玩笑，说德国军队饱受油料短缺之苦。

"你们德国佬研发了一款新型坦克，车组人员多达 1000 人！"

"不可能！"

"真的，一个握着方向盘，另一个指挥，还有个炮手，另外 997 人负责推坦克！"

防御圈内的处境岌岌可危，弹药即将耗尽，英国伞兵的勇气沦为绝望，某个德国兵记得："……有个年轻的英国兵左躲右闪，吸引我方火力，另一个英国兵攥着伞兵刀从侧面朝我们扑来，第三个英国兵也冲向我们，像挥舞棍棒那样抡着步枪。"

上级终于做出决定。布朗宁将军命令厄克特，9 月 25 日星期一夜间撤出残余的部下，此时离英国第 1 空降师空投已过去一个多星期。幸免于难的英国伞兵被迫丢下伤员，冒着恶劣的天气，悄然溜过德军前哨，总算赶到莱茵河畔。他们顺利渡河，平安到达南岸，但并非所有人都发现了约翰·斯坦利注意到的情况，他看见跟随自己一同走到河边的人戴着德国钢盔，不由得问道：

"你戴这玩意儿干吗？"

"怎么了？"

斯坦利朝他看看，顿时明白过来："你是德国人？"

"是啊。"

"那你跑到这里来干什么？"

"拜托，我受够了战争，我想当俘虏。"

拂晓到来，仍有300名伞兵困在北岸，已经来不及疏散。有些人企图泅渡，结果淹死在河里。德国人终于发觉英国人逃掉了，于是向前推进，俘虏了滞留在防御圈内的600来名伞兵，大多是伤员，但也有些人同自己的部队失去联系，不知道夜间撤离的事情。有个斗鸡眼德国军士走到汤姆·安斯利中尉面前："晚上好，战斗很精彩，确实很精彩！来根雪茄吧，我们也讲人道。"

被俘的痛苦之情促使某个伞兵对俘虏他的党卫队队员说道："战争结束后，俄国人会为你们对待他们的方式狠狠惩治你们的。"这个德国兵会点英语，回答道："我们对待他们，跟你们英国人对待爱尔兰人的方式一样。"

"市场－花园行动"失败了。以西线的标准看，人员伤亡很大，可要是跟东线的血腥杀戮相比又算不上什么。英国第1伞兵师几乎全军覆没，空投到莱茵河北面的1万名官兵，只有2300人逃脱，还包括160名波兰人，2000人阵亡，6000多人被俘，大多是伤员。美国伞兵伤亡较小，但也有几千人。与此同时，英国第30军还损失1500人，外加80辆坦克。西线德军的伤亡，大约是盟军总损失的一半。但归根结底，最重要的不是数字，而是德国人打赢了，这似乎是他们很久以来的第一次胜利，德国国内终于能为击败盟军举杯欢庆了。

现在所有人都看清了，英美军队并非不可战胜，他们的空中力量没有彻底占据优势，另外，和其他人一样，他们也会犯错。这场胜利很重要，因为它加强了国内的支援力度，倘若西线德军再次失利，相应的支援也许会土崩瓦解。相反，"市场－花园行动"是盟国远征军最高统帅部的重大失误。英美各集团军抱怨前线步兵不足之际，他们却选择了一场浪费成千上万精锐将士的作战行动。

伞兵有很多特点，虽说这些特点不见得都是好的，但从骨子里说，他们是积极进取、训练有素、极具主动性的轻步兵，3 个月后，美国第 101 空降师在巴斯托涅的英勇表现充分证明了这一点。本来根本用不着把他们投到荷兰，执行一场无处可去的行动。诺曼底战役后，盟军组建的第 1 空降集团军，阵容强大得毫无必要，辖内几个师本来可以用于重点地段，为盟军决定性的主要突击担任先锋，伴随重型装甲力量展开行动，最大限度地发挥效力。可相反，他们不得不无所事事地待在英国境内几座空军基地，计划中的一场场空降行动先后取消，伞兵的情绪越来越沮丧。回顾"市场 – 花园行动"，似乎是为某股作战力量专门安排的任务，而不是确有必要的需要一股作战力量去执行的任务。

盟军舔舐伤口，想知道辉煌的夏季胜利后到底哪里出了岔子，而西线德军继续为下一轮较量做准备。从德国人的角度看，阿纳姆战役基本上是武装党卫队打赢的，虽说大批陆军官兵和伞兵也参与其中，但武装党卫队率先对盟军的空降做出应对，随后又为挫败英军夺取莱茵河桥梁这项至关重要的任务发挥了主导作用。别的不说，这场战役至少证明，诺曼底战役结束后，艾森豪威尔称"党卫队在法莱斯全军覆没"的评论有点为时过早。谁都没想到，即将到来的冬季，希特勒这支黑色卫队还会在西线最后一次发挥作用。

在此期间，海因茨·哈梅尔的"弗伦茨贝格"装甲师，也就是阿纳姆战役中的主要打击力量，被调回德国境内的锡根整补。补充兵到来，前空军和海军人员占了整整 30%，都对被调入武装党卫队不太高兴，指挥他们的党卫队二级突击队中队长施泰因巴赫指出："他们转入武装党卫队，起初有点害怕，但我们热情迎接……很快让他们宾至如归。"[31] 值得注意的是，到 11 月 1 日，该师的兵力达到 14861 人，配有近 60 辆坦克和自行火炮、100 多辆半履带装甲车，按照计划，他们还能获得 60 辆半履带装甲车和 90 来辆坦克。

德国人从哪里搞到的装备？西线德军的技术装备几乎都丢在法国的田野和沟渠里，冯·伦德施泰特 9 月初亲口告诉柏林，他这个西线总司令只有一百来辆坦克，而两个月后，一个个装甲师忙着重建。除了在荷兰和阿纳姆赢得军事胜利，各兵团重整旗鼓堪称德国军队当年秋季的另一个奇迹，这个奇迹是在国内实现的，也就是在德国本土。

这种转变首先发生在德国的工厂和锻造厂。阿尔贝特·施佩尔对帝国工业采取的合理化和转型措施全面生效，德国浪费了好几年时间，现在终于彻底进入战时状态。坦克产量是个好例子，德国 1939 年的月产量只有 62 辆，1944 年秋季攀升到 1524 辆。实际上，1944 年 9—11 月，德国的武器产量达到战时最高峰，一辆辆战车隆隆驶下总装线，全年坦克产量达到 8328 辆，还有 5751 辆突击炮。[32]

发挥影响的不仅仅是数量，装甲战车的质量也很重要。"黑豹"坦克解决了初期萌芽阶段的种种问题，全面列装，现在成为德国装甲兵的主战坦克。更先进的第二代坦克歼击车，例如四号坦克歼击车、"追猎者"、"猎豹"，也定型列装，取代了先前的旧型号，为车组人员提供了战争期间最精良的几款战车。[33]

因获得新式装备而大为振奋的不光是装甲兵，他们的步兵战友也是如此。战争爆发时，德国士兵普遍配备毛瑟 K-98k 步枪，基本上是他们父辈在上次世界大战中使用的步枪的改进型，这让他们经常在不对等的战斗中处于劣势，因为对手越来越多地装备了更精良的武器，例如美制 M-1 加兰德半自动步枪。德国军火工业现在终于作出回应，44 式突击步枪成为世界上首款批量生产的自动步枪，这款武器通常被称为 StG-44 或 MP-44。44 式突击步枪可以单发，也可以用全自动模式连发，给普通士兵的火力带来巨大的变化。战争结束前，德国生产了大约 425977 支 StG-44，前线官兵唯一的抱怨是这款步枪产量太少。StG-44 相当出色，苏联人战后参照这款步枪的设计，研发了全世界随处可见的 AK-47。

但变化最大的不是陆军，而是备受批评的姊妹军种——德国空军。施佩尔跟埃哈德·米尔希通力合作，彻底优化了德国的飞机生产流程。产量的增加相当惊人：德国 1940 年生产了 1870 架单引擎战斗机，到 1943 年，这个数字只增加到 9626 架，但 1944 年，德国战斗机产量激增到 25860 架，仅 9 月份就生产了 3103 架！[34] 他们生产的不仅仅是老旧机型，德国空军各前线中队 10 月份列装了新款 Bf-109k4 战斗机，是 G 型的改进版，不仅配备更强大的武器，还加强了飞行员的防护，以此对付盟军轰炸机编队。但另外两款（而不是一款）创新性机型的列装，才是技术上的重大飞跃，它们是 Me-262 "飞燕"喷气式战斗机和 Me-163 "彗星"火箭式战斗机。

要想了解这些机型当时有多么先进，搞清楚旧机型的局限性非常重要。水平飞行速度可能是衡量战斗机综合性能最重要的标准，关键在于，决定这个速度的是推力与阻力之间的平衡。空气阻力跟速度的平方成正比，因此，速度加倍的话，会产生 4 倍阻力，再加上高速飞行时螺旋桨的效能急剧下降，两个因素相结合，把常规飞机有可能达到的最高速度控制在 400 英里 / 小时左右，例如英国"喷火"式战斗机的最大航速是 370 英里 / 小时。

到 1944 年，几个主要参战国研发的战机都能达到类似航速。要想更进一步，唯一的办法是技术革新，使用涡轮喷气发动机或火箭。涡轮喷气发动机比常规发动机简单，重量也小得多，任何速度下都能输出恒定功率，而火箭比常规发动机、涡轮喷气发动机更简单，也更轻。恩斯特·海因克尔和维利·梅塞施密特是德国著名的工程师兼制造商，为生产新机型展开竞争，海因克尔的 He-280 原型机输给梅塞施密特的 Me-262，淡出军方视野。不过，喷气式战斗机的研发进展相当缓慢，与希特勒的固执己见不无关系，他要求新式战机必须是战斗轰炸机，不能是纯粹的战斗机，因为他觉得战斗机是防御武器，而轰炸机是进攻武器。

"彗星"式战斗机也存在种种问题，尤其是它使用的推进剂，高浓度过氧化氢（HTP）是一种极不稳定、高腐蚀性的化学混合物，很难处理。早在 1943 年 12 月试飞期间，严重的意外就证明 HTP 不适用。绰号"约席"的试飞员约瑟夫·珀斯是奥地利人，有过 43 个击落战果，他驾机起飞，按照要求收回起落架，可起落架上下跳动，撞上飞机，导致引擎熄火。不知道珀斯用了什么办法，总算控制住了飞机，平安降落，救援人员赶到时，深具腐蚀性的 HTP 早已泄漏，灌满驾驶舱，珀斯身亡，HTP 是从他飞行服的缝隙渗进去的。[35]

尽管如此，新式战斗机的性能还是让人刮目相看。Me-262 喷气式战斗机的航速高达 530 英里 / 小时，但跟"彗星"相比却相形见绌，因为"彗星"火箭式战斗机的航速超过 620 英里 / 小时。两款战机的设计都不完美，原型机都有缺陷，尤其是"彗星"，但还是为德国空军解决最紧迫的问题提供了某种可行方案，也就是如何对付盟军四引擎重型轰炸机和护航战斗机构成的庞大编队，这些机群摧毁了德国一座座城市、一个个工业中心，每击落一架盟军轰炸机，德国空军都要损失两名战斗机飞行员。海因茨·克诺克太熟悉这一幕了：

美国人正逼近德国中部。由于近期战斗损失太大，我只能派出 5 架战机。据报，敌人投入的战机超过 1000 架……他们分成一个个编队，每个编队 30~40 架飞机，沿我们说的"轰炸机小巷"航线而来……二级下士克吕格尔是我的僚机飞行员，两天前刚刚调来，在他的掩护下，我冲向大约由 30 架四引擎重型轰炸机组成的敌编队，对一架"飞行堡垒"发起攻击。这场正面进攻，我的首轮齐射直接射入敌机驾驶舱。我随后再次发起攻击，这回是从上方朝敌机机尾俯冲……我紧贴在敌机庞大的机身下继续开火，射空了弹匣……"飞行堡垒"的机组人员跳伞逃生，机身燃起熊熊烈焰……就在这时，第二架飞机急速下坠……是我的僚机，年轻的二级下士。

克诺克和其他战斗机飞行员承受着巨大的压力："'雷电''闪电''野马'战斗机今天掩护大批四引擎重型轰炸机再次发动空袭，我们中队与敌机缠斗，又牺牲了6名飞行员。我们的人数越来越少，什么时候轮到自己，一只手就能数得过来。"

他们下方的国土上，目前需要更多劳动力，主要因为征兵的缘故，1939年的3900万劳动力，到1944年下降到2900万。为克服这种不利影响，宣传部长约瑟夫·戈培尔证明自己不仅是操纵公众舆论的高手，也很擅长采取严厉的经济措施。"7·20"事件两天后，希特勒任命戈培尔为总体战全权代表，戈培尔对自己的新职务得意扬扬："屁股底下塞颗炸弹，希特勒才会明白道理。"他觉得关键在于，要像英国前几年那样行事，大幅度增加劳动力的女性比例，让德国家庭主妇走出家门，投身工厂。戈培尔喊出"德国女性帮助赢得胜利"的口号，首次把女性义务参加军工生产的年龄上限从45岁提高到55岁，随后发起鼓励女性投身工业的运动。

戈培尔亲自命名的一个个B动员小组，由一名演讲者和两名党员组成，巡视各自的社区，到访一家家餐厅、咖啡馆、社交俱乐部，鼓励顾客自愿去军工厂干活。电台和新闻简报也狂轰滥炸，向民众传递同样的信息。效果很显著，到1944年秋季，总劳动力的女性比例攀升到近50%。为进一步增加动力，戈培尔又把目光投向非德裔女性劳动力，当时在德国各个家庭从事家政服务的女性大军，许多是从其他国家强征来的劳工。大约40万女性离开家庭，被"重新分配"到与战时经济相关的各个行业。非德裔男性劳工的日子过得并不比非德裔女性劳动力好，近600万外国劳工在德国工厂和农场里挥洒汗水。德国人还违反《日内瓦公约》的规定，强迫200万战俘干活。

总之，到1944年9月，纳粹德国的劳动力，非德国人占了整整四分之一，好多是强征来的，除了监工的鞭子，没有什么能激励他们。当然也没什么可比的，因为就连德国工人的待遇也不好，正常工作时间是每周60个钟头，而坦克和飞机厂每周要干72个钟头。节假日早就被取消了，排在各家店铺门前的队伍越来越长，可食物越来越少，品质越来越差。到 1944 年秋季，德国成年人每周的食物配给量是 2525 克面包、362 克肉、218 克油脂，英国那些年的食物也很匮乏，但肉类配给量几乎是这个数字的两倍，面包也不限量。德国家庭很少见到真正的咖啡，唯一能买到的是用橡子或山核桃制成的代用咖啡。原本备受推崇的德国香肠，现在也不那么受欢迎了，这道德国国菜的肉含量越来越少，取而代之的是面包屑，甚至是锯木屑。阿尔贝特·施佩尔目睹了战争对民众的影响："他们再也无法忍受的时候，会变得麻木不仁……我早上看见他们穿过各条街道去上班，一个个形如鬼魅……但工作仍在继续，士气依然高涨。"[36]

凭借直觉，施佩尔明白大后方的重要性。26 年前，正是民众对胜利丧失信心，才注定了德皇必然失败。纳粹这回下定决心，无论如何都得避免同样的错误。

纳粹维持德国民众士气的办法是胡萝卜加大棒。大棒指的是以警察国家的权力对一切不轨者和失败主义者直接采取措施的威胁。纳粹统治时期，盖世太保始终存在，但远不像普遍认为的那般神通广大，1944 年，监视一切的盖世太保只有 32000 人，而且分散在大半个欧洲。不过，他们总是让民众觉得他们无处不在，每个人都能讲述自己或亲朋好友同盖世太保打交道的经历：

> 我有个患者，名叫普罗布斯特，为人很正派，有一次在车站遇到他的前女友。两人很快谈到战争，普罗布斯特说他觉得德国不一定能打赢。没过几个钟头，他跟我们共进晚餐时被捕，三天后遭处决，罪名是"破坏民众的士气"。[37]

这种情况很少见，大部分举报盖世太保从不跟进，更别说采取措施了。大多数时候，对威胁的恐惧远甚于威胁本身。但仅有恐惧是不够的，戈培尔深谙德国民众的心理，知道他们需要希望才能勠力前行，这种希望也许很渺茫，甚至虚幻，但无论如何都得有。纳粹大肆吹嘘的"神奇武器"充分利用了民众的心理需求，哄得他们信以为真，23 岁的东普鲁士人利萨-洛特·屈斯纳承认："我相信'神奇武器'的说法，我们的军队会保护我们，肯定能挡住俄国人，我很有信心。"[38]德国民众普遍抱有这种看法，保安处是党卫队内部安保机构，法兰克福地区的保安处在内部报告里明确指出他们的调查结果："有个年长的工人说，复仇武器肯定能为我们赢得胜利。"

相信"神奇武器"能为德国赢得最终胜利的不光是平民百姓，军队里好多人也这么看，海军军官阿明·魏格哈特就认为："新式武器肯定能打赢战争！我对此深信不疑！"[39]第404步兵团的孔茨中士称："只要V–2投入，就能以有利于我们的结果结束战争。"党卫队"警卫旗队"师的埃尔温·巴特曼从家人那里听到同样的说法："我父亲兴奋地喊道：'这是"神奇武器"，我们的科学家造的火箭太棒了……要是他们往火箭里塞颗特殊的炸弹，肯定会让英国人大吃一惊！'"[40]

戈培尔精心鼓励了这些妄想，他利用诸如《帝国周报》这些国家媒体，大肆宣传V–1飞弹首次袭击伦敦，还宣称这是"8000万德国民众[41]翘首以盼的日子"。以前干过水手、目前无业的冲锋队队员弗里茨·米勒巴赫兴奋地读到报上的头版头条：

随着我们的新式"神奇武器"投入使用，元首很快会做出决断。"神奇武器"的说法很多。我们得知，德国科学家已经研发出新型战机……随时可以投入战斗……这就是我们听闻首款秘密武器V–1终于用来对付英国时欣喜若狂的原因……最终决断还没做出，我们不免有点担心，可随着V–2飞弹投入使用的消息传来，这种担心很快就烟消云散了……据说过不了多久，我们就能以改进型飞弹打击美国了。一如既往，总是有发牢骚、挑刺的人……但民众的士气得到极大鼓舞，他们知道这些武器肯定能扭转战局。[42]

置身前线的德军官兵赞同米勒巴赫的看法，有个军人在家书里明确指出："就算盟友背信弃义，我们也不会丧失勇气，一旦元首投入他的新式武器，最终胜利必然到来。"

以事后诸葛亮的角度看待德国人当时的信念，嘲笑他们把"神奇武器"当作救命稻草，自然是容易的，可那时候就连本该，也确实了解更多情况的人，居然也对"神奇武器"的传说信以为真。例如全权负责"神奇武器"生产工作的阿尔贝特·施佩尔就谈到当时的情况：

我们有一款遥控飞弹，有一款火箭式飞机，比喷气式飞机更快，有一款火箭式导弹，能以迅雷不及掩耳之势射向敌机……我们还有一款能对声音做出反应，从而

追踪敌舰船的鱼雷……地对空导弹的研发工作业已完成……项目太多了，确实把我们忙得不可开交……[43]

纳粹统治集团内部，满怀憧憬、期盼最终胜利的不止施佩尔一个。德国劳工阵线负责人罗伯特·莱是个酒鬼，更是个恶毒的反犹主义者，他拦住温文尔雅的前建筑师，谈起"神奇武器"："死光已经发明出来！这款装置很简单，我们完全能大量生产……性能无可置疑，会成为决定性武器！"[44]

莱对大肆宣传的东西深信不疑，戈培尔当然很高兴，可这位身材矮小的宣传部长，针对的目标并非劳工阵线负责人。戈培尔想争取的听众，是以英格·莫尔特为代表的普通民众。莫尔特是个不爱出风头的家庭主妇，她写信告诉当兵的丈夫阿尔弗雷德："我们得继续努力，直到新式武器准备妥当，在此之前，我们决不能向敌人屈服。"

纳粹宣传部门一次次给民众灌输此类消息，德国节节胜利那几年，报上的头条新闻都是德国军队赢得一场场大捷，现在的论调改为："我们为何而战？"以高质量纸张印刷的《信号》杂志一马当先，向读者提出问题："德国有没有为之奋斗的计划？回答是，德国军人保卫的不是某个计划。他在和平时期丰富多彩的平民生活……尊重个人利益的主张得以实现，才是他存在的本质。"这番话太虚伪了，简直令人震惊，因为纳粹政权认为许多人不配活着，肆意剥夺了他们的性命，更谈不上什么尊重。更恶劣的是，《信号》杂志随后列出他们认为德国军人继续战斗下去的主要原因，包括"每个人的文化权利""民族权利""劳工权利问题的最终解决方案"，尤其是最后一点的措辞，已经不能用"悲剧"二字来形容了。

那个重要的秋季，另一个方面也为维持德国民众的士气发挥了作用，主要围绕除了把战争继续下去还有什么其他办法，以及和平的危险。早在盟军登陆诺曼底前，德国官兵就流传着一句俏皮话："享受战争吧，和平太可怕了！"今天看来，这种观点似乎有些不可思议，但在当年很有影响力。德国人抱有这种想法，始作俑者是罗斯福、丘吉尔、斯大林三巨头1943年1月在北非卡萨布兰卡会晤期间做出的决定。罗斯福宣称，战争目标是迫使德国"无条件投降"，这个词让德国民众又怕又恨。许多德国人觉得，盟国不过是想羞辱他们的国家，剥夺他们的民族自豪感，而这些东西对德国1939年率先发动战争起到相当重要的作用。

不用说，戈培尔立马抓住美国总统的公告大做文章："这意味着奴役、阉割、不让德国再成为一个国家！"就连巴顿也觉得"无条件投降"的要求大错特错："看看这份愚蠢的无条件投降公告，要是德国佬需要什么刺激一下的话，这东西就是。他们马上会像恶魔那样奋战……战争会拖得更久，我们得付出更大的牺牲，而俄国人会占领更多领土。我们有时候真是够蠢的，简直让我欲哭无泪！"随后又传出所谓的"摩根索计划"。小亨利·摩根索是罗斯福的财政部长，是个杰出的金融家和管理人才，罗斯福当年的新政帮助美国克服了 1929 年华尔街股灾后遗症，摩根索功不可没。现在，激烈的战事持续之际，摩根索写了份备忘录，题为"德国投降后的处置建议"。作为一项严肃的政策建议，这份备忘录很不寻常。

　　摩根索在备忘录里提出：彻底肢解德国，在德国南部和北部建立两个自治独立的国家；把德国大片地区并入波兰和苏联领土，把整个萨尔区割让给法国；强制德国去工业化，鼓励居民迁离鲁尔区，所有工厂和矿井要么拆除后运往国外，要么就地摧毁。美国政府没把这份备忘录当作政策采纳，但相关细节披露后，柏林广播电台向全国大肆宣扬："犹太人摩根索同克里姆林宫的犹太人沆瀣一气。"

　　许多德军前线将士觉得眼下别无选择，只能继续打下去，就像某个士兵说的那样："我们这群所剩无几的老步兵，再也不信那套伎俩了。我们看得很清楚，德国已无法赢得战争，所以我们也做不了什么，只能献出自己的生命，让敌人付出尽可能高的代价。"武装党卫队军士马克斯·温德深表赞同："盟军最大的错误就是要求我们无条件投降。要是还有达成协议的机会，我们肯定会抓住……众所周知，敌人赢得胜利的话会怎么做……我们都清楚这一点，所以只想战斗。"[45] 马克斯·温德很快就得偿所愿了。

　　随着各种武器产量激增，德国军队现在需要人手来操作工厂生产的这些技术装备，戈培尔又一次证明自己总是能做到看似不可能做到的事情。德国国内大量使用外国劳工，腾出更多德国妇女投入与战争相关的工作，把原本从事重要工作、免服兵役的男性征召入伍。为抽调更多人参军，戈培尔 8 月下旬下令全国各地方政府和行政部门大幅度裁员，还彻底削减娱乐和传媒行业，公众乐团解散，剧院、音乐厅、歌舞厅关张，报纸和杂志停刊，就连邮件投递也减为每天一次，好腾出邮递员派往前线。有些出版社倒是获准继续营业，它们不是忙着刊印希特勒的《我的奋斗》，就是为军方培训医护人员出版医学教科书。

征兵年龄已经从 1940 年的 19 岁降到 1943 年的 17 岁，而且仍在下调，政府还大力鼓励 1928 年出生的小伙自愿参军。希特勒青年团地方领导人接到命令，号召青年团的年轻人入伍，他们的双月刊《青年团员》上满是各种口号和事迹，大力颂扬参军入伍的美德，例如"为元首的理想而征服和牺牲，是我辈最大的光荣"，阵亡者的墓地是"我们这些年轻人的无私意愿、军人意志沉默的见证，一颗颗年轻的心应把这份信念和不朽的军队精神发扬光大"。受高等教育者也是征兵对象，戈培尔停了德国各所大学的学业，把 16000 名学生征入军队，把另外 31000 人投入军工行业。[46]

青少年并非戈培尔唯一的征召对象，义务服役的年龄上限提高到 50 岁。帝国境内的非德国人也没逃脱征兵网，尤其是波兰人，应征入伍者成千上万，就像某个纳粹官员明确指出的那样："根据上级下达的定额，整个村子、整个城镇强行登记入册的情况很常见……例如，地方领导人或镇长接到指示，把村镇 80% 的居民登记为德国人，实际上 80% 的居民是波兰人。"

这些边境地区，拒不接受"日耳曼化"被视为犯罪行为，会被驱逐出境或投入监狱。自 1939 年德国伙同苏联瓜分波兰后就采用的德国人民名单（DVL）不断扩大。名单上的第一类是继续使用母语的德国人，他们积极亲德，不仅获得德国公民身份，甚至获准加入纳粹党。第二类是有德国血统的德裔，他们保留了德国人的特征，例如说德语，但在波兰人统治下"俯首帖耳"。第三类包括与异族通婚的德国人、他们的孩子、"部分波兰化"或"自愿日耳曼化"的当地人，他们获得绿色身份证，算是进入考验期。而第四类是"以敌视德国的方式积极从事工作"的人，他们什么也得不到。尽管如此，每个人都从内心深处把自己视为德国人，就连第四类人员也不例外。结果不言自明，波兰人聚居的但泽（今天的格但斯克）—西普鲁士地区，115.3 万人被列入 DVL：15 万人归入第一类，12.5 万人归入第二类，8000 人列为第四类，而第三类不下 87 万人。按照官方说法，当地超过 90% 的人实现了"日耳曼化"，有义务应征入伍。

这些举措起了很大作用。1944 年 9—12 月，又有 100 万人加入德国军队，德军总兵力达到有史以来的最高点，但他们当中，年龄超过 30 岁的人多达六分之一，大多数人在各连队服役，幸运的话，上级还能给连里派一名军官。这些连队大多编入 1944 年年末组建的新型兵团，也就是人民掷弹兵师，这些人民掷弹兵师负责协助德国国防军扭转战争颓势。

D 日前，德国陆军经历了转型，他们组建了一个个 1944 年型步兵师。德国人大肆吹嘘，说此举是为了让野战军队获得更强大的火力，也是吸取前线的经验教训，但德国步兵师转型的真实意图一目了然：大幅度削减各兵团人数，以此增加纸面上师的数量。于是，每个步兵团裁撤了第三个营，炮兵团也相应缩编。这样一来，各兵团基本保持了战斗力，但兵力只有 12772 人，比原先少了 30%。这些 1944 年型步兵师当年夏季在白俄罗斯和法国被打得落花流水，是时候撤销了。

纳粹当局认为，应当以真正具有革命性的兵团替代那些师，组建一支信奉国家社会主义的全新军队，党卫队头子海因里希·希姆莱在纳粹官方的《人民观察家报》上发表文章，他写道："党与国防军真正的结合，今天终于成为活生生的现实……赢得战争的军队，必然是国家社会主义人民军！"弗里茨·米勒巴赫认为，早该进行这种根本性变革：

> 我们都对最新的变革大为乐观，很长一段时间以来，那些正规军军官太傲慢自大了，他们只对个人享受感兴趣，没什么能力，还自命不凡。动摇他们的地位是件好事，我们对此都很高兴，相关命令要求他们必须敬希特勒举手礼，时刻提醒他们谁才是德国真正的主子，真是大快人心！ [47]

人民掷弹兵应运而生，选择这个名称显然是为了唤起德国人的民族主义和"人民"概念，而掷弹兵符合德国军事传统，无疑受到苏联红军授予精锐部队"近卫军"称号的启发。

自战争结束以来，历史学家和军事专家对人民掷弹兵师的评价几乎都是负面的。人民掷弹兵师受到种种批评，主要是训练欠佳、装备拙劣、缺乏领导，纯属走投无路的纳粹政权孤注一掷的产物，但实际情况复杂得多。纳粹当局从没把他们视为炮灰，相反，他们代表的是一支消除了阶级和保守传统、充满国家社会主义热情的新式军队。希姆莱起初亲自保留了任命人民掷弹兵师所有新军官的权力，目的是确保选中的人都是真正的纳粹。

不用说，这项规定很快弃之不用，因为人民掷弹兵师组建得很快，第一拨有19 个，9 月中旬有 6 个，10 月份又组建了 24 个，都由希姆莱任命各级军官显然不切实际。但不管怎么说，新型师的军官门槛确实很高。想去人民掷弹兵师担任营级或团级指挥官，首先得是经历过实战的老兵，还得获得过金质德意志十字奖章，最好是令人垂涎的骑士铁十字勋章。为确保意识形态的纯洁性，希姆莱随后取消了人民掷弹兵师的牧师——纳粹的世界里不需要上帝，增设国家社会主义督导员。

人民掷弹兵师的编制比 1944 年型步兵师更小，每个师只有 10072 人，燧发枪手营缩减成燧发枪手连。每个师辖有 3 个掷弹兵团，各辖 2 个营，外加 1 个骑自行车的侦察连，还有一股配备自行火炮（"追猎者"或三号突击炮）的装甲力量，全师火炮不少于 54 门[48]。师骨干基本上是夏季战局期间遭粉碎的前线兵团残余的力量；因此，经验丰富的第 272 步兵师在诺曼底战役中遭重创后，余部改编为第 272 人民掷弹兵师。换句话说，新兵团的核心骨干是老兵团经验丰富的军官和军士，例如，第 272 步兵师燧发枪手营 46 名官兵被调到新组建的第 272 人民掷弹兵师，构成该师燧发枪手连的核心力量，这 46 人是第 272 燧发枪手营 708 名官兵仅剩的生还者。[49]戈培尔从人力资源库挤出不少人手，加入人民掷弹兵师的新兵都是精挑细选出来的，1926 年或 1927 年出生的这些年轻小伙，身体素质都不错。尽管如此，但兵员缺口实在太大，德国人不得不从空军和海军抽调成千上万人填补缺员，前海军人员几乎占了各师总兵力的 30%。

由于缺乏步兵训练和实战经验，这些人很难成为上级预期的精锐。他们的另一些战友也谈不上"精英"，这些人不是德国人民名单上第三类的波兰人或捷克人，就是正在康复的士兵，他们的疗养期大幅度缩短，奉命返回前线。例如第 272 人民掷弹兵师的燧发枪手连，除了 46 名骨干，还从常规训练补充部队调来 60 人，另外 36 个失去潜艇的艇员来自威廉港。这些海军"志愿者"觉得他们原先的军种高人一等，现在却降为步兵，自然牢骚满腹。但他们的加入，让燧发枪手连的平均年龄保持在 24 岁，所以，人民掷弹兵师并不都是老弱病残。

为弥补部队的各种缺点，相关人员认为火力是解决之道，而且需要猛烈的火力。他们大量分发了单发式"铁拳"反坦克火箭筒，还给每个连配备了不下 26 支StG–44 突击步枪，外加 11 挺 Mg–42 机枪，这款机枪的嘶吼声令盟军步兵心惊胆寒，他们称之为"施潘道"。这样一来，虽说人民掷弹兵师各连队的兵力少于战争初期的步兵连，但每分钟朝敌人发射的弹药量达到令人难以置信的 570 公斤，相比之下，1941 年的步兵连每分钟只能发射 135 公斤。前线部队需要的弹药量，给德国军火工业产能造成巨大压力，施佩尔10月下旬下达指令："看来，44式冲锋枪大量配发给人民掷弹兵师，却没有保证他们有足够的弹药。以这款冲锋枪列装部队，让他们在没有预先获得充足弹药的情况下投入战斗，这种做法大错特错。"

新建兵团还是让人不太放心，除了弹药不足，他们还缺乏训练，缺乏机动车辆，缺乏通信设备。大批补充兵调自陆军姊妹军种或各个厂房，必须接受适当的训练，才能在前线发挥战斗力，但前线态势紧迫，根本没时间训练新兵，冯·伦德施泰特亲口承认："由于没有足够的时间，现有部队和新开抵的人民掷弹兵师训练状况很差……可眼下的态势要求这些部队立即投入战斗。"

至于运输工具，各人民掷弹兵营和1944年型步兵师一样，主要依靠马匹而不是机动车辆，他们配备了430匹马，机动车只有19辆，其中10辆是摩托车。眼下合并的后勤支援团，情况也好不到哪里去，只有171辆卡车用于全师后勤勤务，而美国师配备的车辆多达1440辆。至于通信设备，德国人给每个连只配备一部电台，大多数时候不得不靠有线电话，倘若线路中断或发生机械故障，就得派传令兵传递消息和命令。前线部队需要呼叫炮火支援时，缺乏现代化电台成了大问题。盟军不存在这种问题，他们的步兵部队大量配备了电台，似乎随时能召来炮火支援，难怪德军官兵觉得"美国人的炮火没完没了"。

尽管存在这些缺点，但人民掷弹兵师并非众人常说的乌合之众，相反，他们是纳粹战争机器最后一次全力拼凑的作战力量，企图以此扭转战争颓势。

当年秋季，德国陆军积极准备即将到来的冬季战局，新组建的作战力量不光是人民掷弹兵师，还增加了许多装甲旅和突击炮兵旅。看看德军战斗序列就知道，装甲旅不是新式编制，自1939年起就以这种或那种形式存在。组建装甲旅背后的理念，是以这些重型装甲部队更快、更灵活地投入行动或做出应对，相比之下，传统装甲师的编制太大，也更笨重。想当初，弗朗茨·贝克上校指挥的重型装甲团，在切尔卡瑟包围圈的战斗中表现得极为出色，1944年7月，希特勒下令组建首批10个装甲旅，都以贝克重型装甲团为样本。

这些装甲旅的番号从第101到第110，每个旅配备40~50辆坦克和突击炮，外加一个搭乘半履带装甲车的装甲掷弹兵营。德军9月份又组建了3个装甲旅，番号从第111到第113，配备的坦克、随行的装甲掷弹兵数量增加了一倍。伴随新装甲旅一同投入战斗的是陆军突击炮兵旅，这个概念是埃里希·冯·曼施泰因1935年提出的，他那时候还是个级别不高的上校。每个突击炮兵旅编有 30 辆突击炮，外加 15 门突击榴弹炮，旨在为步兵提供机动火力支援，但 1944 年秋季，他们担任坦克歼击力量，从事防御作战更能发挥效力，加入武装党卫队的比利时佛拉芒人赫尔曼·范希塞赫姆证实：

与常规坦克相比，突击炮速度更快，车身更低矮，很难发现，而且没有炮塔。"虎式"那种常规坦克可以转动炮塔，有 5 名组员，而突击炮组只有 4 个人。我是报务员，坐在"追猎者"战斗舱右侧，还得把身子探出舱外，操作车顶的机枪。主炮装填也是我的活儿。交战期间，战斗舱里满是 75 毫米炮弹。驾驶员待的地方最危险，他坐在下面，只能透过一条窄缝观察外面的情况。我很幸运，从头到尾没负过伤……我们这些人在装甲部队服役，不会像步兵那样动辄负伤。在步兵部队，你得跟敌人面对面厮杀，而待在突击炮里的情况大不相同。我们驾车四处逡巡，打击敌人的坦克和车辆，而不是敌步兵。您看，全是技术、机械活儿，双方都是这样。在装甲部队里，不是胜利就是失败，换句话说，要么活着，要么送命。[50]

凭借新人员和新装备，德国国防军获得新生。英美军队本来是有机会的，但阿纳姆战役失利对盟军是个双重打击，不仅让德军赢得他们眼下急需的胜利，还让第三帝国争取到宝贵的时间，整顿、重建他们的军队。德国武装力量已濒临崩溃，确实很近，但还没完蛋，有个德国兵明确指出：

我们得到 200 名补充兵，都是前空军人员，有些是飞行员，但大多是地勤人员，这帮家伙没受过步兵训练，派不上什么用场。上级给我 4 天时间训练他们，没错，就 4 天！他们根本没机会，活不了多久，很快就悉数阵亡了……但我们这些老兵有不少活了下来，准备继续战斗！[51]

尽管如此，主动权依然掌握在英美军队手里，问题是，他们打算如何利用这种主动权？用在何处？

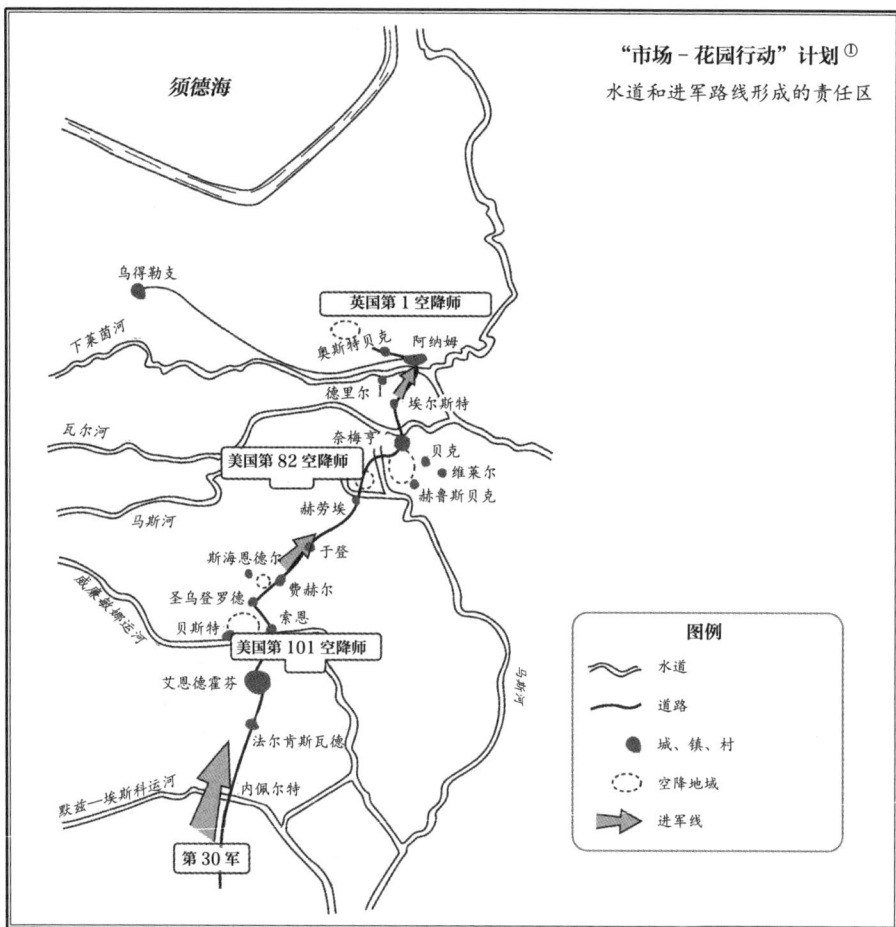

"市场-花园行动"计划 ①

水道和进军路线形成的责任区

须德海

乌得勒支

下莱茵河

英国第 1 空降师

奥斯特贝克　阿纳姆
德里尔　埃尔斯特

瓦尔河

奈梅亨

美国第 82 空降师

贝克
维莱尔
赫鲁斯贝克

马斯河

赫劳埃

斯海恩德尔　于登

圣乌登罗德　费赫尔

贝斯特　索恩

美国第 101 空降师

艾恩德霍芬

法尔肯斯瓦德

默兹－埃斯科运河　内佩尔特

第 30 军

图例

〜〜〜　水道

———　道路

●　城、镇、村

⬭　空降地域

➤　进军线

---

① 本书插图系原文插附地图。

注解

1. 克里米亚战争期间，博斯凯目睹英军轻骑兵旅冲锋后说了这句话。
2. 亚当斯本人是皇家陆军勤务队第 250（空降）轻装连的军官，该连在阿纳姆取得的功绩成为他创作《兔子共和国》一书的灵感来源。
3. Beevor, Antony, *Arnhem*, p370.
4. Kershaw, Robert, *It Never Snows in September*, p41.
5. 同上，p69。克拉夫特是党卫队第 16 装甲掷弹兵训练补充营营长。
6. 同上，p52。
7. 同上，p50。
8. 同上，p62。
9. 同上，p68。
10. Griesser, Volker, *Lions of Carentan*, p169.
11. Kershaw, Robert, *It Never Snows in September*, p36. 这句话出自 20 岁的罗尔夫·林德曼。
12. 阿纳姆地区驻军司令原本是弗里德里希·库辛少将，当天早些时候他乘指挥车出行，遭遇英国伞兵伏击，当场毙命。
13. Kershaw, Robert, *It Never Snows in September*, p108.
14. 同上，p79。
15. Griesser, Volker, *Lions of Carentan*, p173.
16. 德意志帝国铁路过去和现在都是德国国营铁路系统。
17. Kaufmann, Johannes, *An Eagle's Odyssey*, p209.
18. Atkinson, Rick, *The Guns at Last Light*, p274.
19. Kershaw, Robert, *It Never Snows in September*, p130.
20. 同上，p168。19 岁的党卫队分队长保罗·米勒隶属党卫队第 9 "霍恩施陶芬" 装甲师。
21. 同上，p127。
22. 同上，p127。
23. 同上，p177。
24. 同上，p172。
25. 同上，p209。
26. 同上，p91。
27. 同上，p205。
28. Atkinson, Rick, *The Guns at Last Light*, p280.
29. Kershaw, Robert, *It Never Snows in September*, p183.
30. 本书作者采访党卫队第 5 "维京" 装甲师的伊瓦尔·科内柳森。
31. Reynolds, Michael, *Sons of the Reich*, p181.
32. 德国 1944 年还生产了 3617 辆坦克歼击车、1246 门自行火炮。
33. 德国人总是喜欢各种毫无必要的实验，他们还研发了 "猎虎" 坦克歼击车，这款庞然大物的重量超过 70 吨，正面装甲厚达 250 毫米，配有一门 128 毫米大口径火炮。整个项目纯属分散资源，"猎虎" 只生产了大约 47 辆。
34. Hooton, E.R., *Eagle in Flames*, p325. 德国 1944 年生产了 39788 架战机，包括 3000 多架轰炸机。1944 年 9 月生产的 3103 架战斗机，包括 1874 架 Bf-109G 和 1002 架 FW-190。
35. Spink, Mike, *Aces of the Reich*, p171.
36. Holmes, Richard, *World at War*, p304.

37. Hagen, Louis, Ein Volk, *Ein Reich*, p56。采访弗朗茨·韦特海姆医生。

38. Hastings, Max, *Armageddon*, p305.

39. Neitzel, Sönke and Welzer, Harald, *Soldaten*, p187.

40. Bartmann, Erwin, *Für Volk und Führer*, p160.

41. 据正式统计，德国 1933 年的人口是 6600 万，后来合并了奥地利、苏台德区、阿尔萨斯 - 洛林地区的数百万德裔，到 1940 年，德国人口增加到 8000 万。

42. Hagen, Louis, Ein Volk, *Ein Reich*, p38.

43. Evans, Richard J., *The Third Reich at War*, p671.

44. 同上，p673。

45. 本书作者采访二级下士阿图尔·克吕格尔，后一段摘自：Hastings, Max, *Armageddon*, p193。

46. Evans, Richard J., *The Third Reich at War*, p595.

47. Hagen, Louis, Ein Volk, *Ein Reich*, p38.

48. 标准的美国步兵师配有 66 门火炮，口径和射程都超过对手，包括不下 12 门 155 毫米 "长汤姆" 榴弹炮。必要情况下，所有美军部队还能获得军属或集团军属炮兵力量支援。

49. Nash, Douglas E., *Victory was beyond their Grasp*, p40.

50. 本书作者采访赫尔曼·范希塞赫姆。

51. 本书作者采访安德烈亚斯·弗莱舍尔。

边境交战

1940 年，德国军队采用全新的军事策略"闪电战"，赢得一连串蔚为壮观的胜利，征服了西欧大部分地区。其实，德国人当初并未使用"闪电战"这个名称，但他们的作战理念很明确：把强大的力量集中到敌人最薄弱的地方，一举突破对方的防线，而后深入敌后方地域，瘫痪对方的抵抗能力，直到敌军接二连三地崩溃瓦解。

到 1944 年夏季，英美军队和苏联红军掌握、发展了这种理念，娴熟度甚至超过 1940 年的德国军队。结果，德国摇摇欲坠，战争似乎很快能像万众期盼的那样结束了。随后，苏联人把重点转向战后欧洲的格局，西线盟军步履维艰，迅速结束战争的梦想破灭了。但英美军队觉得还有机会。

多年来漫不经心的德国工业，现在终于全速运作，各训练基地再次充满新兵，但德国人还没做好夺回主动权的准备。发球权仍在盟军一方，他们打算沿德国西部边界展开一连串进攻，一举进球，但盟军策划的行动，大多令人费解，参战官兵付出了高昂的代价。这些交战鲜为人知，甚至很少有人记得，正如英国历史学家马克斯·黑斯廷斯写的那样：

当年 9 月和 10 月初，美军围绕西格弗里德防线逐行的一连串交战，从来没有像诺曼底、阿纳姆、突出部战役那样吸引历史性关注。但那些日子在那片地区，盟军 1944 年攻入德国腹地最后一个有可能实现的前景破灭了。

那些被遗忘的战役，其中一场发生在亚琛，查理曼大帝这座城市以大教堂而举世闻名，神圣罗马帝国的宝座也在这里，不下 31 位德国国王在此处加冕。亚琛位于德国西部边境，与比利时和荷兰边界咫尺之遥。另一场战役发生在亚琛以南直线距离 140 英里的梅斯，整座城市堪称中世纪建筑瑰宝，是洛林区首府，法国 1940 年投降后，德国吞并了洛林区。但许特根森林内的鏖战，真正成为英美军队当年冬季毫无意义的一连串征战的缩影。

1944 年秋季，朝边界这片地段攻击前进的，没有英国或加拿大军队，只有隶属巴顿第 3 集团军、亚历山大·帕奇第 7 集团军的美军官兵，以及让·德拉特·德塔西尼 B 集团军（该集团军很快改称法国第 1 集团军）的法国人。帕奇和德塔西尼军团隶属雅各布·德弗斯第 6 集团军群，这股机械化力量从法国南部出击，猛追约翰内斯·布拉斯科维茨大将的 G 集团军群残部，一路攻往德国边界。德国人不断遭到盟国空中力量、一心复仇的游击队打击，严重缺乏油料、弹药、补给，但不知道布拉斯科维茨用了什么办法，总算把 14 万官兵、20 多辆坦克、165 门火炮撤到与德国边界大致齐平的新防线。到达那里，这股德军转身迎战，第 198 步兵师的格奥尔格·格罗斯约翰回忆道：

> 我方重炮排阵地正对面，几辆美军坦克突然从茂密的灌木丛里冒了出来。我们的短身管 150 毫米火炮通常用于高射界射击，但猝不及防的炮组人员不得不自保，直接瞄准头两辆敌坦克开炮……双方的距离不超过 50 米，炮火很准，两辆敌坦克中弹，毫不夸张地说，当场炸成碎片，紧跟其后的几辆坦克赶紧挂上倒挡。可惜，这种"胜利的时刻"越来越少见。[1]

离格罗斯约翰所属的第 198 步兵师不远处，是在法国经历过激战的另一个兵团，也就是埃德加·福伊希廷格尔将军的第 21 装甲师。第 21 装甲师绰号"隆美尔的马戏团"，D 日那天没能把盟军赶下大海，部分原因是福伊希廷格尔在巴黎花天酒地，根本不在前线，但全师将士在诺曼底战役期间打得非常出色，后来逃出法莱斯包围圈向东退却。福伊希廷格尔又一次缺席，师里另一名团长约瑟夫·劳赫[2]因病回国休养，只能由汉斯·冯·卢克接掌全师，第 21 装甲师眼下成了名副其实的冯·卢克战斗群。

"经过 11 天跋涉，9 月 9 日我们终于到达斯特拉斯堡以西地区，三个多月持续不断的作战行动把我们累得够呛。我们需要休整，急需补充兵和装备。我的几个装甲掷弹兵连，每个连只剩 50 人。我们的集中地域在孚日山脉与斯特拉斯堡之间，位于马其诺防线与西墙中间。"冯·卢克的愿望好歹得到部分满足，几辆卡车送来补充兵，随即编入各部队。

派头十足的师长福伊希廷格尔跟随补充兵一同到来，给冯·卢克颁发了骑士铁十字勋章，出乎意料的卢克说道："我可以接受，也会接受这枚勋章，但完全是代表全体部下，没有他们，我根本不可能获得您授予我的这份荣誉。"

福伊希廷格尔深表赞同，随后说道：

让您的部下稍事休整，把补给物资分分，有个空军补充兵营开到了，他们当中有训练有素的飞行员，但没有飞机了，还有些十六七岁的小伙。盟军的物资耗之不尽，我们获得的补充兵纯属炮灰，这让我们怎么挡住敌人？

这位四处游荡的师长显然觉得，自己的任务就是发发勋章，再对眼下的局面哀叹一番，而不是得体地指挥自己的部队。冯·卢克对此不抱奢望："我指示库尔茨少校，找些经验丰富的军士，把新来的补充兵管起来，让他们尽快适应作战环境。"

冯·卢克巡视整片地区了解地形期间，遇到新上任的集团军司令——身材矮小、干劲十足的哈索·冯·曼陀菲尔，这位装甲指挥官与福伊希廷格尔截然不同。冯·卢克战前就认识他，曼陀菲尔轻松自在地同新下属聊了起来：

蒙哥马利再次发动进攻……但巴顿和第3集团军的美国人更危险……他根本不考虑右侧的南翼，一路攻击前进，已到达凡尔登，正攻往梅斯、南锡、摩泽尔河……美国第6集团军［曼陀菲尔把第7集团军和第6集团军群搞混了］和法国第1集团军正从法国南部逼近，企图与巴顿会合，我们调自地中海地区的几个集团军残部远在第戎，仍在坚守一片楔形地域，可他们能坚持多久呢？

问得好！要是格奥尔格·格罗斯约翰在场的话，也许会脱口而出："坚持不了多久！"

我的部下带回个身负重伤的战友，弹片彻底撕裂了他的腹壁。我们还得后撤，所以决定带上他……可车辆刚开动，他痛得连声惨叫。我们只好把他抬下吉普，放在地上……有个年轻的法国女人……从附近的屋子走了出来。她告诉我们，这名伤兵很快就要死了……她答应跟他待到最后一刻……我们离开时，看见她坐在地上，那个小伙的头枕在她腿上。[3]

乔治·巴顿的干劲一如既往，他打算前出到摩泽尔河，一举强渡该河，绕过梅斯，直插德国腹地，奔向莱茵河畔的美因茨和曼海姆。9月2日，巴顿实现了计划的第一部分，他的先遣部队到达摩泽尔河，德国就在眼前，而此时，艾伦·阿代尔①在遥远的北面还没进入布鲁塞尔。第3集团军随后彻底耗尽油料，巴顿愤怒不已，一再请求上级调拨油料，总算得到25390加仑，仅仅是他要求的十八分之一。

艾森豪威尔的宽大正面战略终于结出恶果。蒙哥马利麾下第30军为解放比利时首都欢庆之际，盟军最具进攻精神的集团军却在南面150英里处陷入停顿。既然无法搞到足够的油料继续进攻，巴顿只好环顾四周，盘算接下来该如何行事，他的目光投向梅斯。这座城市起初建在摩泽尔河中几座岛屿上，四周山丘环绕，19世纪末，法国复仇主义势力修筑了一圈堡垒，严密拱卫梅斯城。这些工事陈旧过时，可还是很难对付，很长一段时间来，它们一直是公认的杰出防御阵地。但这座城市几乎无人据守。

希特勒反应很快，立马宣布梅斯为"要塞"，还把保卫该城的任务交给奥托·冯·克诺贝尔斯多夫和他指挥的第1集团军，该集团军D日前部署在法国西南海岸，眼下刚刚从那里撤出。前任司令库尔特·冯·德尔·舍瓦勒里率领军队穿过法国，退到德国边界，从理论上说，第1集团军的兵力还有6万左右，可这个数字掩盖了以下情况：大多数人隶属战斗支援和战斗勤务支援部队，还有好多不从事战斗的准军事人员。据弗里德里希·冯·梅伦廷说，冯·克诺贝尔斯多夫其实只能凑出大约10个战斗营，不到20辆坦克和突击炮，可能还有2~3个炮兵营。"闪电列车"再次隆隆运作，把援兵从遥远的丹麦和意大利北部运抵此处。

开抵的增援力量，有些素质很高，例如第3、第15装甲掷弹兵师，但也有些兵团的战斗力实在不敢恭维。库尔特·普夫利格尔的第416步兵师就是个典型，该师8500名官兵，平均年龄38岁，不少人患有胃疾，吃的是病号饭，还有些人在占领丹麦期间过惯了安逸日子，难怪该师得了个"掼奶油师"的绰号。

美国第3集团军开往梅斯南北两侧，企图包围该城，却发现河上的桥梁都已被炸毁，德国人从4个师抽调最精锐的作战部队据守防御工事，包括旗队长奥托·宾格指挥的党卫队第17"格茨·冯·贝利欣根"装甲掷弹兵师余部，克诺贝尔斯多夫把这股力量部署到城市西面，封锁凡尔登—梅斯公路，阻滞巴顿推进。其实他们的

_____

① 艾伦·阿代尔此时是英国禁卫装甲师师长。

71

实力根本无法挡住美军，师里某个士兵回忆道：

> 我们团当时的编成很混乱……指挥第 1 营的是个警察上尉，几名连长都是梅斯军官学校的陆军少尉，大多数军士是武装党卫队队员，也有几个调自空军。至于普通士兵，原先的空军人员现在成了装甲掷弹兵，仍穿着空军军装……还有些人以前是警察……我们以木盒地雷掩护阵地，这玩意儿是从俄国缴获的……我们的交通壕和部分支撑点水淹得很深。

谁来指挥梅斯守军呢？党卫队和陆军不顾体面，为这个问题争得不可开交。党卫队全国领袖希姆莱任命了旗队长恩斯特·肯珀，此人目前在梅斯附近的党卫队通信学校当校长，随后将被调到"维京"师任职。陆军选派了瓦尔特·克劳泽中将，他刚刚出任第 462 人民掷弹兵师师长①，该师也是当地的驻军。陆军赢了，克劳泽着手准备梅斯的防务。

巴顿的注意力集中到梅斯之际，柏林方面觉得他们寻找已久的反击机会来了，于是制订计划，企图从南面攻入巴顿翼侧。汉斯·冯·卢克参与了准备工作：

> 三个新组建的装甲旅开抵，装甲旅是 OKW（国防军最高统帅部）的新发明，自然装备精良，配备了诸如"黑豹"坦克这些最新式的技术兵器，各级指挥官也很有经验，可他们相互不认识，也没有一起训练过。我们遭受了重大损失，为什么不给我们配发新装备呢？[4]

新调来的是几天前刚刚组建的第 111、第 112、第 113 装甲旅。9 月 12 日，第 112 装甲旅投入战斗，打击菲利普·勒克莱尔优秀的法国第 2 装甲师，美国历史学家休·M. 科尔把这场历时 4 天的交战称为"完美的地空协同战的绝佳范例，不仅展现了各军兵种的壮举，还沉重打击了希特勒以装甲力量攻入第 3 集团军翼侧的企

---

① 克劳泽时任第462师师长，该师不是步兵师，也不是人民掷弹兵师，而是以补充兵和训练部队组建的师级兵团，随后改编成第462步兵师，但克劳泽已不再是师长。

图"。冯·卢克的哀叹很有道理，与其把稀缺资源交给新部队，还不如补充久经考验、值得信赖的老部队。第112装甲旅损失60辆战车（整体实力的三分之二）和数百名装甲掷弹兵。到当月月底，该旅只剩1辆"黑豹"、6辆四号坦克、寥寥无几的步兵，几乎打光了。

祸不单行，另外两个装甲旅也投入战斗，打算碰碰运气，对付南锡东面几英里阿拉库尔镇附近的美军。这场进攻起初取得不错的进展，猝不及防的美国第4装甲师遭重创，损失20多辆坦克后混乱退却，浓雾和低云导致盟军战机无法介入战斗。但第4装甲师师长约翰·舍利·伍德是个经验丰富的指挥官，以前当过化学老师，还是橄榄球队的四分卫，绰号"猛虎杰克"，他从不轻言放弃，很快扭转了局面。借助空中力量强有力的支援，伍德快速机动的"谢尔曼""斯图尔特"坦克把遂行进攻的德军装甲旅打得四散溃逃。一辆辆烧毁的坦克和半履带装甲车散落在田野和道路上。第111装甲旅只剩8辆坦克、80名装甲掷弹兵，第113装甲旅旅长埃里希·冯·泽肯多夫上校阵亡。

德军这场进攻大败亏输。冯·曼陀菲尔第5装甲集团军，可用坦克只剩25辆，他的参谋长弗里德里希·冯·梅伦廷却写道："虽说我们的进攻损失很大，但看上去实现了预定目标，有效遏制了美国第3集团军。"冯·梅伦廷不是纳粹，素以美化德军战斗力而著称；汉斯·冯·卢克也不是纳粹，但他很少粉饰战果。德军在阿拉库尔战败后，冯·卢克手下某个军官问他："有传言说，希特勒打算同西方国家单独媾和，这样就可以转身全力对付俄国人，您怎么看？"冯·卢克答道："不可能！丘吉尔和美国人决意消灭希特勒和他的政权，根本没有单独媾和的余地。"

此时，冯·卢克的第21装甲师只剩个空壳，冯·梅伦廷称："该师没有坦克，目前只是个二流步兵兵团。"他说的没错。第21装甲师11月初报告，他们只剩19辆坦克、不到300名装甲掷弹兵。美国第3集团军在阿拉库尔重创德国第5装甲集团军，进军通道敞开了，他们可以穿过德军残部，一路前出到莱茵河。巴顿需要的只是油料和弹药，可他什么也没得到。蒙哥马利说服艾森豪威尔支持"市场－花园行动"，把大部分现有物资悉数投入那个方向。美国第3集团军丧失了机动性，巴顿失望不已，转向梅斯，发起了他非凡职业生涯中最缺乏创见、严重浪费兵力的战役。

装甲力量迅猛的推进、巧妙的机动、精彩的即兴发挥不见了，取而代之的是步兵的艰难前行和猛烈的炮火齐射。马克斯·温德置身炮火打击下，他所在的党卫队第 17 "格茨·冯·贝利欣根" 装甲掷弹兵师在顽强守卫梅斯期间损失惨重，目前只剩几个战斗群。"我们的士气依然高昂……队伍里有些年轻小伙，但也有经验丰富的老兵。我们都敬重巴顿，因为我们知道，他对德国尊重有加，但美国人跟俄国人不同……他们缺乏我们这种斗志。"温德的战友无疑赞同他的看法，就连团长也有同感："[一部部车辆]接二连三地抛锚，因为汽油的品质太差了，里面掺了水，我们就这样从事战争！我手上根本没有火炮，您知道我们的士兵不得不拖着步兵炮四处奔波时怎么说吗？他们说：'老子宁愿当俘虏！'"[5]

争夺梅斯的交战拖拖拉拉，盟军没取得太大战果，伤亡名单倒是加长了。整个 9 月和 10 月，德国人以相对较少的兵力和资源牵制了美国第 3 集团军，战斗一直持续到寒冷、潮湿的 11 月。最后，生性好斗的沃尔顿·沃克指挥第 20 军，在战线后方展开一连串训练，做好突击准备，打算一举攻克梅斯。德国人也有对策，不仅调来更多援兵加强防御，还派海因里希·基特尔接替瓦尔特·克劳泽，基特尔少将是个东线老兵，长得像头鹰。可惜援兵太少，且来得太晚。基特尔身负重伤，被送到地下医院抢救，他 11 月 22 日在医院里投降，把梅斯交给了美国人，[6]但德里昂堡一直顽抗到 12 月 8 日，贞德堡坚守得更久，残余的 500 名守军直到 12 月 13 日才放下武器。6000 名德军士兵跟随他们的指挥官步入战俘营。盟军浪费了近 3 个月时间，这么点回报实在微不足道，正如布拉斯科维茨将军指出的那样：

> 直接进攻梅斯毫无必要……相比之下，要是他们突然转身向北，攻往卢森堡和比特堡方向，本来能取得更大战果，不仅会导致我们的第 1 集团军右翼土崩瓦解，还能打垮第 7 集团军。

布拉斯科维茨的洞察力没能保住自己，希特勒解除了他的职务，而且是战争期间的第二次。布拉斯科维茨的父亲是个正派、不世故的牧师，他秉承了父亲的性格，梅斯战役可以说是德军首次挡住永远在战场上横冲直撞的乔治·巴顿，但他没受到任何赞扬。第 3 集团军可能是美国陆军当时最具战斗力的军团，布拉斯科维茨迫使对方转入防御，为己方指挥机构争取到眼下急需的喘息之机，却没获得任何荣誉，G 集团军群新任参谋长梅伦廷称："美国第 3 集团军接到不容置疑的命令，要求他们坚守当前阵地。该策略是对是错与我无关，但无疑简化了 G 集团军群面临的问题。

我们获得几周时间，重建辖内支离破碎的兵团，做好了应对下一场猛攻的准备。"美国第3集团军的兵力超过25万，而G集团军群七拼八凑也达不到对方半数兵力，从这个角度看的话，布拉斯科维茨的功劳就更大了。

巴顿集团军穿过洛林迅猛推进，结果在梅斯陷入激烈交战。无独有偶，另一个美国集团军在亚琛北面也错失良机，这回是考特尼·霍奇斯的第1集团军。梅斯到底是法国还是德国城市，两国始终存有争议，但亚琛不存在这种问题，是实实在在的德国城市，对德国民众和希特勒都有很大的象征意义。亚琛陷落的话，就是首个落入盟军手里的德国主要城市，盟军无疑会大肆宣传，肯定会沉重打击德国人的士气。

不用说，希特勒宣布亚琛是"要塞"，命令守军坚守到"最后一人一弹"。但美军攻往亚琛之际，希特勒没考虑到负责亚琛防务的是装甲兵上将格哈德·冯·什未林-克罗西克伯爵。从很多方面看，什未林都是个谜。他是普鲁士贵族，第一次世界大战期间因作战英勇获得过勋章，1939年年初他在德国驻伦敦大使馆工作期间，亲自联系英国情报机构，敦请英国政府结束绥靖政策，反对希特勒野心勃勃的扩张，可惜此举徒劳无获。什未林随后获得的任命让他声望倍增，他被调到陆军精锐的"大德意志"团任职，接下来的战时职业生涯也很杰出，最后担任绰号"灰猎犬"的第116装甲师师长。某个同袍认为什未林"很聪明，可这股机灵劲儿经常给他造成麻烦"。什未林是个坚定的反纳粹人士，但没有积极参与"7·20"事件。德军在法莱斯战役惨败后，什未林率领他的师从法国撤往东面，9月初到达亚琛郊外，只剩区区600名装甲掷弹兵和十来辆装甲战车。为避免生灵涂炭、亚琛城沦为废墟，什未林决定不实施抵抗，暗地里把这座城市交给美国人：

> 在亚琛，我想找个法子尽快结束战争……希特勒给我下达指令，让我的师坚守亚琛到最后一刻，也就是说打到全军覆没，我打算利用这道命令……可惜美国人没再前进，而是停在距离亚琛不远处，不打算攻占这座城市。实在无法理解，真让人失望。[7]

什未林确实在邮政总局留了张写给美军先遣部队指挥官的便条，他违抗希特勒直接下达的命令，宣称亚琛是个不设防的城市："我请求您，待您的部队占领亚琛，务必以人道的方式对待城内不幸的居民。"某支党卫队部队发现了这张便条，立即报告柏林。令人惊讶的是，什末林没有因叛国罪遭处决，只是被解除指挥权，打发到意大利担任另一项职务。①

55 岁的格哈德·维尔克上校接替了什末林，他到任一点没能鼓舞士气。维尔克直言不讳地报告莫德尔，他觉得这座城市根本守不住，应当弃守，戴着单片眼镜的莫德尔元帅答道："元首要求我们不得放弃一寸土地，他的命令对我们无比神圣！"

随后有人递给维尔克一份打印好的声明，上面清清楚楚地写道，他绝不会把亚琛拱手让给盟军，否则他妻子和几个孩子性命难保，这位腰杆笔直的西普鲁士军官拿起钢笔签了名，这种事只有纳粹德国这种集权独裁政权干得出来。为进一步给新任城防司令施加压力，伦德施泰特亲自打电话提醒他："必须在这座深受尊敬的德国城市坚守到最后一兵一卒，必要情况下，指挥官也得跟亚琛城共存亡。"

但莫德尔和冯·伦德施泰特了解他们的部下。维尔克是德国新生代中级军官的一员，他们参加第一次世界大战时还年轻，过去三年在东线鏖战才真正学到些专业技能。这批中级军官挑大梁的越来越多，他们获得的指挥权，以前只会交给将级军官。之所以如此，部分原因是现在的指挥权比战争初期小得多，还有个原因是这批中级军官的经验和能力，他们习惯了在没有援兵的情况下苦苦抵御优势之敌，也习惯了辖内部队在遭受惨重损失后重建，这就是 1944 年年末德国军队的常态。保卫亚琛的准备工作认认真真地开始了，维尔克告诫部下："奋战到最后一人一弹，履行我们对国旗的誓言，元首万岁！"接下来疏散城内居民，无论他们愿意与否。有个德国兵指出：

> 他们张贴告示，或公开宣布可以在几个指定地点买到不限量供应的面包，待城内妇女排起长队，几辆卡车驶来，载上她们离开即将成为交战地域的城区……随后把她们放在路上，接下来就听天由命了。8

---

① 什末林确实因叛国罪上了军事法庭，但冯·伦德施泰特和莫德尔元帅力保，他才逃脱死刑判决，被调到意大利任第90装甲掷弹兵师师长。

和梅斯的情况一样，德军援兵紧急开赴亚琛，党卫队"警卫旗队"装甲师一个小股战斗群也在其中，由年轻的二级突击队中队长赫伯特·林克率领。林克手下某个高级军士说他是个"意志坚定、经验丰富的军官，深受部下尊敬、喜爱"。林克在奎伦霍夫旅馆的城防司令部首次见到新上司，此次会面跟维尔克早些时候面见莫德尔时同样不愉快。"上校先生，我直接听命于党卫队全国领袖海因里希·希姆莱，所以我只能有条件地接受您的指挥。"维尔克反驳道："二级突击队中队长，您直接听命于我。我是这里的战斗指挥官，而您在战线这个地段服役。至于您如何兼顾您收到的特别命令，那是您的问题！"

尽管初次会面不太愉快，但维尔克知道林克的部下是自己手里最精锐的作战力量，他们可以担任机动预备队，也就是"救火队"，哪里的战斗最激烈就紧急开赴那里支援。维尔克手头的守备力量大多是乌合之众，包括部分警察和匆匆召集的人民冲锋队民兵，有个名叫海曼的少校回忆道：

> 我有三个营，本来要求他们当晚赶到城内，但只来了 15 个人，其他人都投敌了。这些人都已四五十岁，他们说："我们可不想去外面。"就凭这些人，如何能守住亚琛？

海曼的部下并不都是素质低下的士兵，"有些是最优秀的战士，海军人员占了半数，他们本来应该是潜艇艇员"[9]。

霍奇斯对付亚琛的办法，跟巴顿在梅斯的打法如出一辙：包围该城，尽量避免以直接进攻的方式攻克目标。由于"市场–花园行动"有优先权，后勤供应不济，美军的初期行动很快陷入停顿，霍奇斯直到 10 月初才做好进攻准备。400 多架轰炸机和战斗轰炸机的初步空袭粉碎了维尔克大部分机动作战力量。"我们寥寥无几的突击炮，大多被空袭炸毁了。"部分城区沦为废墟，有个德国记者后来指出："几乎每条街道上都有一座建筑像巨大的火炬那样熊熊燃烧。"

美国人发出最后通牒，呼吁城内守军投降，德国人没接受。10 月 10 日，盟军再次发起规模庞大的空袭，朝守军投下 60 多吨炸弹，两天后又是一轮空袭。炮兵也施以猛烈的炮击，10 月 13 日，地面部队进攻城区。三天后，亚琛陷入包围。

为肃清守军，美国人随后展开逐屋逐房的争夺战。一如既往，城内巷战的伤亡高得惊人，虽说德军获得补充兵，但大多数新兵此前没受过足够的战斗训练，作战素质很差。结果可想而知，投入战斗第一周就伤亡的补充兵多达一半。到 10 月 19 日，维尔克只剩 1200 人和 1 辆突击炮，最后的口粮被分发下去：一小片香肠，一大块掺了大量锯木屑的面包，就着一杯代用咖啡咽下肚。维尔克给部下发出最后一道指令："亚琛保卫者必须为最后的战斗做好准备，我们要打到最后一兵一卒。"他随后离开奎伦霍夫旅馆的指挥部，此处已成为前线，地下室里挤满伤员。守军一支小分队继续坚守旅馆，弹药耗尽，他们就用酒瓶砸向冲上来的美国兵。屡屡受阻的美国人调来一门火炮，以直射火力轰击旅馆，击毙了大多数守军。

历时两周的激战，赫伯特·林克的战斗群损失了 90%，眼下只剩 50 来人。亚琛近 80% 的城区被夷为平地，战斗在废墟里进行，林克和部下与其他守军失去联系，为挽救活着的部下，他率领他们冲破美军战线突出重围。

亚琛大部分城区已丢失，维尔克此时在城西据守一小片不断缩小的地区。他只剩 800 名部下，为鼓舞士气，他给不下 162 人申请了铁十字勋章。此时，美军离他的指挥所不到 600 码。

次日（10 月 26 日，星期六）上午，美军前调坦克歼击车，以直瞄火力打击残存的德军阵地。维尔克给上级发出最后一份电报："经历了激烈的巷战，所有弹药耗尽。没有水，也没有口粮。敌人逼近城内最后一批守军的指挥所。我们准备炸毁电台……即将结束发报。向同志和亲人致以最美好的祝愿。"

电报发出后，电台陷入沉寂。

虽然维尔克在电报里说了些豪言壮语，但其实他是个讲求实际的人："美国人以 155 毫米火炮充当狙击步枪，是时候投降了。"

尽管签署了"决不投降"的声明，但维尔克还是找来两个美国俘虏，尤尔特·帕吉特中士和一等兵詹姆斯·哈斯韦尔，让他们出去给美军部队捎个话，说他愿意投降。中午刚过，战斗终于结束了。5000 名德军官兵在交战中被俘，另外 5000 人阵亡或负伤，跟梅斯的损失数差不多。这场激战让美军阵亡了 2000 人，另有 3000 人负伤，但和梅斯一样，他们最大的损失是时间。

盟军现在终于逼近第三帝国最后一道人造防线，也就是 1940 年英国小调最爱唱的西格弗里德防线，德国人称之为"西墙"。这道防线建于 30 年代，面对法国规模更庞大的马其诺防线，"西墙"从德国北部的布吕根向下延伸 300 英里，直抵瑞士边界的莱茵河畔威尔。德国宣传机构大肆吹嘘，把"西墙"称为抵御法国侵略的铜墙铁壁，其实这道防线很不完善，不过是一连串小型掩体，掩体内倒是有足够的站立空间，可供守军朝进攻方开火，后面挂着几张吊床，充当临时睡觉的地方。

希特勒当选总理后，加快了重新武装德国的速度，柏林下达命令，把宣传改为实干，1938 年制定了《边界方案》（*Limes Programme*）[10]。这份方案的主要特点是修建 3471 座新型 10 式掩体。10 式掩体远比旧掩体更牢固，四壁和顶部厚达 1.5 米，还为 10~12 人的守备分队专门修建了住处。更大的 107 式掩体为 10 式掩体提供加强。107 式掩体设有两挺机枪，只能朝侧面射击，以免进攻方从正面发现掩体的位置。107 式掩体的确是个庞然大物，混凝土墙壁厚达 3 米，后面安装了厚重的金属防爆门，供人员进出。

建造这些掩体需要时间和资源，所以大多集中在亚琛—萨尔地区，因为这是攻入德国的传统入侵路线，而盟军 1944 年似乎忘了这一点。德国人还修建了许多小型碉堡散布在一座座大型掩体间，各条道路和小径布设了防坦克障碍物，德国人称之为 Höcker（驼峰）。这些钢筋混凝土"龙牙"密密麻麻，设计目的是让入侵之敌的坦克和其他装甲车辆无法通行。德国政府起初请私人建筑公司承包这些工程，但施工现场的条件很恶劣，过了段时间，政府决定使用自己的建筑机构，也就是托特组织。

托特组织投入成千上万名工人，修筑作业进展很快。他们挖掘了一条条防坦克壕，还往里面灌满水，一座座掩体精心伪装，看上去就像农舍，整道"西墙"还朝荷兰边界的克莱韦延伸了近 100 英里。一门门火炮部署就位，不仅肃清了射界，还储备了许多弹药，随时可供使用。为应对空袭，德国人还打造了西部防空区，以一连串混凝土防空炮位和高射炮塔构成。整个"西墙"现在有 18000 多座掩体，以地下交通壕相连，还布设了长达数英里的铁丝网。戈培尔的宣传机器超速运转，宣称空袭对防御工事起不到任何破坏作用。

但实际情况并不像他们宣传的那么乐观。掩护射孔内的机枪和火炮需要的高等级钢板严重短缺，只好以劣质材料或完全不适用的钢板替代。由于时间和人力不足，好多掩体没完工，也有不少倒是完工了，但粗制滥造，用原木搭设，顶上覆盖泥土就算了事。国防军指挥参谋部参谋长阿尔弗雷德·约德尔将军 1939 年视察了"西墙"，说那里"比建筑工地好不到哪里去"，冯·伦德施泰特也对这道所谓的防线嗤之以鼻。但不管怎么说，"西墙"浇筑了 800 万吨水泥，布设了 100 万吨钢铁和同样规模的木材，耗费85亿帝国马克，当时堪称德国有史以来规模最大的建设项目。

德国人捡了个便宜，因为法军从来没试探过"西墙"的强度，1940年夏季法国沦亡后，整个"西墙"项目束之高阁。德国人调离了部署在防线上的火炮和弹药，还拆除了装甲板、钢门、取暖和通风系统这些造价昂贵的设备，用卡车和火车运到西面新建的"大西洋壁垒"重新使用。一座座掩体锁上，钥匙交给当地官员保管。大多数掩体后来租给附近的农民和小公司，充当存放收成和工具的仓库。接下来4年，由于"西墙"许多地段当初急于赶工，建筑质量很差，再加上缺乏维护，不少掩体的状况明显恶化，出现了裂纹和瑕疵。反坦克壕壁坍塌，数百颗"龙牙"不是铺平就是被移走，剩下的也覆满植被。

只要盟军仍在英吉利海峡另一侧，这些情况倒也无关紧要，可他们D日登上诺曼底，随后发生了法莱斯灾难，希特勒下令重新启用"西墙"，立即赋予这道防御壁垒优先权。德国人派出2万名强制劳工，以及成千上万的年轻人应征入伍前有义务去帝国劳役团奉献自己的体力。除了这些人，还有大批希特勒青年团的小伙和德国少女联盟的姑娘，当然也有强行征召的当地居民。到9月初，在"西墙"干活的人超过15万。

汉斯·冯·卢克和他的装甲师是进入"西墙"防御工事的首批部队："次日，我们奉命开往南面，在萨尔劳特尔恩（今天的萨尔路易）占据西墙接近地。跨过法德边界时，所有人都知道，从这一刻起，我们要在本土作战了。"铁石心肠的冯·卢克对自己和部下见到的情形深感无奈：

> 我们迅速查看了西墙防御工事，结果证实了我们的担心……武器和通信系统都已被拆除，重新安装到大西洋壁垒……除了树木、灌木、野花，还有各种疯长的野生植物……修整这些工事，让它们进入防御状态就需要几周时间，更别说部署重型火炮、反坦克炮、地雷场加强防御了。[11]

除了冯·卢克，赫伯特·林克也到达边界防御工事，他带着几十个部下，从亚琛死里逃生，总算平安到达西墙："我们终于安全了，一个个晕头转向，疲惫不堪。到达西墙后方，我们就能跟其他被击败、遭重创的德军部队会合……他们都经历了激烈的交战。"可见到西墙，林克却高兴不起来："那些掩体在哪里？田野上空空荡荡的，什么都没有。"休整了几天，他的口气变了，为逃离亚琛，终于获得某些防御设施深感庆幸：

> 我们能在西墙稳住局面，因为我们有绵亘的防线，可供居住的掩体很多，作战设施充足。我们逃离卡昂地狱，冲出法莱斯包围圈，以一连串紧张不安的后撤穿过法国和游击队活动猖獗的比利时，我们耗尽了实力，累得筋疲力尽，但总算集中到这里，恢复了信心。[12]

公平地说，据守西墙的德国军队显然是个大杂烩，许多部队的确是纸老虎，但也有些很难对付，就像 9 月中旬美国第 39 步兵团在亚琛南面进攻山顶某座掩体时发现的那样。面对几个射孔喷射的机枪火力，美军突击部队先以巴祖卡火箭弹打击射孔，企图干掉对方的机枪。此举没能奏效，他们又把炸药包绑在杆子末端塞入射孔，还是没达成目的。他们绕到掩体后方，从钢门下面灌入汽油点火焚烧，还把炸药包投入掩体顶部的通风井，依然徒劳无获。美国人随后运来 40 颗德制反坦克地雷，堆放在掩体墙壁底部引爆。爆炸声震耳欲聋，可掩体依然完好无损。接下来他们使用火焰喷射器，想把守军赶出来。各种手段似乎都无济于事，美国人最后把 300 磅TNT 炸药塞入掩体顶部的凹坑，随即引爆，剧烈的爆炸声惊天动地。待硝烟散去，掩体依然伫立，但钢门终于开了，首个德国兵举着白旗走了出来，身后跟着 30 来个高举双手的士兵。[13]

德军防线遭突破，伦纳德·T. 杰罗将军的第 5 军打算发展第 39 步兵团取得的战果，一路攻往特里尔。德国人仓促应对，匆匆拼凑了一个应急营，命令他们发起反冲击，但该营被美军炮火打垮，只有一个连真正发挥了战斗力。该连连长卡尔·科诺夫斯基上尉是个东线老兵："我看见营长蜷缩在堑壕里，吓得拉了裤子，他根本没告诉我们朝哪里发起反冲击。"尽管如此，科诺夫斯基还是率领部下向前而去，夺回西墙 8 座掩体，随后被美军俘虏。

德军反冲击的战果很小，却足以挡住美军，西格弗里德·韦斯特法尔觉得难以置信："敌人只要投入更多兵力，不仅能突破德军防线（艾费尔山区的防线还没完工），还能趁德军没有任何值得一提的预备队之际，短时间内彻底打垮整个西线。"盟军似乎又一次把西线德军逼入穷途末路，可还是没能给棺材钉上最后一根钉子。

韦斯特法尔 1951 年说的这番话未免有点事后诸葛亮，但不管怎么说，总归是个饶有趣味的假设："如果……就能……"

事实是，德国人再次守住了西墙。沿整道防线，疲惫的德军官兵在一座座掩体里找到容身处，总算结束了撤离法国的漫长跋涉，刚刚结束训练的新兵和调自其他军兵种的人员加入他们的行列。就像赫伯特·林克指出的那样，这是他们数周来首次觉得自己好歹安全了，但据守西墙表明战斗已在德国境内展开，许多德军官兵对此深感不安，尤其是他们不得不同当地居民打交道的时候。20 岁的奥托·亨尼希是弗里茨·拜尔莱因装甲教导师的二级下士，他很快发现："我们很想知道战火烧入德国会发生什么情况。当地百姓问我们该怎么做，'是逃离还是留下？'我们把先前在法国见到的情形告诉他们，要是敌人迅速穿过某个地区，那就什么事都没有，可要是战线停在某个地区，一切都会化为乌有。"[14]

奥托·韦尔基是赫伯特·林克的战友，也隶属"警卫旗队"装甲师，住在当地一名妇女的家里，距离掩体构成的前线 1 英里左右。这名妇女对眼下的状况很不满意，明确告诉这位年轻的武装党卫队军官："'我们本来以为美国人会迅速前进，这里不会发生战斗，可你们来了，此处很快要爆发战斗，我们又要遭殃了！'我本该对她的错误言论采取措施，但我非常理解她的感受。"[15]

退守本土的德军官兵并非都这么有同情心。党卫队第 17 装甲掷弹兵师到达洛林地区，师里某个团长觉得必须给部下发一道书面命令："武装党卫队的声誉不容玷污，决不会容忍以手枪威逼、强行征用自行车和马车的行径。我觉得某些军士和士兵还没意识到自己已经回到本土了。"[16]

许多德军官兵觉得，他们回到的祖国不是当初离开的那个，根本不是。德国一直是个社会秩序井然的国家，可面对战争的压力，大多数德国人在街上和家里的正常生活逐渐崩溃。1939—1944 年，盗窃案几乎翻了一倍，适龄男性上了前线，犯罪的女性和青少年越来越多；1939 年，德国有 46500 名妇女和 17500 名青少年被判有罪，到 1942 年，这个数字激增到 117000 名妇女和 52500 名青少年，随着战争的继续，犯罪人数还在增加。各个法庭忙得不可开交，一座座监狱人满为患，1944 年中期，监狱里的人数翻了一倍，达到 197000 人（2018 年，英国在押人犯 83000 人）。由于食物和其他物资严重短缺，眼下最常见的犯罪是盗窃，随着大批男性赶赴国外服役，凶杀和性犯罪数量大幅度下降。

性犯罪固然迅速下降，但随意发生性关系的行为却急剧攀升。随着每一场新空袭到来，以及配给量下降，再加上好多女人的父亲、丈夫、兄弟或其他亲人不在身边，社会壁垒土崩瓦解，造成德国国内前所未见的性放纵氛围。夜里灯火管制期间，公园里到处能见到一对对发生性关系的男女，德国人把外籍劳工送到农村耕田种地，结果，劳工替代上前线的老公，承担起婚姻的义务。德国国内的士气倒没崩溃，但岌岌可危。憧憬幸福未来的人现在少之又少，1944 年的结婚人数只有 50 万多一点，下降了三分之一，尽管纳粹大肆宣传，还给孕育帝国未来战士的妇女颁发"母亲十字勋章"，可出生率依旧下降了三分之一。纳粹当局对这种情况忧心忡忡，要求相关部门提交报告，想弄清国内究竟出了什么问题，调查结果让纳粹高层难以理解。例如，有份报告强调指出，政府的福利很慷慨，结果却让人大跌眼镜：

给予军人的妻子和遗孀的福利较高……这些妇女不用找工作，因为……家庭福利确保她们的生活水准高于战前。既有钱又有时间，于是她们在咖啡馆和酒吧里消磨下午和晚上……甚至有钱请客做东，款待男人，那些男性大多是军人。[17]

不过，这些女人很挑剔，与西线官兵相比，东线军人更受她们青睐，就像某个妇女在信里写的那样："老百姓对西线官兵的看法不太好，我也这么认为，要是据守西线的是东线将士，敌人根本不可能长驱直入。"[18]

有个士兵回海德堡休探亲假，归队后说的话可谓一针见血："那里的气氛糟透了，可他们恨的不是敌人，而是政府。"士气明显下降，民众毫不避讳，公然表达他们的愤怒之情，这可是战争中的首次："老百姓把我们叫作拖延战争的家伙，这种事不是发生在一处，德国西部的 50 个城镇和乡村都是如此。"[19]

但相关报告明确指出，到目前为止，民众士气下降的主要因素是英美两国对德国本土的轰炸。盟军登陆诺曼底，德国军方把所有能用的飞机匆匆派到法国，导致德国本土的天空丧失了战斗机掩护，所谓的"帝国防御"形同虚设。现在，盟军的打击目标不再是法国与德国之间的交通网，他们的轰炸机编队集中力量，转而轰炸德国境内的城镇和乡村。绰号"轰炸机"的英国空军上将阿瑟·哈里斯负责英国的轰炸行动，他是个专注、经常沉思的人，坚信重型轰炸机地位超然，只要政客和盟军其他高级将领别再指手画脚，让他放手大干，完全能靠重型轰炸机赢得战争。

战争初期，英国投入大量资源，打造了一股战略轰炸机力量，部分原因是经历了"闪电战"及后续战役，轰炸机是英国对德国本土发起反击的唯一手段。从1942年起，盟军对德国本土的空袭不断加强，目的是破坏对方的工业，严重扰乱德国人往前线运送军用装备。可惜，战争初期宣称的"精准轰炸"根本无法达成目的，于是，哈里斯发动空中攻势，创造了后来常说的"区域轰炸"。他的理由很简单：炸死、炸残德国百姓，让他们无家可归，无处居住，就削弱了德国的劳动力，总体效果和针对德国工业的精准轰炸一样。既然精准轰炸无法实现，就该把空中攻势的重点集中到区域轰炸。

哈里斯亲口解释道："应当明确无误地指出……联合轰炸机攻势的目标……就是要摧毁德国各座城市，炸死德国工人，破坏整个德国的文明生活。"至于这种轰炸会不会滥杀无辜，他说得很清楚："……为摧毁一切，有必要摧毁一切。"他甚至用《圣经》里的话粉饰自己的观点："他们种的是风，收获的必然是暴风。"哈里斯说到做到，他开了份名单，列出德国60座人口最多的城镇，到1944年秋季，他志得意满地报告，其中54座几乎已沦为废墟。虽说确切数字仍有争议，但到战争结束，盟军的轰炸摧毁了200多万个德国家庭，导致700万人流离失所，还炸死40万~60万男女老幼。匈牙利犹太人阿格尼丝·埃尔德什是个奴工，1944年11月，不来梅遭受空袭后，她在现场清理废墟：

我看见个可爱的小男孩，大概才三岁，身上毫发无损，手里拎着把玩具小铲，在冰冷的废墟堆里挖个不停。我问他在做什么，他平静地告诉我："我得把妈妈挖出来。"此时离轰炸已过去4天。[20]

别以为执行轰炸任务的机组人员能轻而易举地脱身，完全不是这样。在轰炸机里履行职责的那些年轻人，执行的是战争期间最危险的任务。这场空中战役，盟军损失了1万架飞机，约8万名机组人员阵亡。美国陆航队机组人员的服役期起初定为25次任务，只有四分之一的人活着完成了服役期，皇家空军的"兰开斯特"机组人员，40%没能在首个服役期活下来。尽管如此，他们还是给下方目标造成巨大的破坏：

我接到命令，把另一个丹麦武装党卫队志愿者从埃尔旺根送到柏林吕措广场的武装党卫队管理中心，那里离柏林的冯·施罗德大街不远。这家伙在前线吓破了胆，无法独自出行。我俩在火车上聊了半天，我的任务是确保火车停靠各站时我们能搞到吃的和喝的。他很高兴去柏林治疗，期盼医生确诊他不适合继续服役，这样他就能离开军队回家了。我们到达柏林安哈尔特火车站不久，空袭警报响了，我们赶紧跑到最近的避难所隐蔽，就在一栋大型公寓楼的地下室里，混乱中，我跟他走散了。炸弹炸塌了避难所入口，我们被活埋。此时我顾不得其他，一心盘算如何才能逃离这场世界末日。我们挖了两天，好不容易挖通了邻近的地下室，总算逃了出去。待我们来到地面，发现街头一片狼藉，到处是废墟瓦砾，好多房屋塌了，路上铺的沥青在烈焰高温下融化，不少人仍在挖掘尸体。我震惊不已，对炸弹的恐惧感仍在脑海里萦绕，一颗颗炸弹落下时发出的尖啸，我记得清清楚楚。我又渴又饿，但置身这片废墟瓦砾的中心，一时间难辨东西。我暗自盘算该去哪里，于是跟上另一些走出地下室的生还者，就在这时，我看见一块写着"安哈尔特火车站"的路牌，于是朝那个方向走去。整个街区被夷为平地，可我还活着。此刻我唯一的念头是赶紧离开这个鬼地方，找个最近的红十字站搞点吃的喝的。[21]

面对优势之敌的猛烈冲击，既缺飞机又缺飞行员的德国空军仿佛在死亡螺旋下不停旋转，由于航空燃料严重短缺，训练缩减到新飞行员几乎沦为炮灰的地步，就像二级下士鲁道夫·黑纳目睹的那样：

我们驾驶 Bf-109G14 在 1 万米高度与 10 倍数量的"野马""雷电"等敌机缠斗，我方起飞的战斗机通常只有半数能平安返回。这些空战纯属单方面杀戮，1 大队 1944 年 8 月重建后有 60 名飞行员，只有 5 个活了下来，充分证明了这一点。我们每次执行任务都遭受严重损失，经常被敌人彻底打垮，于是从飞行学校调来补充兵，都是非常年轻、缺乏训练的飞行员，大多数人只能活一天。活下来的总是那些经验丰富的老飞行员。[22]

难怪有战斗机飞行员说："每次起飞前关上舱盖，我都觉得合上的是自己的棺材盖。"[23]

国内遭受的空袭深深影响到德军前线官兵。每次邮件点名，他们都会热切期盼，但又担心不已，生怕收到的是坏消息。装甲指挥官里夏德·冯·罗森指出：

> 要是收到家里的不幸消息，无论前线情况怎样，总能获得特殊休假。这种事现在频频发生，有些士兵的家被炸毁，不得不批准他们回家探亲。待他们返回连队，必须派人盯着，密切关注他们的举动。国内的情况越惨，他们就越觉得连队是自己的第二个家。[24]

美军在亚琛苦战之际，考特尼·霍奇斯将军下达命令，发动了整个西北欧战局中最不明智，也毫无必要的攻势：夺取许特根森林。考特尼·霍奇斯是佐治亚州人，用美国军方的话来说，他就是匹"野马"，这位将军的职业生涯始于普通士兵。他性情暴躁，对自己的形象出了名的挑剔，缺乏战术创造力，毫无创新作战样式的欲望，部下一再为他的缺点付出代价。美国陆军对不称职的军官从不留情，这是众所周知的，可别说战后，就连当时也能看出，霍奇斯稳戴乌纱帽堪称奇迹，艾森豪威尔似乎对他信赖有加。

后勤物资不足，一整个军投入亚琛对付区区几千名守军，霍奇斯觉得自己的翼侧受到严重威胁，这种威胁来自亚琛东南方20多英里的一片地域，也就是许特根森林。他认为西线德军很可能在那片茂密的针叶林里集结了重兵，待自己最虚弱的时候发动进攻。霍奇斯决心先发制人，肃清森林，夺取森林后方的大水坝，一举消除敌人构成的威胁。

其实，所谓的威胁不过是卡尔·勒斯勒尔上校绰号"马蹄"的第89步兵师，也就是几周前残部在荷兰被库尔特·希尔将军收容的那个师。勒斯勒尔一个掷弹兵团，原先的3000名官兵仅剩350人，全师火炮加在一起也只剩6门，只有1门是德国造。第89步兵师师长康拉德-奥斯卡·海因里希斯中将在列日附近阵亡，勒斯勒尔接替他指挥全师，获得1300名中年补充兵加强后，该师被调到许特根森林。OKW认为此处很适合遭粉碎的师休整补充，做好再次投入战斗的准备。

事实证明，OKW对许特根森林的看法远比霍奇斯准确。与法国、比利时、卢森堡、荷兰接壤的德国西部边境，环绕着许多林地，许特根森林没什么不同，用某个德国军官的话来说："这片林地广阔而又茂密，几乎没有人烟。"许特根森林的面积稍稍超过 50 平方英里，数十年来一直受到集中管理。这里生长的大多是松树，一行行排列得整整齐齐，林木极为茂密，日光甚至无法从上方穿透，森林里还有一片片橡树和山毛榉，布满山坡，就连山脊顶上也密密麻麻。这些山脊是许特根森林的特色之一，它们急剧下降到茂密的灌木丛和被灌木丛堵塞的峡谷。这里几乎见不到道路，但整座森林里，伐木小径和防火带纵横交错，当地人借此进入森林砍伐树木。这些居民过着与世隔绝的生活，寥寥几座村镇不仅相隔甚远，规模也很小，最大的沃森纳克镇充其量只有几千个居民。许特根森林也是西墙的组成部分，但出于地形的缘故，这里几乎没发生过交战，德国人也没下功夫守卫森林。是啊，没人会进攻这里，有什么意义呢？的确毫无意义。

霍奇斯和同袍布拉德利、艾森豪威尔却觉得有意义。鲁尔水库就在森林东部边缘，是德国第二大人工湖，建于 1939 年、高达 77 米的大坝（施瓦梅瑙埃尔的鲁尔河水坝）拦住湖水。艾森豪威尔担心德国人开闸放水，淹没北部地区，会严重耽搁盟军强渡莱茵河的计划。鉴于美军战线离水坝最短的路线是穿过许特根森林，再加上肃清森林还能排除德军发动反突击的威胁，于是盟国远征军最高统帅部决定夺取这片森林。

从逻辑上说，上述理由其实很牵强。如果作战目标是完好无损地夺取水坝，为何不从森林南面或北面绕过，或干脆同时绕过南北两侧，这样的话，也能阻止德军的反突击。实际上，霍奇斯没想到自己的部下在许特根森林会遇到多么复杂的局面，另外，除了莽撞的正面进攻，他也没想出其他方案。正如某人民掷弹兵部队新任指挥官罗尔夫－赫尔穆特·施罗德少尉说的那样："盟军的打法还是老一套……昼间遂行进攻，先是炮火准备，而后投入坦克……不实施侦察，没做好准备，他们绝不轻举妄动……上次我们在俄国发起冲击，刚下火车就在进攻出发线整装列队。"

许特根森林战役 9 月中旬打响，路易斯·A. 克雷格的第 9 步兵师沿宽大正面投入进攻。克雷格毕业于西点军校，他的师绰号"可靠的老伙计"，是个经验丰富的兵团，"火炬行动"期间登陆北非，后来参加了诺曼底地区的交战。第 9 步兵师在森林北部遭遇的抵抗很轻微，取得些初期战果，但很快在南面围绕小村庄拉默斯多夫与勒斯勒尔的掷弹兵展开惨烈的近战。勒斯勒尔的部下毫无准备，克雷格第 9 步兵师的状况倒不错，但美军常见的优势，例如压倒性空中力量、出色的通信能力和很高的机械化程度，面对眼下的情况完全无从发挥，低云和浓雾迫使盟军战机滞留在地面，就算升空，飞行员也难以辨识茂密森林里的目标。盟军战机无法像以往那样支援地面部队，只好转而打击朝许特根森林移动的一切目标：

> 昼间，战斗轰炸机抓住一切机会打击火车……甚至无所顾忌地朝在田地里干活的农民开火。他们再也不区分作战人员和平民百姓。持续不断的空袭让德国民众深感不安，他们觉得战争似乎无论如何也打不赢了。[25]

树林和山丘妨碍了无线电通信，各部队与指挥官失去联系。美军调来坦克，但数量很少，因为美国人觉得这种地形不适合坦克展开行动。几辆坦克驶上路况恶劣的小径，不是陷入泥泞就是被德军掷弹兵的"铁拳"击毁，似乎证实了美国人的判断。森林里的交战很快沦为拙劣的厮杀：装备简陋的美军步兵跌跌撞撞地向前而去，装备同样简陋的德军官兵顽强据守泥土构设的掩体。

美军步兵很快发觉自己置身陌生的环境，憎恶和恐惧感油然而起。小径和防火带以外的地方，都是晦暗的森林。脚下的地面软软的，覆盖着厚厚的松针和树叶，减弱了各种声响。阳光无法晒干地面，森林里总是潮乎乎的，空气里弥漫着霉味。视距通常只有 20 米，甚至不到 20 米。永恒的昏暗中，很容易觉得自己是孤身一人，这种感觉让人心里发毛。

昏暗的树林里，美军步兵必须夺取一座座掩体，德国人故意把掩体设在树荫深处阳光无法照到的地方。掩体的构筑和伪装与森林融为一体，深深陷入地下，只有几英尺露出地面，所以很难发现。至于站在掩体内的德军官兵，他们一个个沉默不语、紧张不安地等待着，震惊地看着美国人越来越近，似乎对自己的存在视而不见。然后，德军开火了。

最前方的美军士兵被机枪火力击倒，和以往一样，他们会呼叫炮火支援，随后看见一发发炮弹在上方的树梢炸开，根本没穿透茂密的枝叶。经验丰富的老兵紧贴地面，躲避雨点般洒向林间地面的大量弹片和树木碎片，可不管如何隐蔽，伤亡和破坏还是很严重。伏倒在地的美军士兵很快发现，面对纷飞的弹片和树木碎片，匍匐比站立更危险，因为目标更大，这与直觉相悖，可许特根森林里的情况就是这样。

德军官兵待在掩体内，头顶上有掩护，比暴露在外的美军士兵安全得多，由于火炮很少，他们更多地使用迫击炮，高仰角发射的迫击炮，无论是在诺曼底树篱间，还是在许特根森林里，效力都很惊人。结果可想而知，克雷格第9步兵师的伤亡迅速达到1000人，前线的状况简直令人难以置信。有个美军医护兵回忆，要想找到伤员，唯一的办法是在黑暗中伸出双手摸索前进，找到伤员的感觉"就像把手伸入一桶湿乎乎的肝脏"[26]。德国人的状况也好不到哪里去，有个掷弹兵在寄给父母的信里写道："我们蹲在沉闷的地窖里，伤员躺在血迹斑斑的床垫上……有个伤员的大部分肠子被手榴弹炸没了。"[27]

当月月底，美国人停下来稍事喘息，德国第7集团军司令埃里希·布兰登贝格尔发觉，美军的确打算拿下许特根森林，对方欠考虑的决定对自己压力重重的指挥部来说简直是个天赐良机，既然美国人愿意放弃他们通常掌握的各种优势，在多少有利于守军的地方从事地面战，那就让他们来吧，就像拿破仑说过的那样："敌人犯错的时候，千万别阻止他。"布兰登贝格尔决心投入足够的兵力，只要许特根森林战役继续下去，本身就是一场胜利。

基于这种策略，汉斯·施密特中将率领第275步兵师开入森林，历史学家查尔斯·麦克唐纳说施密特将军是个"身强体健……头脑清醒，面对炮火从不惊慌失措的人"。第275步兵师8月份在法莱斯几乎全军覆没，现在合并了保罗·马尔曼第353步兵师残部，施密特的兵力总算达到6500人，还有十余门榴弹炮和6辆突击炮。克雷格重新发动进攻，这次攻往许特根镇东南面大约3.5英里，位于山脊上的施密特村。德军官兵此时已做好准备，某个德国军官指出："面对敌人的炮火准备，我们的习惯做法是只留前哨……这样一来，他们的初期打击就落空了。"

进攻首日，也就是10月6日那天，还没以轻武器与任何一个德军士兵交火，美军一个先遣营就伤亡了100人。玩笑很快在第9步兵师流传开来，说他们正一棵树接一棵树地占领许特根森林。10天后，克雷格筋疲力尽的部下撤出战线，"可靠的老伙计"耗时一个月，只取得3000码进展，伤亡高达4500人。

接下来上阵的是诺曼·科塔的第28步兵师。绰号"荷兰人"的科塔将军是美国陆军传奇人物，D日那天，中级军官科塔登上奥马哈海滩，激励部下赶紧离开滩头，打垮前方的守军。他很快擢升师长，率领第28步兵师经验丰富的国民警卫队队员，该师前任师长詹姆斯·沃顿在夏季战局期间阵亡。科塔奉命盘活停滞不前的进攻，一举攻占许特根森林。从11月2日起，他的几个团向前推进，暴雨导致地面沦为泥潭，严重妨碍了美军的前进和补给，这场进攻对美国人不啻为灾难。

OKW 加强了森林地域的防御力量，甚至投入冯·什未林的老部队，也就是第116 装甲师残部，美国人一头撞上德军预有准备的积极防御。美军取得些初期进展，占领了施密特村和科默沙伊特村，但德军随后反扑，把第 28 步兵师打得差点土崩瓦解。不到一周，科塔的部下伤亡 6184 人，第 28 步兵师第 112 团损失三分之二的兵力，许多美军官兵陷入包围后投降。美国第 1 集团军内部震惊不已。科塔没被撤职，继续担任师长，但声望严重受损，而且再也没能彻底恢复。

此时，亚琛已陷落，梅斯围攻战也临近尾声，盟军高级指挥部门终于明白过来，德军不会穿过许特根森林发动反突击。继续在森林里进攻只会造成更多伤亡，浪费宝贵的时间。整个行动的存在理由已化为泡影。

那么，时日无多，盟军当年冬季还能结束战争吗？这种可能性并非异想天开。苏联红军充分证明过，冬季攻势不仅可行，甚至能改变战事进程。想想苏联红军1941 年 12 月在莫斯科门前的反攻，再看看 1942 年 11 月下旬他们在斯大林格勒的行动，德国第 6 集团军覆灭的命运就此注定。德国的冬季也许很严酷，但肯定不能跟俄国的"冬将军"相提并论，而英国人和美国人堪称补给高手。政治方面更没有问题，蒙哥马利在荷兰束手无策，这位元帅素以小心眼出名，可他现在无法嫉妒美军穿过亚琛—萨尔区的缺口，率先攻入德国，哪怕是在他强有力的竞争对手巴顿率领下。

迅速结束战争是在英美军队面前晃动的胡萝卜，现在是时候集中兵力了。盟军后勤体系能提供的每一加仑汽油、每颗子弹、每发炮弹，都优先供给布拉德利第 12集团军群。巴顿第 3 集团军任先锋，第 1、第 9 集团军在他身后跟进。雅各布·德弗斯第 6 集团军群负责南线，英国和加拿大军队守住北面。亚琛到柏林直线距离350 英里左右，海因茨·古德里安 1940 年奔赴海边，从色当到阿布维尔的 140 英里路程，几天就完成了，而盟军眼下却没有这样的军力可用。盟军统帅现在得定下决心，发起新战局，一举扼杀纳粹德国。

布拉德利挺身受命，提出"女王行动"方案，打算召集 18 个师，大多调自美国第 1、第 9 集团军，但也有些英军部队调自霍罗克斯第 30 军，以这股力量攻往鲁尔河，而后前出到莱茵河，一举攻入德国腹地。布拉德利当初是巴顿的部下，好不容易独当一面，最后终于证明自己是个杰出的战地指挥官，他把"女王行动"称为"迫使德国屈服必不可少的最后一场攻势"。

由于气候恶劣，"女王行动"拖到 11 月 16 日才发起，先是战争期间规模最大的战术空中轰炸，盟军投入的战机数量令人难以置信，多达 4500 架，包括 1700 多架重型轰炸机。一些德国城镇被夷为平地，迪伦镇也没能幸免，有个党卫队士兵亲眼看见，"炸弹把镇内的德国妇女炸得惨不忍睹，血肉贴在房屋墙壁上"。

马克斯·博尔克中将的第 47 人民掷弹兵师大难临头，师里的士兵都是十七八岁的年轻小伙，盟军发起空袭时，他们刚好穿过迪伦镇，结果遭到重创。某个幸免于难的中士后来当了美军的俘虏，据他说："我从没见过这种事，那些孩子……轰炸结束 45 分钟后还没缓过神来。我们很走运，因为你们的地面部队次日才发动进攻。轰炸当天，我和那些小伙其实什么也做不了。"可除了倒霉的第 47 人民掷弹兵师，德军损失不大，盟军的轰炸确实造成大量破坏，但没能打垮守军。美军几个突击师随后遭遇顽强抵抗，没过两天情况就清楚了，布拉德利设想的大举突破根本不可能实现。

许特根森林是"女王行动"的重点，此处的作战目标是夺取施瓦梅瑙埃尔的鲁尔河水坝。拿下水坝固然有用，但很难迅速而又顺利地结束战争。霍奇斯没有改变打法，他换下第 28 步兵师，派第 4 步兵师担任先锋，下令继续进攻。汉斯·施密特杂乱的战斗群此时差不多拼光了，他的部下早已超额完成任务。上级匆匆调来另外几个兵团，主要是新组建的人民掷弹兵师，格奥尔格·科斯马拉上校的第 272 步兵师 ① 也在其中，甚至还有弗里德里希·冯·德尔·海特第 6 伞兵团的官兵。两支部队都有充分的理由牢记他们在"许特根森林地狱"里的经历，视之为墓志铭，汉斯·韦格纳欣然赞同：

> 激烈的厮杀随之而来，坦克对坦克，近战对近战，一辆辆战车燃起烈焰……布罗克中士端起"铁拳"朝敌坦克射击，可弹头中途落下，没击中目标。敌坦克随即射杀了他……倒下的士兵随处可见……我的部下干掉一辆"谢尔曼"，敌坦克起火燃烧。有个车组成员逃出坦克，跟跟跄跄地离开燃烧的战车，我大声喊道："别开枪！"……他们把他带到我面前，他双目失明，但身上似乎没有其他伤……我们不得不退却。

---

① 原文如此。应是第272人民掷弹兵师。

这场进攻结束后，韦格纳 40 多人的排只剩 14 人。他们的美国对手也损失惨重，有个美国兵在日记里写道："几乎所有人都吓坏了，神经受到打击，体力早已耗尽，一个个呆呆地蹲在散兵坑里……等待德国人杀回来。他们再也无法像刚才那样发起反冲击了。"[28]

德裔罗马尼亚人爱德华·察哈鲁克也是人民掷弹兵，他回忆起战斗的激烈度：

我们没有任何掩护……接下来的战斗，我和战友根本没有多想，就像编好程序的机器那样厮杀。我觉得我们受领了必死无疑的任务，多想无益，是福不是祸，是祸躲不过。那天没有英雄，至少没有谁想当英雄。战斗中，我发觉敌人的火力优势太大……重机枪班每个能跑的人，包括我在内，都从阵地逃入峡谷，躲避对方致命的炮火。过了一会儿，猛烈的炮火停了，我和另外两个战友……返回阵地。我站在那里，看见一群美军俘虏走了过来……可能有 30 来个，连里几名战友押着他们。[29]

美军的压倒性火力终于开始发挥效力，有个德国医护兵回忆道："地面在震颤，震得我们差点喘不过气来。两名伤员被送到我这里，其中一个胳膊划了个大口子，另一个没了双手。我一直在考虑要不要截除他的残肢，最后还是没下手。他俩真勇敢！我向上帝祈祷，但愿这一切不是徒劳。"

美军随后发起冲击："一挺挺机枪咯咯作响，美国人蜂拥而来。人潮涌过田野，夹杂在他们之间的坦克猛烈开火……我不敢把头伸出散兵坑。最后，3 辆德军突击炮出现了……我们看见几辆敌坦克中弹起火……敌人放缓进攻，终于被我们挡住了。"没过几个钟头，美军再次发动进攻："就凭这么点人，我们居然能守住，简直无法相信……我方士兵像耗尽力气的苍蝇那样倒下……突然，一群群美军士兵冲出森林……我们打得枪管嘶嘶作响……我们就剩 5 个人，再也无法挡住敌人了。"[30]

美军的进攻看似赢得胜利，但第 4 步兵师的进展并不比前两个美军师好多少，美国陆军官方报告承认："经过激烈战斗，第 7 军主要以第 4 步兵师遂行的进攻陷入停顿。"

霍奇斯的解决之道是再次换上新锐师，这回轮到唐纳德·施特罗的第 8 步兵师。该师投入激烈的战斗，但施特罗担任飞行员的儿子在战斗中阵亡，他几近崩溃，霍奇斯不得不暂时解除了他的指挥权。和前几个没能取得战果的步兵师一样，第 8 步兵师也是个经验丰富的作战兵团，先前一举解放布雷斯特废墟遍地的布雷顿港，副师长查尔斯·坎汉接受了守军和伞兵指挥官赫尔曼－伯恩哈德·拉姆克的投降。到达许特根森林，第8步兵师的官兵很快发现，他们进入了个完全不同的世界。他们很幸运，一天内取得600码进展，但随后遭遇德军坚决抵抗，伞兵一等兵阿尔方斯·克吕施也在其中：

我记得12月15日前后，下午晚些时候，3个美国兵企图以机枪火力消灭我方的机枪。有个战友指指前方，提醒我有动静。我等美国人在一小片灌木丛旁边就位，随后端起冲锋枪，从25米外打光一整个弹匣。我换了个弹匣，再次扣动扳机，让他们的医护兵有事可做。接下来几天，美国人一再发起冲击，始终没能突破我方阵地。

其实，美军官兵跟克吕施和他的战友一样顽强，第8步兵师第121步兵团的约翰·W.米尼克上士发觉自己和部下面对敌机枪阵地掩护的一片地雷场，他率领4名部下穿过地雷场发起攻击，一举消灭敌机枪阵地。他们继续前进，随后朝一群德国兵猛烈射击，击毙20人，还抓了20个俘虏。米尼克再次向前，不小心误入另一片地雷场，结果触雷身亡，死后被追授荣誉勋章。

此时，许特根森林内的德军指挥机构发生变更，欧根·柯尼希少将替换了格奥尔格·科斯马拉上校，D日那天上午，德国第91伞兵师师长威廉·法莱意外遭遇美国伞兵后身亡，柯尼希接掌了该师。上级对他的表现赞誉有加："这是个新组建的师，训练欠佳，武器装备不足，但作战表现非常出色，主要归功于柯尼希积极有力的领导。"

新官到任给实力严重受损、筋疲力尽的部队注入新活力，幽暗的许特根森林里，德军士兵安顿下来，迎接圣诞和新年："平安夜，我们得到些吃的，是这段时间来的第一次，每十个人分一条军用黑面包、一根香肠、一瓶波士力娇酒。"[31] 柯尼希手下的人民掷弹兵库尔特·克莱因感受到节日的喜庆："明天是新年，我们搞到一只鹅。"次日他在日记里庆祝这件事，但略有些伤感："新的一年开始了……我真希望自己能去教堂，要是没有战争该多好！"[32]

美国第8步兵师伤亡惨重，不得不调离前线。该师官兵撤出森林时，有个旁观的军官描述了他们的惨状："这些士兵累得够呛……体力彻底耗尽，再也撑不下去……他们的手冻麻了，不得不相互帮着携带装备。我坚信他们每个人都该通过医疗渠道疏散。"德军上校布雷默也目睹了部下的处境，可他们毫无换防的希望："我几次看见有些士兵死在散兵坑里，完全是累死的。"

许特根森林的后续战事，霍奇斯的指挥还是缺乏灵感，毫无巧妙之处。他只是把一个个师派入森林，待部队遭受重创，再以新锐师换下他们，最后投入许特根森林绞肉机的是第1、第78步兵师。凭借比德军更多的兵力和装备，这种"攻城槌"式的进攻方式最终肯定能赢得胜利，可付出这么高的伤亡代价，进攻的意义何在呢？第272人民掷弹兵师的卡尔·博尔茨曼中尉在家书里写道：

> 士兵站在机枪后面放哨，寒气渗透军靴，蔓延到双脚……受挫感油然而生……他知道还得再站半个钟头。待战友来换岗，他就能爬回散兵坑睡上一会儿……明天下午，轮到这名掷弹兵去连指挥所替全班战友取热食物，连指挥所设在地下室里，有个暖炉……必须不惜一切代价守住阵地……不久前某个晚上，布里安上校来到我们这里，因为白天根本无法移动。他问每个士兵会不会恪尽职守，他们都答道："会的，上校先生！"他随后给众人分发香烟……俄国的情况比这里糟得多，这可能是唯一的安慰，在那里你得多加留神，一不小心就会冻伤。没错，上校可以信赖这群部下，就像当初在俄国，在诺曼底卡昂……没有哪首歌曲，也没有任何文字能描绘战斗中步兵平静、艰难、沉默的生活。[33]

这名年轻军官对部下恪尽职守的描述令人动容，但并非每个人民掷弹兵都这么看，例如汉斯·贡克尔就觉得："敌人的活动有所加强，还动用了火炮……德军在西线彻底失败现在只是时间问题了。"[34]贡克尔的战友、二等兵赫尔穆特·吕尔肯斯赞同他的看法，还在写给妻子莱娜的信里说了同样的观点。吕尔肯斯可能忘了所有信件都会受到审查，结果因为这番不谨慎的言论被关了三天禁闭。

到12月16日，美军猛烈冲击西墙已达3个月。霍奇斯第1集团军在这场战役里首当其冲，但比尔·辛普森新开抵的第9集团军和巴顿第3集团军也没能幸免。边境交战期间，美军的伤亡目前几乎达到7万人，仅许特根森林就损失2.4万人。令人震惊的是，大大小小的疾病和事故造成的减员也有这么多，数千人冻伤或患了战壕足。美军在许特根森林的伤亡高达总兵力的四分之一，第4步兵师严重受损，上级正式宣布该师无力执行后续进攻任务，随后把他们调到前线较为平静的地段休整补充，新驻地是阿登。

至于西线德军，阵亡和负伤人数至少不会低于美军，要是把被俘的95000人也计算在内，那么他们的总损失远远超过美军。以欧根·柯尼希第272人民掷弹兵师为例，该师最初的兵员折损近四分之三，令人难以置信的是，他们仍在接收补充兵，京特·埃克就是其中一员。17岁的埃克是莱茵兰人，在帝国劳役团义务劳动后，自愿加入国防军著名的伞兵部队。诺曼底战役期间，他被分配到第6伞兵团，跟随部队经历了整场战役，11月下旬带着伞兵服、无檐钢盔、伞兵靴、StG-44突击步枪转入第272人民掷弹兵师。他的朋友威尔弗里德·威尔茨也加入该师，威尔茨原本是水兵，他的扫雷艇当年6月沉没在诺曼底海岸，打那时起，他就跟随伞兵在陆地作战。在埃克看来，"许特根森林简直是地狱"。

后来成为著名历史学家的美军步兵上尉查尔斯·麦克唐纳也在许特根森林战斗过，他认为这是场"考虑欠周、徒劳无获的战役，本来可以，也应该避免"。

就盟军而言，西墙战役往好了说是个失误，往坏了说是个巨大的错误。为夺取内座城市和一片森林，他们耗费了3个月，还投入14万将士，而这些目标本来都可以绕开。夏季的冲锋沦为秋季的跋涉，柏林赢得时间和空间，为本土即将遭受的入侵做好了准备。11月底，个性缺陷和职业缺陷在当年秋季暴露无遗的蒙哥马利，致函上司兼靠山艾伦·布鲁克，谈到年前结束战争的可能性："盟国远征军最高统帅部洋溢着乐观的气氛……这种乐观毫无道理。"

英国陆军元帅这回的看法正确无误，但他和盟国远征军最高统帅部里的其他人一样，都对这种情况负有责任。蒙哥马利最大的错误是9月初没有控制斯海尔德水道，结果给盟军后续军事决策造成麻烦。急需的物资还是要用卡车从诺曼底登陆海滩运往前线，而此时，仅美军的每日需求就增加到20750吨。犯罪团伙和腐败军官沆瀣一气，从汽油到轮胎、帐篷、袜子和各种军用物资的黑市交易兴旺发达，更重要的是，美军内部的浪费风气相当惊人，野外到处能见到他们遗弃的东西。各指挥部的参谋人员忙着重新起草后勤需求，因为他们发现先前的假设过于乐观，例如，军靴和军毯刚到预期使用寿命的一半就磨损了，而新军装的总需求量甚至超出美国的生产能力。各片海滩容量有限，一艘艘满载货物的船只可能要驻锚好几个星期，等待轮到他们卸载，卸下的物资在岸上的堆栈一放又是好几周，等待运往前线。这种处理方式很可能导致易腐物品变质，尤其是数百吨食物，不得不销毁。

西墙战役的伤亡不断增加，不下 6 个美军师却在后方无所事事，由于缺乏补给，他们无法运动，也无法投入交战。严冬只会让情况更加恶劣，大批官兵需要额外的装备，例如御寒衣物。盟国远征军最高统帅部，艾森豪威尔的团队给华盛顿五角大楼发了份备忘录，称部队安然过冬需要 35 亿磅食物，包括每天的 4000 头肉牛和 100 多万个鸡蛋！总之，他们估计运送这些食物就需要 340 艘自由轮横渡大西洋，至于汽油、弹药、坦克、火炮、飞机和军队战地消耗的各种物资，需要的轮船数量是这个数字的好几倍。[35]

盟军后勤困境的解决之道是安特卫普和那里完好无损的设施，蒙哥马利终于明白过来。为执行这场必然很艰巨的作战行动，他把目光投向加拿大第 1 集团军，该集团军的志愿者 D 日当天登上朱诺海滩，在随后的整个诺曼底战役期间打得非常英勇。从许多方面看，表现优异的加拿大第 1 集团军组建伊始就是个奇怪的军团。鉴于"只招收志愿者"的规定，该集团军面临的最大问题是如何招募足够的志愿者入伍。加拿大政府和最高统帅部渴望本国野战军队赢得政治方面的荣誉，因而为组建第 1 集团军展开积极游说，结果，D 日到来前，该集团军实现了足以夸耀的总兵力，超过 25 万人。

但加拿大政府随后决定把该集团军 75000 人派往意大利战线，这就需要以其他部队填补集团军兵员缺口。来的是斯坦尼斯瓦夫·毛采克的波兰第 1 装甲旅、让－巴蒂斯特·皮龙的自由比利时旅、艾琳公主旅的荷兰人。尽管获得多国部队加强，加拿大第 1 集团军的兵力还是不足，于是美国人提供了第 104"森林狼"步兵师，英国人甚至划拨了一整个军，也就是约翰·克罗克的第 1 军。派谁指挥加拿大唯一的野战集团军呢？渥太华选中身材矮小、作风低调的哈里·克里勒。克里勒是个能干的参谋人员，感召力或战地经验并不出众，人人都知道，蒙哥马利更倾向于让精力充沛、行事果断的盖伊·西蒙兹出任集团军司令，公正地说，克里勒指挥加拿大第 1 集团军的领导才能无论如何都不可能同亚历山大大帝相提并论。由于大部分英军主力兵团投入"市场－花园"善后行动，或者部署在南面或东面，于是蒙哥马利命令克里勒，采取一切必要手段肃清斯海尔德水道。

克里勒的首要任务是消灭布雷斯肯斯口袋，也就是斯海尔德水道南要塞。盘踞在那里等候加拿大人到来的是老烟枪库尔特·埃伯丁和他 1 万来人的第 64 步兵师。

10 月 2 日，加拿大军队发起代号"过山车"的突击，冒着猛烈的炮火，加拿大第 3 步兵师设法在利奥波德运河陡峭的对岸建立了登陆场。由于进展缓慢，加拿大军队几天后在东面的小村庄霍夫德普拉特发起雄心勃勃的两栖登陆，企图把守军从激烈的运河争夺战中引开，但恶劣的气候妨碍了盟军的空中支援，瓦尔赫伦要塞指挥官威廉·达泽尔得以派 2 个连渡过水道增援埃伯丁。

凭借"黄蜂"特种喷火坦克的支援，加拿大步兵终于在几处渡过运河，随后发现自己陷入尴尬境地。埃伯丁把这片地带称为"无数沟渠、渠化河道、商业运河构成的迷宫，地势通常高于周边乡村……除了利用堤坝顶上的狭窄道路，几乎无法实施军事机动。我们为火炮和迫击炮精心标注了每条堤道的射击参数"。

虽说缺乏训练，师史也不辉煌，但德军第 64 步兵师的官兵顽强防御，为每一码地面展开激烈争夺。第 15 集团军余部数周前渡过斯海尔德水道逃离，留下不少火炮，包括好几十门 20 毫米高射炮和性能优异的 88 毫米"坦克杀手"，这批火炮给守军帮了大忙。尽管如此，到 10 月 18 日，加拿大人已抓获 3000 多名俘虏，德军的抵抗逐渐瓦解。布雷斯肯斯镇 10 月 21 日陷落，只剩水道边缘，拿破仑时代的弗雷德里克·亨德里克堡仍在德军手里。

次日，北新斯科舍省人的首轮突击失利，他们打算几个钟头后再次进攻，有个德国逃兵告诉加拿大人，堡垒里只剩 23 名活着的守军。加拿大人派他带上最后通牒回去，残存的 23 名守军投降了，但埃伯丁告诉残余的部下："未经命令擅自后撤的军人都是逃兵，会被立即处决……一旦确定逃兵的姓名，就会通知他家乡的民众，他的直系亲属也会被视为德国人民的敌人。"这份报复公告下达后没几天，11 月 1 日，埃伯丁在海特佐特的掩体里被俘，他毫发无损，根本没有开枪抵抗。交战期间阵亡的德军官兵超过 1300 人，幸存者次日放下武器。加拿大人伤亡 2000 多人，大多是负伤，但有 500 多人阵亡。

布雷斯肯斯周边地域遭受严重破坏，三分之一的建筑被夷为平地，导致洪水泛滥，约 600 名当地人在激烈的交火中丧生。加拿大第 3 步兵师的作战日志，1944 年 11 月 3 日上午 9 点 50 分的条目写道："过山车行动结束了。"有人在旁边添了一句："感谢上帝！"蒙哥马利既不承认自己的错误，也不同情别人的艰难境地，最厚颜无耻的例子是他几天前来到加拿大第 3 步兵师师部，严厉申斥该师官兵，批评他们肃清口袋的作战行动过于迟缓。他闭口不提自己的过失，早在 9 月份，他就该优先发起这场行动。

　　水道南岸落入盟军手里，接下来轮到瓦尔赫伦要塞。瓦尔赫伦岛和毗邻的南贝弗兰岛上的守军也是一股临时拼凑的作战力量，除了威廉·达泽尔中将的第70步兵师，还有些海军炮兵连，炮组人员都是水兵。其他德军官兵把达泽尔兵团戏称为"白面包师"或"老胃病师"，因为师里的士兵都是此前免服兵役的人员，如前文所述，这些人不是身有残疾就是患了严重的胃病，因此，师里不得不为7500名官兵准备特殊的伙食。西线总司令部觉得第70步兵师撑不了多久，因而把数千名伞兵部署在东面，水道接近安特卫普的变窄处。这股作战力量还编有弗里德里希·冯·德尔·海特第6伞兵团一个战斗群。

　　库尔特·埃伯丁在海特佐特老老实实投降之际，加拿大人以海上突击登陆瓦尔赫伦岛，9艘登陆艇沉没，另外11艘受损。尽管威廉·达泽尔的部下身患残疾，但出人意料，他们打得非常好，把盟军阻挡了整整一周。达泽尔随后与皇家苏格兰团一名中尉会面，商讨投降条件。但德国陆军将领绝不会向军衔这么低的军官投降，中尉因此"就地临时"把自己擢升为中校。达泽尔的荣誉感得到满足，11月9日投降，岛上的抵抗基本停息，第70步兵师不复存在。[36]

　　加拿大第1集团军的情报摘要把埃伯丁第64步兵师称为"我们遇到过的最优秀的步兵师"，那么，他们会如何评价欧根·格里塞尔、亚历山大·施密特和他们的伞兵战友呢？这一点令人不安，德军伞兵此时在水道上游跟他们交战。同德国伞兵交过手的英军将士很清楚对方的能力，说他们的战斗条件"本来会严重削弱所有官兵的士气，也许只有最坚定的军人能熬下去，但德国伞兵完全能在最绝望的情况下继续战斗"。不过，德国伞兵也知道自己兵力不足："经验丰富的伞兵现在仅仅是部队的核心力量，其他人大多是当俘虏的料……军官少得可怜。"

　　安东·里希特是一名"经验丰富的伞兵"，经历过整个诺曼底战役。他加入突击巡逻队，某天晚上跟战友去猎杀盟军坦克："……我们乘坐充气橡皮艇渡过运河……前方很平静……我们的神经绷得紧紧的。两个巨大的黑影，旁边站着双岗，还有我们一直寻找的谢尔曼坦克。接下来的一切发生在几秒钟内，两枚'铁拳'呼啸射出，伴随剧烈的爆炸，火焰腾起，敌坦克被炸碎了。"

　　里希特的战友欧根·格里塞尔记得很清楚："我们在霍赫海德、翁斯德雷赫特与加拿大人交手。从军装上你能认出他们是加拿大人，他们的军装更绿，而不是英国佬那种棕色制服。几个村庄争夺得非常激烈,战斗不是以一栋栋房屋计,而是一个房间接着一个房间。"格里塞尔说得一点也不夸张。冯·德尔·海特收到第6连的战斗报告:"编号19的房屋内,加拿大人夺得厨房,但卧室仍在我们手里。"[37]这位两次负伤的德国伞兵中校,对加拿大军人充满钦佩之情:"我是个德国人,但我不得不说,加拿大人打得很棒。他们的军官,甚至包括准将,跟随普通士兵冲杀在最前线。"交战双方逐渐互生敬意,有时候甚至给激烈的战斗增添了乐趣。19岁的亚历山大·施密特回忆起在荷兰贝亨奥普佐姆镇附近的前哨发生的事情:"一辆加拿大坦克达成突破,驶入我们布设的地雷场,结果被炸入半空,几名车组人员掉了下来,都负了伤。"另一辆坦克冒了出来,"我身旁的战友端起'铁拳'朝敌坦克开火,直接命中。我们俘虏了两个坦克车组,一时间不知道该拿他们怎么办"。施密特和战友决定把这群俘虏还回去,"我们从坦克残骸里找到一面红十字旗,举着旗子朝加拿大人驻守的村庄走去……救护车驶来,接走伤员,道别时,他们塞给我们一条香烟以示谢意"。第二天晚上,施密特被加拿大人俘虏,身上的香烟差点要了他的命。俘虏他的加拿大人觉得香烟肯定是他从阵亡的加拿大士兵身上搜到的,于是命令施密特老实交代,待施密特的说辞得到证实,看押他的警卫立马换了态度,不仅没枪毙他,还端上了杯咖啡。

施密特的战友阿尔方斯·克吕施后来参加了许特根森林的鏖战,他也回忆起这场交战:"那一整天,加拿大炮兵以炮火覆盖整片地域,包括他们自己的步兵阵地。傍晚前后,我们发现一些加拿大士兵一动不动地倒在散兵坑里,双肺肯定被炮火震碎了。"德军穿过斯滕比亨向北撤往丁特尔奥德,战斗毫未减弱。沃尔夫冈·朗格尔中士回忆道:

战斗轰炸机不停发起攻击……整个地区不断遭到重型长身管火炮轰击……我手下几个小伙牺牲在那里,小施密特就是其中的一个,他是柏林人,长着头红发,幽默感十足,弹片击中他胸部,他当场阵亡。[38]

斯海尔德水道两岸都落入盟军手里,他们立即投入100艘扫雷舰(大多调自皇家海军),着手排除水道的水雷。这场行动持续了三周,引爆或拆除了267颗水雷。11月28日,也就是安特卫普完好无损地获得解放85天后,盟国第一艘货轮终于停靠安特卫普港，开始卸载货物。

为肃清斯海尔德水道，加拿大第 1 集团军伤亡 13000~18000 人，数字存在差异是因为整场战役包括哪些行动的定义不同。虽说伤亡数触目惊心，但跟美军在西墙的损失相比还是小巫见大巫。西墙战役与打通安特卫普的重要目标背道而驰，可以说是一连串毫无必要的交战。

安特卫普一个个码头闲置了 3 个月，希特勒可没浪费这段时间。他对安特卫普失守怒不可遏，下令 V-1、V-2 发射部队暂不执行摧毁伦敦的主要任务，改为打击比利时这座港口城市，这是希特勒唯一一次批准以这种方式使用 V 型飞弹。德国人把他们的复仇武器雨点般投向安特卫普和城内居民，每天超过 30 枚。[39] 飞弹造成的破坏很严重，超过 67000 栋建筑被炸塌或严重受损，包括城内三分之二的住宅。飞弹炸沉 2 艘货轮和 58 艘较小的船只，还炸死炸伤 1 万多人。港口遭受的破坏，意味着即便到新年，安特卫普每天也只能处理 10500 吨物资，远远低于港口实际容量。据守斯海尔德水道期间，西线德军可能阵亡、负伤、失踪了 4 万多人，但柏林认为这番代价很值得，因为时间太宝贵了，而盟军却一连 3 个月无法使用安特卫普港。

随着冬季彻底降临在西线，交战双方终于开始认真考虑，该把接下来几个月要坚守的阵地设在何处。英国情报部门决定审问近期斯海尔德水道交战期间被俘的数万名俘虏，弄清对方的看法：

几乎没人觉得德国还有赢得最终胜利的希望，大多数人厌倦了战斗，认为再打下去徒劳无益。尽管如此，他们一个个打得都很顽强。由此可见，无论德军官兵的士气多么低落，只要上级下达命令，同时确保部队服从，他们就会奋战到底。[40]

西线德军官兵继续抵抗还有另一些原因。通信兵阿尔贝特·普雷策尔的心态无疑代表了很多人，他在寄给妻子的信里写道："新式武器什么时候才能做好大规模使用的准备？只有这些东西才能让我们赢得胜利，我对它们满怀信心。它们必然是战争技术和行为的补充，无疑会造成一场大灾难。它们肯定是全新武器，会让我们的敌人束手无策。"

其他人也许赞同炮兵少校马丁·延内尔的看法："各连兵力不足……毫无疑问，倘若敌人重新发动进攻，前线大部分地段只好被迫退却……要是盟军赶在俄国人之前到达柏林就好了！"还有些人的观点越来越虚无缥缈，盟军审讯人员问某个德国俘虏，是不是担心莱茵兰那些边境地区会毁于战火，他答道："干吗不摧毁呢？反正战争结束后，那些地方可能就不属于我们了。"[41]

至于盟军，夏季的兴奋现在看来纯属幻想。蒙哥马利对 1944 年结束战争的可能性持悲观态度，虽说他犯的错误在很大程度上导致灾难成真，但他的判断不无道理。奥马尔·布拉德利通常不会发出前景黯淡的预言，但他告诉美国陆军部某位访客："德国人以激烈的阻滞作战负隅顽抗，完全有可能把战争拖延到 1946 年 1 月 1 日。"

幸亏事实证明布拉德利猜错了，但盟军 1944 年秋季和初冬缺乏目标明确的决策，让柏林争取到宝贵的时间，准备发动另一场声势浩大的突袭。

注解

1. Rogers, Duncan & Williams, Sarah (ed), *On the Bloody Road to Berlin*, p92.

2. D 日那天，劳赫是第 192 装甲掷弹兵团团长，率领部下朝英国、加拿大军队的登陆海滩发起冲击，盟军猝不及防，部分德军其实已冲到海边，劳赫徒劳地等待援兵开抵，无能的师长埃德加·福伊希廷格尔却命令他后撤。第 21 装甲师第三位团长赫尔曼·冯·奥佩尔恩 - 布罗尼科夫斯基率领师属装甲团，本书作者无法确定他此时在何处，但他 11 月 20 日接掌第 20 装甲师，所以他可能去参加了师长培训班。

3. Rogers, Duncan & Williams, Sarah (ed), *On the Bloody Road to Berlin*, p92.

4. Von Luck, Hans, *Panzer Commander*, p216.

5. Beevor, Antony, *Ardennes*, p24.

6. 经过治疗，基特尔和另一些德国高级军官被关押在特伦特公园。秘密录音里，基特尔承认他在拉脱维亚服役期间目睹了纳粹的暴行：“那些孩子才三岁，他们揪着孩子的头发把他们拎起来，用手枪射杀，再把尸体丢入群葬坑。我亲眼看见的。他们允许在旁边看热闹，保安处的人用绳子把行刑场隔开，其他人站在 300 米外瞅着。拉脱维亚人和德国军人就站在那里袖手旁观。”梅斯战役还有个后续，希特勒下令设计一款专门的臂章，授予战役生还者，可他先前下过明确的命令，守军必须奋战到底，所以不该有任何生还者。

7. Holmes, Richard, *World at War*, p518.

8. Beevor, Antony, *Ardennes*, p31.

9. Neitzel, Sönke and Welzer, Harald, *Soldaten*, p271。海曼少校的录音。

10. 德国人用 “Limes” 这个词掩盖他们的建筑施工，而 “Limes” 指的是罗马帝国的东日耳曼边界，所以，整个工程似乎是一场考古作业。其实几乎可以肯定，罗马人不会把他们的边界称为 “Limes”。

11. Von Luck, Hans, *Panzer Commander*, p222.

12. Reynolds, Michael, *Men of Steel*, p33.

13. Atkinson, Rick, *The Guns at Last Light*, p251.

14. Williams, Andrew, *D-Day to Berlin*, p265.

15. Neitzel, Sönke and Welzer, Harald, *Soldaten*, p301。党卫队二级突击队中队长奥托·韦尔基的录音。

16. Hastings, Max, *Armageddon*, p410.

17. Evans, Richard J., *The Third Reich at War*, p545.

18. Beevor, Antony, *Arnhem*, p11.

19. 同上，p41。第 16 伞兵团某位伞兵的话。

20. Palm, Hakan, O., *Surviving Hitler*, p86.

21. 本书作者采访党卫队第 5 “维京” 装甲师的伊瓦尔·科内柳森。

22. Eriksson, Patrick G., *Alarmstart South and Final Defeat*, p186.

23. Atkinson, Rick, *The Guns at Last Light*, p350.

24. Von Rosen, Richard Freiherr, *Panzer Ace*, p348.

25. Nash, Douglas E., *Victory was Beyond their Grasp*, p41。二级下士赫尔穆特·布劳恩的话。

26. Atkinson, Rick, *The Guns at Last Light*, p321.

27. 同上，p324。

28. Nash, Douglas E., *Victory was Beyond their Grasp*, p93。二级下士汉斯·韦格纳的话。

29. 同上。察哈鲁克的出生地是今波兰的切尔诺维茨。

30. Mitcham, Samuel W. Jr, *The Siegfried Line*, p132.

31. Griesser, Volker, *Lions of Carentan*, p205.

32. Nash, Douglas E., *Victory was Beyond their Grasp*, p150。库尔特·克莱因的话。

33. 同上，p186。卡尔·博尔茨曼中尉隶属第 980 人民掷弹兵团，他的下场很可悲，是该师死在战争中的最后一名军官，阵亡于 1945 年 4 月 11 日。

34. 同上，p207。

35. Atkinson, Rick, *The Guns at Last Light*, p301.

36. 埃伯丁和戴眼镜的达泽尔被俘后，转入英国特伦特公园的高级军官战俘营。

37. Griesser, Volker, *Lions of Carentan*, p185.

38. 同上，p204。

39. 他们朝安特卫普总共发射了 4248 枚 V-1 飞弹、1712 枚 V-2 飞弹。

40. Hastings, Max, *Armageddon*, p169.

41. Beevor, Antony, *Ardennes*, p41.

守卫莱茵——德军突出部战役

法国的灾难发生后，纳粹德国竭尽全力，企图扭转战争颓势。尤其是阿尔贝特·施佩尔和约瑟夫·戈培尔，他们采取各种激进措施，想方设法为德国军队提供强大的作战力量。放宽征兵年龄、彻底改变工农业劳动力结构，为前线和新组建的人民掷弹兵师腾出 100 万人。与此同时，战时经济的合理化和变革，为德军官兵提供了更致命的新式武器。

约 1430 架梅塞施密特 Me-262 喷气式战斗机外加 370 架航速更快的 Me-163 火箭式战斗机驶下装配线。一同交付部队的还有 1400 架新式 Bf-109K4，这款战斗机是为对付让人又恨又怕的四引擎重型轰炸机专门设计的。德国人还生产了 228 辆"猎豹"，这款战车堪称战争期间最出色的坦克歼击车，还有近 500 辆重达 70 吨的庞然大物"虎王"，两款战车都配备了性能优异的长身管 88 毫米 Pak 43/3 L/71 火炮，能在 2000 米距离内击毁当时任何一款坦克。数千辆"黑豹"、2000 辆"追猎者"坦克歼击车配合作战，至于三号突击炮，数量就更多了。当年 11 月和 12 月，德军装甲部队有望获得 3220 辆全新和改装的战车。

德国工厂还生产了 46000 辆卡车，用于运送部队和物资。另外，仅 9 月份他们就制造了 35000 吨炸药。冬季到来，虽说汽油供应短缺，必须实施严格配给，但鲁尔区和上西里西亚地区出产的煤炭堆积如山，确保了锻造厂正常运作，居民家里的取暖也不成问题。这一切发生在盟军轰炸机群对德国本土的空袭加强到前所未有的力度之际，从许多方面看似乎不可思议，但情况并不如想象的那么乐观。

没错，德国矿井出产了堆积如山的煤炭，可这些黑金无法及时运抵工厂和各个家庭，而是堆在矿井口，因为本该到来的货运列车被盟军空袭炸毁了。煤炭短缺的情况非常严重，10—11 月，鲁尔区的钢铁产量下降了一半，发电量也减少了三分之一。炸药生产速度只有使用速度的一半，德军运输部门确实获得 46000 辆卡车，可同期损失高达 118000 辆，德国军队的机械化程度不断下降。[1]

德国武器产量当年秋季到达有史以来的最高峰，但比比数量就会发现，仅苏联 1944 年就生产了 4 万多架飞机、近 29000 辆坦克、数量惊人的 129500 门火炮，更别说美国同年生产的 2 万辆坦克和 10 万架战机了。新式 Bf-109K4 确实是一款性能强大的战机，可德国铝储量太少，这款战机的整个尾段只好用木头打造，至于 Me-163 "彗星"，的确是一款革命性飞机，但起飞和降落时很容易起火，这种情况令人不安。

出问题的不仅仅是德国空军的技术装备。性能强大的虎式坦克深受车组人员喜爱，维尔纳·布洛克就是其中的一个：

你得身强体壮才能在虎式坦克部队里生存下去。我太喜爱我的老虎了，每天都会亲吻它一次。我们给它起了个"莱奥"的绰号，"莱奥"多次救了我的命，当然也救了我们所有人。它的正面装甲无比强大，炮弹击中的话会被弹飞，简直像奇迹。我们被敌人的炮弹击中 27 次，每次都幸免于难。

但虎式坦克的机械很复杂，再加上分量过重，经常引发差评，就像某位车长指出的那样："虎式坦克暂时动弹不得的话，只能以另一辆虎式拖曳。这些目标太明显了……很快会引来敌人的炮火。"维尔纳·布洛克勉强同意他的看法：

虎式坦克在机械方面有些问题，不太可靠。如果要行驶很长的路程，你得把它装在铁路平板车上，直接驾驶坦克完成这段路程不是个好主意，履带和传动系统很容易出故障，悬架也许会断裂。我们更换履带销的次数实在太多了，真可怕。

至于德国新组建的人民掷弹兵师，该师机动灵活，火力配备更加强大，这是他们的优点，但偷工减料的迹象随处可见，他们的军装就是个好例子。由于棉花、皮革、羊毛短缺，看似不必要的东西都取消了，所以人民掷弹兵的军装没有褶裥、衬里、袖口翻边。德国人以半合成材料弥补物资缺口，战争初期的普通军装，羊毛含量 85%，现在只有 15%，甚至更少，主要以人造丝这些纤维素纤维制成。军装的保暖性能严重下降，受潮的话会彻底变形。当年冬季，德国士兵在前线冻得瑟瑟发抖。就连象征纳粹压迫的皮靴也不见了，取而代之的是钉有平头钉、配有帆布绑腿的短靴，造价便宜得多。

西线德军确实很虚弱，当然不仅仅因为他们的廉价军靴和军装。他们的战斗序列标出 63 个师，共计 48 个步兵师、15 个装甲或装甲掷弹兵师，比 D 日前还多 4 个，可这些兵团大多只剩空壳，不少师只有编制兵力的 25%，甚至更少。第 9 装甲师的汉斯·贝伦斯记得："我们在莱茵河西侧整顿部队……忙着储备各种物资，至少可以说尽力储备……但什么都不够。"

他们面对盟军 45 个编制更大的师，对方的坦克、火炮、各种技术装备一应俱全。艾森豪威尔的军队只有两个真正的弱点：一是步兵不足，尤其是英国和加拿大军队；二是新组建的法国第 1 集团军，虽说兵力超过 25 万，但目前的状况仍不稳定。由于法国的制造业尚未恢复，如何给爱争吵的法国人提供装备和补给，这项任务落到了美国人肩头，结果加剧了他们后勤方面的难题。与此同时，戴高乐打算把十来万游击队队员编入正规军，腾出部分非洲部队，既能防范国内大批全副武装的非正规军人造成混乱，也能"洗白"法国唯一的野战集团军。但总的说来，盟国远征军最高统帅的兵力、火炮优势远胜西线德军，坦克和战机数量更是达到惊人的 20：1。

不管怎样，希特勒知道他的军备负责人和总体战全权代表为自己创造了良机，德国军队现在终于有了自库尔斯克战役以来就缺乏的战略预备队，更妙的是，盟军对此一无所知。眼下的问题是如何使用这股力量，把他们用于何处。

有三个选择：意大利、西线、东线。意大利战场立即被排除，那里地形复杂，也没有任何重要战略目标，投入更多作战力量毫无意义。那就只剩两个选择，要么西线，要么东线。自德国 1941 年 6 月 22 日发起"巴巴罗萨行动"以来，东线一直是纳粹战争努力的重点。1942 年，英国人在北非只需对付德军 2 个装甲师，而苏联红军面对 20 个德军装甲师。当时的战局遵循了某种模式：德军夏季发动大规模攻势，苏联红军冬季展开反攻。这种情况一直持续到 1943 年的库尔斯克，苏联红军的实力已经强大到足以在击败东线德军最后一场进攻后在夏季转入反攻。1944 年的战事彻底动摇了德国军队的基石，盟军登陆诺曼底，粉碎了德军在东线发动夏季攻势的一切可能性。

莫斯科抓住机会，发起"巴格拉季昂"进攻战役。短短两个月，纳粹德国用于东线的主力，也就是中央集团军群，几乎全军覆没。从德国入侵苏联到 1944 年年底，东线阵亡、负伤、被俘的德军官兵超过 350 万。白俄罗斯解放，波兰东部换了占领者。第三帝国的败亡现在只是时间问题，没等伦敦或华盛顿明白这一点，约瑟夫·斯大林就把重点转向他决心实现的战后欧洲协议。归根结底，苏联必须确保自身的安全，以免日后再次遭受入侵，为实现这一点，苏联独裁者打算把苏维埃帝国扩展到巴尔干地区，只要他的军队能做到，英美军队能容忍的话，就尽量把疆域向西拓展。因此，苏联人暂时不打算强渡维斯瓦河发动下一场攻势，而是继续在东面攫夺所有权力和土地。

东线德军在白俄罗斯惨败后，许多人有时候忘了，德国国防军仍有两个完整的集团军群，也就是 E、F 集团军群，它们不是驻扎在罗马尼亚各地的兵营，就是负责希腊、阿尔巴尼亚、南斯拉夫的占领勤务。两个集团军群的战斗力无法与苏联前线的几个德国集团军群相提并论，可不管怎么说，他们仍有 25 万兵力，数以百计的坦克、火炮、战机，哪怕这些装备和 E、F 集团军群辖内兵团大多是二流货。例如，身材矮小的亚历山大·勒尔统率的 E 集团军群，编有 1 个空军野战师，外加违反军纪的士兵组成的不下 22 个惩戒营，而马克西米利安·冯·魏克斯指挥的 F 集团军群，纯属非德裔反共产主义者构成的大杂烩，既有拥护君主制度的塞族"切特尼克"、支持法西斯主义的"乌斯塔沙"克罗地亚人，也有白俄哥萨克，还有阿尔巴尼亚和波斯尼亚人组建的武装党卫队兵团。

然而，在这群乌合之众中，也有几个颇具战斗力的兵团本来可以用于其他地方，尤其是勒尔麾下 4 个步兵和山地师，优秀的第 22 步兵师就是其中之一，该师 1942 年夏季调到克里特岛，此后几乎一直驻守在岛上，正如德国陆军元帅冯·曼施泰因说的那样："尽管这是我们最好的兵团之一，可战争剩下的时间里，他们基本上无所事事。"要是把这些兵团调往北面的东线，可能无法让德军免遭"巴格拉季昂"的惨败，但也许能阻滞苏联红军的冲击，让德军其他兵团更有序地后撤。D 日前的情况也是这样，德军分散兵力造成严重后果，数万将士驻守在各条次要战线，与决定战争胜负的地方相距几百英里。

苏联红军到达罗马尼亚东部边界时，德军散布得相当稀疏，整个巴尔干地区的游击运动如火如荼。希特勒说过一句令人难忘的话，他把苏联比作一栋破屋子，只要朝房门踹上一脚，整个屋子就会坍塌，斯大林完全可以用同样的比喻来形容 1944 年夏季的德军东线。"巴格拉季昂"一脚踹开房门，其他所有东西随之坍塌。罗马尼亚年轻的米夏埃尔国王，当初目睹几个罗马尼亚集团军覆灭在斯大林格勒，现在看到复仇的苏联红军攻入他的领土。绝望之余，他逮捕了国家领袖扬·安东内斯库，正式请求停战并改换阵营，还把数十万罗马尼亚官兵派往至关重要的普洛耶什蒂油田。德国军队最大的汽油龙头关闭了。自"巴巴罗萨"战役开始以来，德国军队就同罗马尼亚人并肩战斗，许多德军官兵觉得布加勒斯特的行径不啻为背叛，苏联人催促新盟友投入战斗，德军将士不免把怒气发向这些昔日的战友：

我们只能勉强分辨穿过硝烟不断逼近的敌人……这回没有坦克，都是步兵，突然传来叫喊声："罗马尼亚人！背信弃义的罗马尼亚混蛋！"血压陡然升高，差点掀掉头上的钢盔！我们这里每个人都以机枪开火，面对猛烈的火力，罗马尼亚人退却了……没等上级下达命令，我们就跳出阵地，用枪托砸，用刺刀捅，举枪射击，朝罗马尼亚人疯狂发泄愤怒和仇恨……只有十来个罗马尼亚人活着逃回他们的防线。[2]

几乎是普洛耶什蒂陷落的同一天，斯洛伐克境内的动乱发展成反纳粹全民起义，德国人不得不抽调5万官兵的主力加以镇压。一波未平一波又起，斯洛伐克事件结束后，又轮到保加利亚。保加利亚对这场战争始终缺乏信心，8月底宣布中立，9月9日，索菲亚当局把保加利亚军队正式交给苏联红军指挥。北面的华沙8月1日爆发起义，由于斯大林不肯让步，这场起义没能获得外部支援，最后被纳粹以战争期间最野蛮、最残暴的镇压行动粉碎。[3]

更北面，为阻挡苏联红军的卡累利阿进攻战役，芬兰军队损失惨重，赫尔辛基当局9月19日签署了停战协议，芬兰退出战争。停战那天，德国仍有个完整的集团军驻扎在芬兰境内，也就是第20山地集团军，挪威志愿者斯托尔·蒙克贝里就是近期加入该集团军的新兵：

训练结束后，他们把我派到芬兰北部的党卫队滑雪部队，芬兰退出战争前，我在那里总共待了两周。我没经历战斗，随后得知要回国了。步行回国的路程长达1100公里，1100公里，您能想象吗！我们几乎没有食物，也没有替换衣物什么的，太可怕了，我的脚一直很疼，始终处于饥饿状态，太可怕了，实在太可怕了。1945年4月24日，我总算回到卑尔根，我很高兴自己能活着给您讲述这些事！[4]

与此同时，莫斯科命令苏联红军把东线德军赶出苏联北部地区，"解放"波罗的海诸国。武装党卫队的挪威志愿者比约恩·林德斯塔德面对苏联红军这场攻势：

俄国人突破到里加附近，我们当时是位于最东面的部队，1944年9月18日奉命后撤。爱沙尼亚地势平坦，我们看见到处是军人和车辆，马匹也很多，当然还有好多平民百姓。我们沿道路行进时，马匹和民用车辆会给我们让路，待我们逼近里加，就对俄国人发起攻击。我们一直挡住俄国人，直到所有难民悉数撤离。我们收拾好所有装备，甚至拆除了火炮，一直有步兵从旁边走过，都说他们是最后一批部队，俄国人就在后面。一辆大车随后回来接我们，把我们带到某个农场。我跟两个德裔朋友待在一起……我听他们说到"布比"，这是我的昵称，所以我知道他们在谈论我。他们说布比出于某些原因必须跟他们待在一起，但我没听懂他们说的原因究竟是什么。您知道，盗窃是明令禁止的，可我们还是拿定主意从笼子里偷只鸡。说干就干，有个德裔"催眠"了一只鸡，我们带上鸡离开，当晚大快朵颐，总算换了换口味。

苏联红军把林德斯塔德和他的战友逼入拉脱维亚西部的库尔泽梅半岛，也就是"库尔兰口袋"。[5]

敌人把我们隔断在库尔兰，施泰纳将军想让我们疏散，逃离此处，可希特勒不答应，我们只好留在原地。一个个战友白白牺牲。我当时就知道我们输掉了战争，其实我从没想过能打赢，从来没有，自愿入伍前就没想过。战争中加入失败一方从来不是什么好事！大多数战友不同意我的看法，他们相信希特勒的"秘密武器"，总是谈论那些玩意儿。还有人认为，一旦俄国人攻入德国本土，盟军会跟德国人一同对付俄国人，他们觉得西方盟国与俄国人缔结的联盟是个怪胎，很快会分裂，但我从没真正相信过……某天晚上，我一边挖掘散兵坑，一边跟战友聊天，他也是挪威人，我们谈到战争输了的话会发生什么事，虽说我们没奢望能活那么久，可都想看看最终会发生些什么。这就是我们继续战斗、苦苦求生的原因。

周围的苏联红军不断发动进攻，林德斯塔德和武装党卫队战友损失惨重：

我们遭遇敌军火力，我跳入散兵坑隐蔽，过了一会儿睡着了。突然，有人把我叫醒，说部队后撤了，我们得赶紧离开，叫醒我的是挪威战友，他就在旁边的散兵坑里。我拎起东西撒腿飞奔，没跑出去几码，就看见挪威战友头部中弹阵亡了。他的身份牌很难辨断，于是我干脆拿走了，这样，他家人至少能知道他出了什么事……我记得那段时间一直很累，我们从来得不到足够的睡眠，当然，口粮也总是不足，但缺乏充足的睡眠最要命……指挥官阿贝尔斯 1944 年 10 月 28 日阵亡，我不得不接掌部队，1944 年 11 月 1 日，我也负伤了。当时我就在散兵坑附近，一名德裔待在旁边的散兵坑里，我朝野战电话走去，突然听见"斯大林管风琴"[6]朝我们袭来。这款武器的射击精度很差，打击我们的同时，很容易误伤自己人，所以俄国人通常朝我们的后方地域开火。可我忘了，我们目前的阵地比平日稍稍靠后，恰好在弹着区。一枚火箭弹落在旁边，剧烈的爆炸把我掀入散兵坑。我浑身是血，弹片击中我右腿根，但我没有昏厥。我站起身，吓得瑟瑟发抖。几名战友把我抬上雪橇，送我去急救站，我们不得不穿过苏联红军炮火打击地域……这段行程特别艰难。我渴得要命，不停地向另一个士兵要水喝。我仰面躺着，身下沾满自己的鲜血，我负的伤应该能回国治疗了，可我觉得我们已陷入包围，被送回国的可能性微乎其微，不管怎么说，伤势的具体分类取决于负伤的严重程度。战友把我送到医院，等待手术的伤员排成长龙，队伍里也有负伤的俄国人，但医护人员不会优先救治他们。几名医生在两张手术台旁忙碌，围裙上沾满血迹。没有麻醉剂，有人往医生嘴里塞了根香烟，他随后开始给我动手术。勤务兵按住我，医生取出我腿里的弹片，留下个 6 厘米 ×2 厘米的伤口，他还从我右肩和右腿下部取出几块弹片。我身上还有几块小弹片，随着时间流逝，这些弹片在我体内游走，最后分解消失了，说不定还留有铁锈呢。[7]

在"库尔兰口袋"里倍感压力的挪威党卫队队员，不光林德斯塔德一个。古斯塔夫·帕尔姆归队前已经负过一次伤：

一辆敌坦克隆隆驶过灌木丛，闯入我们待的空地……所有人都惊呆了……坦克炮塔转向我们。我们无处隐蔽，也来不及逃入树林。就在这时，三级突击队中队长从某个士兵手里抢过一具"铁拳"，打开保险，抵上肩头，瞄准目标开火，整套动作一气呵成……轰鸣向前的坦克停了下来，战斗舱里亮起一盏小灯，就像焊工的头灯，随后发出爆炸声。三级突击队中队长命令我和另一个士兵过去检查敌坦克，其他人做好战斗准备。我们爬上炮塔，掀开舱盖，车组人员都已毙命。

不过，帕尔姆和战友也为此类战果付出了高昂的代价：

我们连原先有 140 名掷弹兵，现在只剩 20 个士兵和 2 名军士，其中一名军士暂时担任连长……有个匈牙利战友负了伤，另一个士兵接替他，只待了两天，他就朝自己的脚开了一枪。医生举报后，他被逮捕，判处 5 年苦役。所以，又有个新兵被派来，这回是个罗马尼亚人……还有个士兵，被落在旁边的迫击炮弹炸伤，惨叫连连，一再哀求救救他。医护兵很快到来，但只是从远处看了看负伤者，没打算救治，他一条腿被彻底炸飞了，身上布满弹片造成的伤口，血流不止，染红了身旁的地面。惨叫声渐渐平息，他死了……战争就这样继续着，没完没了。

短短一个来月，东线德军丢失了波罗的海诸国大部分地区，灰头土脸地被逐出苏联境内最后一片立足地，罗马尼亚、斯洛伐克、保加利亚、芬兰先后退出轴心同盟。现在轮到匈牙利，这种威胁促使希特勒采取了非同寻常的行动，时任德国陆军总参谋长的海因茨·古德里安后来回忆起他同希特勒的交谈："要是匈牙利出事的话，一切都完了。那里是最危险的地方，我们在其他地方可以凑合，那里不行。"希特勒为何要说这番话？匈牙利究竟有什么重要的东西？"没有燃料，我没办法凑合……届时坦克无法开动，飞机无法起飞……我不能给坦克装个发电机！"答案就是匈牙利的石油。匈牙利石油产量不大，但罗马尼亚丢失，再加上盟军轰炸机摧毁了德国的合成燃料工业，匈牙利的石油成了希特勒的救命稻草，他死死抱着这个观点，直到最后一刻。[8]

布达佩斯成了火药桶，随时可能发生任何情况。匈牙利摄政米克洛什·霍尔蒂海军上将厌倦了战争，他的长子伊什特万是战斗机飞行员，1942 年因飞行事故丧生在苏联前线，没过多久，霍尔蒂就见到匈牙利陆军主力在斯大林格勒和罗马尼亚、意大利军队一同覆灭。柏林担心布达佩斯当局对战争丧失热情，1944 年 3 月命令德军占领该国，因此，霍尔蒂 10 月中旬在国家广播电台宣布匈牙利跟随罗马尼亚、保加利亚退出轴心同盟后，柏林迅速采取行动，废黜了这位老人。新锐德军部队开入匈牙利，确保该国继续留在轴心阵营，设法挡住不断前进的苏联红军。

装甲指挥官里夏德·冯·罗森也在他们当中，他和部下换装了全新的虎王坦克，随后匆匆把它们运往布达佩斯，德国人企图以这股装甲力量恐吓犹豫不决的动摇者，逼迫他们跟随德国战斗到底。这项任务完成后，罗森和他的营开往东面，赶去击退苏联红军和他们的罗马尼亚新盟友。罗森参加了蒂萨河附近的进攻：

我们越过德军主战线没多久，首批罗马尼亚人朝我们而来。我们迅速到达主要村落，罗马尼亚人企图逃离，但纯属徒劳。我们挥手让他们走开，因为我们没时间，也没精力抓俘房。前方有一道反坦克炮构成的障碍，我们直接碾了过去，就这样突破敌人整个防御……敌后方梯队措手不及，我们把各条道路上的交通冲得乱七八糟，没有什么能阻挡我们前进。

次日他们继续前进，此时已取得50多公里进展，随后遭遇苏联红军，承受了一轮轮打击："坐在坦克里很不好受，眼睁睁地看着前方炮口闪烁，等待炮弹命中……我们可能会挨上一炮，猛烈的冲击力会把战斗舱里的人震晕。"维尔纳·布洛克也尝过这种滋味："挨炮弹时，虎式坦克战斗舱内的声音令人难以置信，简直可以说惊天动地，就像敲响的大钟，整辆坦克震颤不已，把我们吓得连声尖叫，但我们都活着。我记得有些人被吓得尿了裤子，他们坐在那里，腿上都是尿，太吓人了。"

德军装甲力量向前冲杀，机械故障和战损导致一辆辆宝贵的虎王丧失了战斗力，一发炮弹直接命中，罗森战车上的火炮无法再使用："我们连干掉敌人36门反坦克炮，不得不为每公里进展全力拼杀，俄国人的抵抗远比我以前见过的更顽强。"[9] 气候很恶劣，瓢泼大雨把地面变成泥沼，德军一头头钢铁巨兽陷入其中，不得不一次次靠其他坦克拖出来，就算待在坦克战斗舱里，日子也不好过。"可能有人以为坦克是防水的，其实不然，雨水总是渗入车内。要是下一整天雨，待在战斗舱里就遭罪了。雨水不断滴到你头上或脖子上，简直让人发疯……我看见地面沦为沼泽，我的坦克开始下陷，另外两辆坦克已深深陷入泥潭。"[10]

苏联红军先前的推进占领了真哲什镇，德军指挥部门决心夺回该镇，罗森和他的部下现在隶属第1装甲师，他们打算发起夜袭。为支援进攻，掩护罗森仅剩的5辆虎王，上级调拨了几辆半履带装甲车和100名步兵，跟他们一同投入战斗："看见这群步兵，简直把我惊呆了。都是尚未痊愈的伤员，但伤势不影响行走。他们装备拙劣，没有任何机动性。"

尽管罗森忧心忡忡，可这场进攻的确取得了进展，他率领几辆坦克很快攻入镇内，驻守该镇的苏联红军士兵顽强抵抗。一门门反坦克炮从某些房屋内开火，很明显，随行的步兵没有按照要求肃清这些据点。罗森无法用电台联系步兵，只好爬出坦克去找他们："我好不容易找到他们的指挥官，是个中尉，可他无能为力，根本没办法掌握部队。随后来了个勇敢的二级下士，带着一小群士兵，说他们来肃清坦克两侧的房屋。刚冲入第一个院落，二级下士就中弹身亡……其他步兵四散奔逃，就剩我一个人孤零零地站在那里。"[11]

在匈牙利与苏联红军鏖战的轴心国官兵，不仅仅是罗森和他的部下。尽管首都政治动荡，但匈牙利国防军官兵决心保卫祖国，抵御他们眼中的侵略者。匈牙利第1伞兵营营长艾德梅尔·陶肖尼就是其中的一个，他企图死守防线，挡住苏联红军的猛烈冲击，可他别无选择，只能要求己方炮兵朝自己的阵地开炮：

我转身吩咐德军炮兵观察员："朝 A 参照点开炮！"

"可那是您的阵地！"

"我知道，照办吧，执行命令！"

我看看手表，17 秒后，52 门火炮射出的炮火覆盖了我们的阵地和前方地域……炮火齐射直接命中进入突击距离内的苏联红军步兵……伞兵告诉我，他们知道这场炮火急袭是己方炮兵发射的……有些伞兵探头张望，看见俄国人的尸体飞入半空，还有些俄国人疯了似的挖掘散兵坑。我方只有 7 人阵亡，还有几个负了伤，简直是奇迹。

德国骑兵维尔纳·萨斯也参与了匈牙利境内的交战：

我们作为步兵投入战斗……不出所料，俄国人对我们发起进攻，我们起初被迫弃守村内阵地……逐屋逐房的激烈巷战中，我们与右侧部队失去联系……我膝盖负了伤。排长和两个战友把我送到急救站……我右膝粉碎，救护车把我送到布达佩斯。医生告诉我，我的腿保不住了，必须截肢。

罗森、萨斯、陶肖尼他们南面，苏联红军势如破竹地攻入南斯拉夫，几乎没遭遇抵抗，10 月 20 日，铁托游击队、保加利亚军队、苏联红军共同解放了贝尔格莱德。德国 E、F 集团军群陷入绝境，唯一的办法是尽快撤往西北方，以免被切断在希腊、阿尔巴尼亚、南斯拉夫南部。克拉列沃镇至关重要，从这里出发的铁路线，可以把他们送往北面的安全处。双方展开角逐，看谁能抢先到达并守住克拉列沃。获胜的是德国人，党卫队第7"欧根亲王"志愿者山地师的掷弹兵在关键时刻到达克拉列沃。"欧根亲王"山地师以德裔南斯拉夫人组成，堪称南斯拉夫游击队可怕的对手，有时候甚至过于可怕了，多次干出暴行，但他们的装备和训练都很差，根本算不上前线师。尽管如此，师里的官兵深知自己受领的任务是多么重要："我们赶到后发现，德军指挥部急需作战力量守住脆弱的克拉列沃登陆场，好撤离军队主力、占领人员、大批逃离的切特尼克和克罗地亚士兵，以及配合我们工作的其他难民。"

弗里德里希·翁布里希是"欧根亲王"师的士兵：

从南面而来的队伍看上去惨不忍睹……后撤的部队沿各条道路翻山越岭，这些道路比羊肠小径好不到哪里去……哪怕以巴尔干地区常见的道路标准看也糟糕透顶。灰尘、石块、沼泽……导致车轴断裂、滤清器堵塞、车辆翻覆……面对空袭和敌人的猛烈进攻，再加上油料严重短缺，这场后撤相当艰巨，为节省燃料，一辆辆坦克不得不相互拖曳。

翁布里希和战友掘壕据守，还首次配备了"铁拳"。阵地在一片墓地里，挖掘散兵坑时，他挖到一桶当地的梅子白兰地，显然是酒主埋藏的。他喝得酩酊大醉，第二天仍宿醉未醒：

随后下起雨来……我们的散兵坑里灌满雨水，深及膝盖……我们只好用钢盔往外舀水……我是机枪主射手，不得不用防水帆布盖好机枪，保持干燥，使用时才掀开帆布，另外我还负责机枪的清洁和保养……某个黢黑的晚上，我听见动静，似乎有人溜过散兵坑前方的地面。前面黑乎乎的，什么也看不到，于是我朝发出声音的方向打了几个点射。天亮后，我小心翼翼地探出头……有个死去的俄国人倒在前方，离我的散兵坑就差一米。[12]

恶劣的环境下，翁布里希和战友在克拉列沃坚守了近5周。"我们像鼹鼠那样活在地下，露出地面的次数屈指可数。"他有充分的理由谨慎行事：

我还记得托尼·席林格，他是个开朗、热情的战友，比我大一两岁……我提醒他说话声小点，伏低身子，因为俄国人就在二三十米外，他们还有狙击手……他说了句"我想看看"，就把头伸出散兵坑。我听见砰的一声巨响，还看见闪电般的闪光。席林格倒下了。"没事吧？"我问道，可得到的回答仅仅是嘶嘶声和汩汩声。我转身拽住他，发现他前额有个弹孔，双目圆睁，我这才知道他阵亡了。[13]

克拉列沃守住了，德军顺利后撤，但到达克拉列沃不算完，南斯拉夫游击队和苏联红军继续向北，把遭受重创的德军赶往奥地利南部边界。

德军丢失巴尔干地区，给国内士气造成严重打击，但最令德国民众震惊的是，苏联人已到达他们家门口。东普鲁士内梅尔斯多夫（今天俄罗斯的马亚科夫斯科耶）是个平静的村庄，坐落在安格拉普河岸上，居民不到 1000 人。虽说此处靠近边界，但该村 10 月 21 日的沦陷还是让德国人震惊不已，苏联近卫坦克第 25 旅第 2 营的官兵没费一枪一弹就进入了村内。德军次日发起反冲击，苏联红军弃守内梅尔斯多夫。

有个德国兵参加了夺回村庄的战斗，他写道："眼前的情形可怕至极，几个新兵惊恐地跑了出去，吐了一地。"

戈培尔和德国宣传部门开足马力，"内梅尔斯多夫"迅速成为纳粹宣传的口头禅：倘若不击败俄国人，这种事会发生在整个德国。德国人继续抵抗的主要原因，是他们觉得苏联的威胁愈发严重。希尔德加德·特鲁茨是面包师的女儿，嫁了个党卫队队员，生了 4 个孩子："无论发生什么，肯定好过落入那帮俄国人手里……广播里提醒我们，犹太政委总是挑选漂亮姑娘，尤其是金发女郎，把她们送到军队妓院，每次我想回头，都会用这件事提醒自己。"[14]

特鲁茨跟随大批难民向西跋涉，4 个月大的女儿海德龙冻死在途中。罗尔夫·蒙宁格尔是个非洲军老兵，当时在西线总司令部任职，他回忆起同为军官的某个同僚："他是个非常出色的钢琴家，时至今日我还记得他弹奏《月光奏鸣曲》的情形，他哭得像个孩子……他是东普鲁士人，与家人失去了联系。"[15]

据说苏联当局给逼近德国边界的部队发了份传单，德国宣传机构公布后，加剧了民众的恐慌：

……听从斯大林同志的训令，把法西斯野兽彻底消灭在巢穴里！粉碎日耳曼女人的种族自豪感！……[16]

难怪武装党卫队骑兵赫尔穆特·格伦德说了句："战死也比当俄国人的奴隶强！"[17] 这句话很能代表大批德军东线将士的心声。

东线备受重压，德军最后的战略预备队是不是应该投入这里？苏联红军不断逼近，就连希特勒也被迫放弃了拉斯滕堡的元首大本营"狼穴"。柏林当局一直很清楚，战争的胜负取决于东线，战略预备队该投入何处显而易见。

离开"狼穴"，希特勒和随行人员一路向西，来到另一处专门建造的元首大本营，这处营地代号"鹰巢"，位于巴特瑙海姆附近的陶努斯山脉。希特勒把一群高级军事指挥官请到此地，召开重要的军事会议。负过5次伤的党卫队二级突击队大队长海因里希·施普林格也在场："我是瓦尔特·莫德尔元帅的首席副官，1944年12月，他让我跟他一起去'鹰巢'元首大本营参加高级军事会议。"施普林格和莫德尔驱车来到一处秘密所在，大巴车等候在此，准备载上他们完成最后一段路程，前往元首大本营。早些时候在伦德施泰特司令部集合的几位高级将领也到了，众人登上大巴车就座。汽车沿山路绕行了好儿英里，目的是让乘客弄不清最终目的地究竟在何处。过了一会儿，施普林格朝车窗外望去，发现他们驶上的道路做了防空掩护，两旁的树上挂着伪装网，看来离元首大本营越来越近了。突然，他们到达了目的地。

大巴车停下的地方，看上去像个保存完好的农家庭院，院落周围有7栋半木结构的建筑，样式很普通，在陶努斯山上随处可见。唯一不同的是有两排党卫队哨兵，他们突然出现，排成警戒线，从大巴车一直延伸到某座建筑。施普林格后来得知那栋建筑名为2号屋，也叫"鹰巢"军官俱乐部。下车后，众人朝2号屋门口走去，与排成警戒线、身材高大的"警卫旗队"士兵相比，大多数将领相形见绌，但施普林格除外，他是个身高近2米的彪形壮汉，以前也是"警卫旗队"队员。众人交出随身携带的武器和公文包，这是"7·20"事件后的新规定。接待人员陪他们穿过几间前室：墙上挂着鹿角，显然是狩猎纪念品，壁炉架上摆着花篮，屋内放着橡木落地灯，饰有松木镶板，这些物品增添了伪装效果，向外人表明此处不过是个富裕人家的住处。他们随后走入一间大型会议室，室内摆着张巨大的长方形木桌。

待这群将领就座，"每把椅子后面都站了个党卫队卫兵，一个个虎视眈眈，凶狠的神情甚至让弗里茨·拜尔莱因将军掏手帕都有点害怕"。过了一会儿，希特勒走入会议室就座。某个与会将领后来回忆起当时的情形："……他的身子垮了，脸色看上去很不健康，神情有点萎靡不振……他的手抖个不停，竭力掩饰左臂的剧烈抽搐……他坐在那里，就像被身上的千钧重担压垮了……他经常茫然地凝视前方，驼着背，双肩下垂……走路时拖着一条腿。"

希特勒随后发表讲话，施普林格回忆道：

希特勒站起身，说了不到一个钟头，这番演讲不是有建议有结论的常规情况简报，而是关于洛伊滕会战中的腓特烈大帝[18]……时至今日，我依然清楚记得他最后几句话："诸位，要是我们无法胜利达成这场突破，就得面临战争的残酷结局。"[19]

6月17日，法国埃纳省的小村庄马吉瓦勒河畔讷维尔附近的"狼谷Ⅱ号"，希特勒召集高级将领开了一次会议，而此次会议是自那以来最重要的军事会议。上次会议，为挽救法国境内岌岌可危的局面，冯·伦德施泰特和埃尔温·隆美尔竭力劝说元首弃守诺曼底和法国南部，把西线德军撤到塞纳河后方，甚至暗示有必要与西方盟国展开某种政治谈判。

直言不讳的普鲁士人和自命不凡的非洲暴发户没能达成目的。希特勒根本不可能下令采取这些措施，相反，部署在法国境内的德国军队注定要打一场已然失败的消耗战。6个月后的今天，希特勒阐明了自己的意图，他打算发动最后一轮攻势，4个月前他就开始筹划这场行动，还给指挥参谋部参谋长阿尔弗雷德·约德尔下达了命令："做好准备，待11月敌空军无法升空就发动进攻……这是场主要突击！接下来一两个月，务必把大约25个师调到西线。"[20]遭遇"7·20"刺杀事件后，希特勒休养期间躺在床上听取约德尔汇报每日态势，随后宣布了他的构思："我已做出重大决定，我打算进攻……冲出阿登山区，渡过默兹河，攻往安特卫普。"希特勒随后指示这位面容瘦削的下属去莱格尼茨档案馆找出曼施泰因为1940年攻势制订的作战计划。

希特勒还跟约瑟夫·戈培尔讨论了自己的想法，德国宣传部长在8月24日的日记里写道："我们到秋季能组建70个新师，届时会把其中大部分派往西线，因为我们打算在那里再次发动进攻，其实不光西线，只要有机会，我们在东线也会发动进攻。"

西线总司令部参谋长西格弗里德·韦斯特法尔深得希特勒信任，他着手拟制作战计划：

10 月 24 日，我奉命去东普鲁士拉斯滕堡的元首大本营面见希特勒。他告诉我，到 11 月底或 12 月初，我们就能获得强大的援兵；他提到 20 个步兵师、10 个装甲师和大批特种部队，还承诺届时会有 3000 架战机支援，可完全出乎我们意料的是，这股力量不是用于西线防御，而是用于进攻！ [21]

元首决心已定，德国军队要在西线发动进攻。

战役代号"守卫莱茵"，直接采用了当时流行的一首德国民歌的歌名。这是德国人故意为之，战役代号摆出防御姿态，因为希特勒不想让盟军窥破天机，"守卫莱茵"根本不是防御作战，而是场惊人的豪赌。

德军的作战意图是投入两个装甲集团军遂行主要突击，再以一个步兵集团军执行辅助突击，穿过阿登地区的密林和山丘，前出到默兹河（荷兰语称之为马斯河），强渡该河攻往安特卫普，而后攻占那座港口城市，把盟军与他们新获得的最大的补给基地隔开，同时分隔北面的英国、加拿大军队与南面的美国、法国军队。希特勒设想的完全是另一场大规模敦刻尔克战役，只要蒙哥马利集团军群辖内大批部队投降或溃退，基本上就把英国和加拿大逐出了欧洲战争。希特勒随后会把这股打击力量调到东线，再次发动进攻，一举击溃苏联红军。

就作战目标而言，"守卫莱茵"堪称战争期间最大胆的作战计划之一，可能只有曼施泰因 1940 年的色当作战方案能与之相提并论，曼施泰因当初也以阿登山区为进攻出发点。可眼下不是 1940 年，而是 1944 年年底。德军 1940 年投入 44 个师穿过阿登山区，而现在他们能投入的作战师，只有上述数字的三分之二。1940 年赢得辉煌胜利的那支德国军队，显然不是 1944 年 12 月伫立在冰天雪地里的这支军队能比的，同样重要的是，他们现在的对手，也不是莫里斯·甘末林战斗力低下的法国军队。

希特勒觉得，他那些高级将领对作战计划不太积极，至少可以说有点冷淡。莫德尔指出："这份方案根本站不住脚！"哈索·冯·曼陀菲尔严于律己，是个典型的普鲁士军人，他也向元首坦陈了自己的疑虑，希特勒承认："……奉命夺取安特卫普的我方军队，与那个遥远的目标确实有点距离……可眼下必须孤注一掷。"曼陀菲尔坚持自己的意见，对德国空军投入 3000 架战机支援进攻的说法深表怀疑："我的元首，我们据守的前线地段，这些日子从没看见或听到哪怕一架德国飞机。"

希特勒答道："戈林说他已弄到 3000 架可用于作战的飞机，您了解戈林的报告，就算有点夸张吧，去掉 1000 架，还有 1000 架配合您行动，另外 1000 架支援泽普·迪特里希。"

希特勒或许对自己的计划满怀信心，泽普·迪特里希则不然。这位第 6 装甲集团军司令也参加了"鹰巢"的军事会议，在希特勒面前直言不讳。

希特勒："你①的集团军准备好了吗？"

迪特里希："要进攻的话，那就没准备好。"

希特勒："你总是不满足。"

纳粹党老资格的街头暴徒迪特里希，私下里对此次进攻的看法就没这么客气了：

元首想让我强渡默兹河，攻克布鲁塞尔，再夺取安特卫普，这些行动要在冬季最恶劣的时期，在阿登齐腰深的雪地里进行，届时早上 8 点天才亮，下午 4 点又黑了。阿登山区根本没有并排投入 4 辆坦克的空间，更别说 6 个师了，这些师都是近期重建的，人员大多是缺乏训练的新兵，以上任务都要在圣诞节期间完成！

这番话显然不是对进攻计划的有力支持。冯·伦德施泰特当初不留情面地说迪特里希是个"正派但很愚蠢的家伙"，可他现在居然赞同这位下属的观点："这场战役纯属无稽之谈……到达默兹河我们就得跪下来谢天谢地，更别说前出到安特卫普了！"

就像当年 6 月在马吉瓦勒河畔讷维尔那样，冯·伦德施泰特向希特勒详细汇报了麾下军队的种种问题，据他说，西线德军缺 4000 名军官、10 万名士兵，从弹药到架桥设备再到坦克，样样都缺，最缺的是油料。鉴于这种情况，他和参谋长西格弗里德·韦斯特法尔一同向元首提出另一份计划："我们建议在亚琛采取小解决方案……我们把它比作桥牌，夺取安特卫普的计划是'大满贯'，而亚琛计划是'小满贯'，可惜希特勒不会玩桥牌。"[22]

德国人本来想以亚琛"小满贯"围歼霍奇斯第 1 集团军，但希特勒没有采纳，

---

① 希特勒与迪特里希关系亲密，两人向来以"你"称呼对方。

他认为这份方案只解决了"一半问题"。哈索·冯·曼陀菲尔指出:"阿登攻势的计划……是作为不容更改的元首指令下达给我们的……完全是希特勒的主意……他决心孤注一掷,因为德国需要喘息空间,防御作战只会推延决战,无法改变德国的总体局面。"[23]

进攻前夕,冯·伦德施泰特给麾下将士发了道训令,几乎无法掩饰他对此次行动缺乏信心:"西线将士,你们的伟大时刻已然到来!我们投入了一切!你们肩负神圣的义务,为了我们的祖国和元首,你们要全力以赴,实现超越人类极限的目标!"

为何不在东线发动进攻?约德尔说得很清楚:"俄国人的兵力实在太多,就算我们顺利歼灭他们30个师,也改变不了什么。反过来说,要是我们在西线歼灭敌人30个师,就相当于歼灭了整个入侵之敌三分之一以上的兵力。"

30个师其实相当于西线盟军半数兵力,可约德尔的设想能实现吗?在东线发动进攻毫无意义?第三帝国遭到盟军从西面、东面、南面二来的夹攻,根本不可能改变战争趋势,更不可能在最后阶段赢得胜利,但能否取得些其他战果呢?很可能也做不到。不过,无论男女老幼,所有德国人都知道,哪怕战败后被西方盟国占领,也远远好过落入苏联人手里。纳粹和德国军队在苏联境内犯下诸多暴行,德国民众根本不指望苏联人手下留情,内梅尔斯多夫发生的事情就是明证。德军在东线发动进攻的话,能赢得胜利吗?这场攻势能在苏联红军介入前为英美军队争取到时间,让他们一路前进并击败德国吗?

这个问题不难回答,想想看,苏联武装力量当时约有1300万人,只有一小部分留在远东防范日本军队。喀尔巴阡山脉北面的作战地域,苏联红军部署了230万官兵,面对40万德军,他们有6000辆坦克,德军只有1100辆,苏联红军有32000门火炮,德军只有4000门,至于空中力量,苏联红军的优势高达18:1。东线德军任何一个进攻规划者,读到这些数字肯定都会心惊胆寒,但实际情况也许没这么吓人。苏联红军是个双重机构,安德烈亚斯·弗莱舍尔对此心知肚明:

他们的精锐部队称为近卫军[24],身上的军装跟普通步兵不同。遭遇苏联红军近卫军,我们一眼就能看出来,因为他们腰上扎着皮带,至于其他苏联红军部队,我们称为"二线部队",他们只能用绳子扎军裤。他们的训练和装备都不如近卫军,有些人甚至没有武器。投入进攻前,指挥员告诉他们,"从阵亡者身上取武器"。[25]

恰恰是这些二线部队构成了苏联红军主力，苏联人从新近解放的地区征募了数十万 15~50 岁的适龄男性，这些人加入苏联红军，获得一身军装，一顶军帽，运气好的话还有支步枪，随后投入作战行动。部队里的老兵经常把他们称为"充当战利品的乌克兰人"。呈送斯大林的一份报告称，某个获得解放的地区有 11 万平民，目前正抓紧调查，核实他们在纳粹占领期间的表现，已征募 7000 人去前线服役。不难想象，这些可怜虫的伤亡有多大，1943 年 7 月—1944 年 7 月，苏联红军阵亡 190 万人，负伤人数三倍于此，仅"巴格拉季昂"战役的伤亡就超过 75 万。这么高的损失，就连人力资源丰富的苏联也难以为继，不得不鼓励女性参军入伍，部队里的女兵现在占了整整 10%。

1943 年春季，保卢斯第 6 集团军在斯大林格勒覆灭后，大获全胜的苏联红军向西疾进，攻入大型工业城市哈尔科夫，对东线德军整个南翼构成威胁。德军大难临头之际，南方集团军群司令埃里希·冯·曼施泰因挺身而出。他只用 12 万兵力就彻底击溃苏联红军不下 15 个集团军（包括 4 个坦克集团军）的 20 万人马，苏联红军伤亡 9 万人，德军只损失 1.1 万，整条战线稳定下来，曼施泰因"顿涅茨河畔的奇迹"很快闻名于世。

想想看，曼施泰因当时在顿涅茨河畔的打击力量只有 20 个师（包括 7 个装甲师），要是兵力和坦克增加一倍，再辅以突然性，能取得怎样的战果呢？另外，尽管曼施泰因面对可能是有史以来最庞大的防御方阵，可他在库尔斯克差点赢得胜利，而苏联红军构设防御体系，完全是因为他们预先得知德军即将发动进攻。再想想，要是曼施泰因面对盘踞在巴尔干地区和东南欧的苏联红军主力的北部发动进攻，情况会怎样？一连串合围很可能彻底歼灭波兰境内的苏联红军。

可希特勒 1944 年 3 月 30 日解除了曼施泰因的职务："我决定派其他人来指挥南方集团军群，东线特别适合您的大规模交战时期已经过去，这里唯一要做的是坚守。"希特勒派莫德尔接替曼施泰因，还为哈尔科夫的胜利授予曼施泰因骑士铁十字勋章双剑饰，随后把他打入冷宫，之后再也没有起用这位战地指挥官。谈到向西而不是向东发动进攻的决定，党卫队军官鲁道夫·冯·里宾特洛甫指出："……此次攻势在西面遂行，而不是对付苏联红军，这个事实让我清楚地看出，希特勒的判断是多么脱离实际。"

虽说许多高级将领对此次攻势毫无热情，但并不代表大批中下级军官的想法，正如某先遣师一名军官回忆的那样：

> ……我们觉得这场大规模兵力集结，说不定能让我们到达最终目标安特卫普……雾很大，英美军队无法发挥空中优势。另外我们还获得一整个炮兵军加强，这是前所未有的……所以我们认为此次进攻能赢得胜利。[26]

经历了那么多失败和后撤，这些见多识广的老兵居然还这么乐观，实在让人惊讶。可这场进攻要想赢得胜利，必须认真考虑并克服两个因素。首先是地形，泽普·迪特里希语带讥讽地指出，阿登大片地区似乎就是为阻止坦克战形成的。迪特里希集团军发动主要突击的北部地区，纵横交错的河流和小溪很多，虽说不宽，但很深，而且水流湍急，所以只能利用寥寥几座桥梁过河，进攻力量朝桥梁汇聚，很容易堵在这些瓶颈地。作战地域的道路很少，就算有也承载不了大批履带式车辆，尤其是1944 年列装的重达 70 吨的坦克。这些战车很容易遭受重创。另外，德国人也无法驶离道路越野机动，因为大多数道路两侧是黑黢黢的茂密森林，车辆无法通行。从阿登山区发动进攻确实能出敌不意，但少数意志坚定的守军坚守某些桥梁或路口的话，会给进攻方造成严重损失。阿登山区南部的地形截然不同，有很多耕地、牧场、高原，更适合机动作战。

真正让德军指挥官彻夜难眠的是第二个因素：油料短缺。长期以来，汽油不足一直给德军作战行动拖后腿，到 1944 年秋季，"不足"已沦为不折不扣的"短缺"。装甲师堪称油老虎，尤其是在复杂地形上作战或穿越期间，既要穿越又要作战的话，油料需求就更大了。据莫德尔司令部计算，此次进攻需要 450 万加仑油料才能前出到默兹河，要想攻到安特卫普，还需要 500 万加仑。OKW 给出的数字低得多，据他们计算，给每辆战车提供 12 个油料基数就能维持整场作战行动，这番推算是基于在干燥、平坦的路面上行驶每百公里需要 1 个基数。所以 OKW 只储备了大约 380 万加仑油料。雪上加霜的是，由于盟军频频发起空袭，OKW 储备的大部分油料（超过 200 万加仑）滞留在莱茵河东面的铁路侧线，不在前线附近的仓库里。结果，德军发动进攻后，前运燃料的油罐车不得不从科隆附近的堆栈一路驶往前线。

不出所料，见到莫德尔司令部计算的油料数，凯特尔大发雷霆，他告诉一众前线将领，给他们的油料足够了，老老实实执行任务就行。但约德尔承认，凯特尔故意扣留了部分油料，每辆战车其实只获得了3个基数："他觉得配发更多油料的话，那些指挥官会肆意挥霍。"曼陀菲尔第5装甲集团军构成此次进攻的南钳，11月23日在柏林召开的会议上，OKW陆军处处长瓦尔特·布勒步兵上将通报了油料配发情况。身高5英尺2英寸的普鲁士人曼陀菲尔怒不可遏，质问布勒有没有亲眼见过他的坦克马上要投入战斗的地域。布勒答道，先遣部队已经收到配发给他们的油料，进攻第一阶段只需要前进150公里，而黑豹坦克加满油能行驶200公里，[27]所以任何情况下都不需要再加油。

曼陀菲尔和身旁的第6装甲集团军司令泽普·迪特里希听得目瞪口呆。曼陀菲尔告诉布勒，头150公里，他需要足以维持500公里行程的油料。布勒耸耸肩，称进攻部队只能以手头现有的油料尽力而为，这个话题到此为止。

从某种程度上看，布勒说的没错，的确到此为止了。没有油料，坦克无法机动，德国军队确实没有足以让他们到达目标的油料，无论他们做些什么，甚至无论盟军如何应对，这场进攻注定要失败。换句话说，盟军完全可以给德国人让道，任由他们一路向前，没等对方到达安特卫普就会耗尽燃料。德军发动进攻后没多久，巴顿迅速认清了情况："见鬼，我们得鼓起勇气，干脆让这帮人一路攻到巴黎，届时我们就能把他们一网打尽。"希特勒策划的攻势很大胆，纯属冒险，战斗还没打响就注定要失败。莫德尔手下的军官就缺乏油料和其他补给物资提出质疑，激怒了这位元帅，他吼道："无论你们需要什么，都从美国人那里夺取吧！"

木已成舟。由于进攻日期一再推延，"守卫莱茵"改为"秋雾"，在严格保密的情况下，一个个突击兵团开入出发阵地。3个集团军投入此次攻势。泽普·迪特里希第6装甲集团军部署在北肩，担任主要突击，集团军辖内编有不少武装党卫队精锐力量：威廉·蒙克的党卫队第1"阿道夫·希特勒警卫旗队"装甲师、海因茨·拉默丁的党卫队第2"帝国"装甲师、胡戈·克拉斯的党卫队第12"希特勒青年团"装甲师、西尔维斯特·施塔德勒的党卫队第9"霍恩施陶芬"装甲师。迪特里希麾下还有个伞兵师、第3装甲掷弹兵师、5个新组建的人民掷弹兵师。曼陀菲尔第5装甲集团军部署在南肩，辖5个人民掷弹兵师、4个装甲师，包括弗里茨·拜尔莱因的装甲教导师和迈因拉德·冯·劳赫特的第2装甲师，第2装甲师配有一个完整的黑豹坦克营，堪称陆军目前最精锐的装甲师。

德军禁止实施任何侦察行动，以免被眼尖的美军观察员发现，但身材矮小的曼陀菲尔还是去前线察看了一番：

> 我化装成步兵上校赶往前线，在那里待了 33 个钟头……天黑后一小时，我看见美国兵跑到各个村庄，不是睡觉就是去找姑娘……天亮前一小时，他们又返回堑壕……夜间根本没人守在阵地内。基于这种情况，我建议希特勒尽早发动进攻。

能干而又称职的埃里希·布兰登贝格尔率领重建的第 7 集团军为曼陀菲尔和迪特里希两只装甲铁拳提供支援，该集团军辖 8 个步兵师。总之，西线德军最初投入阿登山区的兵力约 1200 辆坦克、25 万将士，还获得 2000 门火炮加强。有些人对此次行动不太积极，司令部工作人员格尔达·埃尔哈特就是其中之一："当时的心情一点也不愉快，相反，我们都很绝望。"埃尔哈特的上司是布兰登贝格尔麾下的骑兵上将埃德温·罗特基希·翁德·特拉赫[1]，他当初在东线就认识埃尔哈特，觉得能对她说心里话：

"希特勒疯了！简直是'绝望的攻势'。"

埃尔哈特问道："既然您知道一切毫无意义，干吗还要参与其中呢？"

"我可不想当出头的椽子。"

罗特基希知道自己在说什么。他当初在东线负责中央集团军群后方地域的安全，目睹过党卫队和纳粹当局在当地干出的种种暴行。他后来当了俘虏，特伦特公园的秘密录音设备记录下他亲口对赫尔曼－伯恩哈德·拉姆克坦陈的许多情况。罗特基希说道："我想拍点照片，拍照是我唯一的爱好，我同当地的党卫队领导人很熟，跟他谈到这件事，他问道：'您想拍枪毙人的照片吗？'我说：'不想，这种念头真让人恶心。'他答道：'呃，我的意思是，这种事没什么问题，我们一般上午枪毙他们（犹太人），要是您想拍照的话，我们也可以下午枪毙他们。'"

对此次进攻能否获胜深感疑虑的不光是高级将领，鲁道夫·冯·里宾特洛甫这些下级军官也顾虑重重："鉴于兵力对比和我方补给状况，这场进攻纯属不负责任的赌博，我是右翼师装甲团的副官，很清楚我方兵力和物资方面的绝对劣势，尤其

---

① 罗特基希时任第53军军长，隶属第7集团军。

是缺乏空中支援。"战斗机飞行员海因茨·克诺克受领的任务是掩护地面进攻，对小里宾特洛甫的看法深表赞同：

补充的飞行员和战机还没有到来……大部分经验丰富的战斗机飞行员非死即伤……为保卫帝国，我们的实力逐渐耗尽……敌人几乎炸毁了我们所有的合成燃料厂，燃料短缺已成为令人严重关切的问题……我觉得我们再也无法赢得胜利了。

尽管如此，编入进攻序列的一个个兵团还是做好了准备。随着新装备运抵，补充兵加入各部队，先前在法国鏖战过的兵团还有很多工作要完成。其中一个兵团是著名的装甲教导师，该师残部驻扎在帕德博恩附近。装甲教导师最初以装甲兵训练学校的教官和示范部队组建，诺曼底战役期间损失惨重，需要彻底重建。灰心丧气的师长弗里茨·拜尔莱因指出：

我收到 60 辆新坦克，基于先前遭受空袭的亲身经历，我请求上级调拨更多高射炮，训练期间我着重强调了防空纪律……眼下严重缺乏油料，我们的实际操作只能改为理论教学。从正规渠道根本弄不到训练用的油料，我只好通过私人关系搞来油料，好歹让全师做好了战斗准备。[28]

需要大量补充才能做好战斗准备的兵团，绝不止装甲教导师，诺曼底战役期间装甲教导师的坚实伙伴——党卫队第 12 "希特勒青年团" 装甲师眼下的状况惨不忍睹。该师以 "警卫旗队" 经验丰富的老兵为骨干，辅以大批十七八岁的希特勒青年团志愿者组建而成，先前在卡昂与英国、加拿大军队鏖战，几乎全军覆没。师长很有名，是绰号 "装甲迈尔" 的库尔特·迈尔，他也是德国军队最年轻的师级指挥官。9 月初，他逃出法莱斯包围圈，打算率领支离破碎的残部退过比利时，在迪纳尔村遭遇美军先遣部队和当地抵抗组织火力打击。他竭力逃避追捕者，在鸡笼里躲了几个钟头，最终发觉自已走投无路："一切都结束了……我把弹匣丢到角落，又把手枪扔到另一处。被俘的感觉真不好受。"[29] 跟他同姓的师作战参谋、党卫队二级突击队大队长胡贝特·迈尔接替他担任师长：

整个师就剩一具空壳……原先的 2 万兵力，损失了 1 万左右，包括 21 名部队指挥官。炮兵几乎没有火炮，我们现在只剩些步兵轻武器，车辆也减少到四分之一。眼下的状况令人绝望，尽管如此，我们还是立即展开训练和整补工作……我们收到的补充兵调自海军、空军地勤人员，甚至还有飞行机组。这些人几乎没受过步兵训练，把他们编入各部队不是件容易的事。[30]

另一些军官没有故作镇定，对补充兵的素质深感失望："……大多是乌克兰人，甚至不会说德语。我们什么都缺，但最缺人员……要是我们只训练、装备一个师多好……就像你我 1939 年经历过的那样。"[31] 话虽如此，但 9 月份损失惨重的党卫队第 9 "霍恩施陶芬"装甲师，进攻开始前已有近 2 万官兵，坦克也已补充齐全。

弗里德里希·冯·德尔·海特和奥托·斯科尔策尼可能会觉得自己运气不太好，因为他们的任务是率领部下实施突袭。海特现在擢升上校，在阿尔滕伞兵学校任职，随后奉命去见上司库尔特·施图登特，施图登特指示他组建个战斗群，准备执行特殊任务。这项任务代号"鹰行动"，要求伞兵在主要突击开始前跳伞进入阿登山区高地，为"希特勒青年团"装甲师突击力量夺取至关重要的巴拉克米歇尔山路口。海特立即提出，以他的老部队第 6 伞兵团执行这项任务，但施图登特没批准，而是让他从第 2 伞兵军每个伞兵团各抽调 100 人，组成混编战斗群。

"我惊呆了，从各部队抽调人员组成的混编部队，通常都不太好……可事实证明，收到'一群猪猡'的担心毫无道理，混编战斗群士气高昂，骨干人员都很优秀。"[32] 这位经验丰富的伞兵军官很可能是故作镇定，因为他把不下 150 名"志愿者"退回了原部队，觉得他们不适合执行计划中的行动。迪特里希安慰海特："别担心，进攻首日，我 17 点前肯定能到达您身边……敌军战线后方都是些犹太流氓和银行经理。"[33]

至于斯科尔策尼，他早就是德国军队的名人，1943 年因参与救援墨索里尼的行动声名鹊起，他率领突击队降落在山顶，救出了遭罢黜的意大利独裁者。这位身材高大的奥地利壮汉后来又执行过几场引人注目的行动，包括绑架霍尔蒂的纨绔儿子小米克洛什，企图逼迫霍尔蒂听命于柏林。斯科尔策尼此次受领的任务，日后让他成了最恶名昭著的家伙：挑选会说英语的士兵组建突击队，换上美国军装，潜入盟军战线后方，散布假消息，制造混乱和骚动。

保密至关重要，但柏林下达的命令还是传达到师一级："……组建一支特种部队……用于西线的侦察和特种任务……懂英语是基本要求，还要懂美国方言和军事术语……缴获的美国军装、装备、武器、车辆必须上交，用于配合这群志愿者。"文件里任命斯科尔策尼指挥这支新建部队，还列出了他的指挥部驻地。当然，没等命令下达到某些师，盟军情报部门就搞到了副本，斯科尔策尼的秘密暴露。他以第150装甲旅的番号为掩护，着手招募、装备自己的部队，可现有的东西根本无法满足需求。例如，他需要150辆缴获的美式吉普和轻型车辆，结果只搞到57辆，而且好多不是有故障就是严重损坏，他需要的15辆美制坦克只得到5辆，还都是德国货。斯科尔策尼好不容易弄到2辆缴获的谢尔曼，但只有一辆发动机能运转，另一辆火炮损坏，还没有电台。无奈之下，斯科尔策尼只好征用了13辆黑豹，用木框把这些战车改装成美式坦克的模样，涂成橄榄绿色，还喷上美军标识。斯科尔策尼说了句后来广为流传的话："这些坦克很不靠谱，只能在夜间骗骗人，还得是从很远处望去。"新招募的操作这些谢尔曼坦克的人员也不靠谱，况且他们还得在战斗舱里给一个据说会讲英语的成员腾出空间：

装填手担任"说话者"……炮塔上装有伞状天线的中波电台归他操作。给坦克车组配备"说话者"的决定引来争议，因为他们从没受过任何坦克专业训练。我们生怕他们在战斗中出岔子……给我们车组配备的"说话者"对自己在战斗舱里该做什么一头雾水。格滕施莱格尔少尉一直想把他赶走。

对这支装甲部队深感担心的绝不止一等兵格里斯，他的指挥官沙伊夫上尉同样忧心忡忡："我不得不遗憾地指出，依我看，部分进攻计划很难说是精心策划、井井有条……他们阐述的构想过于乐观，所以一旦发动进攻，肯定会出现许多意想不到的问题。"至于斯科尔策尼会说英语、嚼着口香糖的突击队员，只有10名前"勃兰登堡"特种部队的志愿者英语流利，能装扮成美国兵，顺利通过盟军的关卡；另外30~40人，在没有压力的情况下，英语还过得去；另有150人能听懂英语，但不太会说，最后200人能听懂慢慢说的英文短句。这股突击力量跟原先的预想差得太远。

尽管装扮成美军的突击队漏洞百出，但二级下士乔治斯发现另一些措施却相当严厉：

> 我们正式召开会议，上级说我们是精锐力量。各军兵种的人一应俱全，有飞行员，有水兵，有伞兵，甚至还有平民……各种违纪行为都有可能判处死刑……有个战友外出找零配件，带了几封未经审查的信件在营地外寄出。后来查出这件事，结果他被枪毙了。

德国人的保密措施确实瞒住了盟军，他们不相信西线德军还能发动进攻，也不觉得对方正在筹划反攻。为继续欺骗盟军，德国人严禁部队昼间运动，所有人只能在夜里前移，以免盟军飞机窥破天机。各指挥部不断变更驻地，各级指挥官直到进攻前夕才获悉作战目标。希特勒甚至想把所有阿尔萨斯人调离第一拨突击师，但这项措施最终没有执行。

投入行动的许多人，尤其是军官，深知此次进攻是多么重要。约亨·派佩尔以前是海因里希·希姆莱的副官，后来成为"警卫旗队"师久经沙场的老兵，获得过不少勋章，此次指挥迪特里希的先遣部队，任务是全速攻往默兹河，为后续部队守住渡场。进攻前夕，党卫队第1装甲军长得像猫头鹰的军长赫尔曼·普里斯特地赶到派佩尔的前进指挥所。普里斯听取了下属的情况简报，他死死盯着派佩尔，攥住这个年轻人的胳膊："别担心您的翼侧，只要您带着哪怕是一辆该死的坦克到达默兹河，约亨，您就算完成了任务！"派佩尔做了个鬼脸，不由得想到，他这个战斗群穿行的道路，"宽度只够自行车通过"。

第2装甲师的二等兵吉多·格尼尔森想起进攻开始前几个钟头的情形："我们静静地坐在烛光下，环顾掩体，能看见我那些战友苍白而又严肃的面孔。"[34] 12月16日清晨5点30分，进攻终于开始了，格尼尔森回忆道：

> 5点过后，剧烈的爆炸声把我们惊醒，我以为世界末日到了！是我方多管火箭炮发射的火箭弹……地面震颤不已，就好像发生了地震……目力所及之处，炮火的闪光此起彼伏。简直像在地狱。这一幕令人终生难忘，敌人那里的情况肯定更糟。

有个德国炮兵军官兴高采烈地描述了炮火准备的情形："四下里一片寂静，只有山上的冷杉林在窃窃私语……随后，目力所及之处的整片天空被照亮！空中充斥着隆隆炮声，爆炸冲击波震颤着地面。我一时间说不出话来，随后再也按捺不住，兴奋地喊叫、欢呼，手舞足蹈！"

伞兵鲁迪·弗吕拜塞尔当时也在前线：

清晨5点30分，简短的命令沿整条突击战线传达下来。全连疏开队形向西望去。我们激动得浑身发颤。一只只手表早已对好时间……还有20秒……还有10秒……5、4、3、2、1……开炮！数千门加农炮、榴弹炮、火箭炮几乎同时喷吐出一道道火舌，就好像一次爆炸。炮火的闪光照亮了我们身后东面的天空，一时间亮如白昼……6点整，猛烈的炮火齐射戛然而止，命令传达下来，"冲锋！"我们朝前方跑去！

汉斯·鲍曼是个年轻的四号坦克歼击车组员，在党卫队第12"希特勒青年团"装甲师服役："我没想加入党卫队，其实我想当警察，亚琛毁于战火前，我去城里的征兵办，有个党卫队的人凑了过来，他告诉我，'真正的男子汉'应当加入党卫队，而不是荒唐可笑的警察部队。他的话很有说服力，于是我加入了党卫队。"几个月后的今天，他信心十足地登上坦克歼击车驾驶座："天气对我们有利，云层很低，还有雾，该那些美国佬倒霉了。"师里另一个年轻的掷弹兵正给妹妹写信，满腔热情跃然纸上：

亲爱的露特，今天的每日家书很短，简明扼要吧。我是在进攻开始前的伟大时刻抽空给你写的信，满怀兴奋以及对接下来几天会发生什么事的热切期盼。有些人相信生存的价值，但活着不是一切！知道我们发动进攻，很快要把敌人赶出国土就够了。这是个神圣的任务。此刻炮声隆隆，是战争的声音！

他在信件背面匆匆加了句："露特，我们出发了！"他刚刚接到前进的命令。[35]

德国军队发动进攻的消息传来，德国国内群情振奋，弗里茨·米尔巴赫回忆道：

突然……我们期盼已久的消息终于传来，西线德军转入进攻……元首终于下达了命令。他耐心等待时机，集中了庞大的军力，数千架（辆）飞机和坦克……直到他确定进攻时机到来，才投入这股力量。他现在率领我们走向胜利……只要我们相信元首，最后一切都会好起来的。[36]

"警卫旗队"装甲师的坦克驾驶员曼弗雷德·托恩，经历了诺曼底战役后，看问题更全面了："读者读到某些人在装甲团的服役经历，很难想象驾驶坦克的实际感受……也无法理解从25平方厘米的车窗看出去战争究竟是什么样子……这就是12月16日清晨的情形，我们离开施密特海梅尔森林的掩护向西而去。"和托恩一样，第116装甲师的汉斯·赫布斯特也满怀信心：

我记得很清楚，我们刚刚出发，就看见冯·曼陀菲尔站在黑豹坦克上，他朝我们喊道："动作快点！快点！"天气很冷，半履带装甲车里没有取暖设施，我们只好想方设法保暖……我们捡到美国佬遗弃的物资，所以有不少吃的，还捡到好多箱"好彩"香烟。

进攻开始前几个钟头，海特和他拼凑的战斗群乘飞机穿过夜空。他的部下此前大多没跳过伞，现在不得不在夜间冒着猛烈的侧风跳出飞机，降落到林木茂密的山坡上。队伍里也有少数经验丰富的伞兵，但这是他们自1941年克里特岛战役以来首次执行伞降行动。

飞行员的情况也好不到哪里去，这些年轻人此前从没空投过伞兵，最多只受过简单的夜间飞行训练。不出所料，海特在最前方带队。"我搭乘第一架飞机，因为我知道自己是此次伞降突击的领导者，必须第一个跳伞。重要的不是身先士卒，而是率先落地能察看地形和敌情，然后把降落的部下组织起来。"

鲁道夫·黑纳中士是为伞兵护航的战斗机飞行员："我们执行护航任务，掩护Ju-52冒着恶劣的气候把伞兵空投到敌军战线后方。这群伞兵都是很年轻的小伙，他们跳伞后，大多数人刚落地就当了俘虏。"[37]

黑纳的说法不太准确，但他有句话没说错，此次空降是场彻头彻尾的灾难。海特在机舱内就有种不妙的预感："……火炮的闪光，燃烧的房屋，我借助亮光看手表……根据飞行员的计算，参照天气报告，我们应该已到达空投地域，是不是飞得太远了？"海特先前负的伤还没痊愈，所以用绷带吊着右臂，他就这样跳出了飞机。这位伞兵指挥官跌跌撞撞地落到地面，但他很快站起身召集部下："我解开降落伞，站起来舒展身体，涌起一股奇妙的感觉……我觉得浑身是劲，充满了再次踏上地面的喜悦，以及对冒险的期待和投入战斗的渴望。起初我孤身一人，全靠落下燃烧弹后闷燃的田野判明方向。我朝岔路口走去，那里是我们预先商定的集合点。"

很不幸，恶劣的天气和猛烈的高射炮火导致飞行员的导航工作出了岔子，把机上的伞兵投到各个地方，200 名伞兵甚至落在东北方 50 多英里外的波恩！落地一个多钟头后，海特只找到 6 名部下，又过了一个钟头，他总算召集起 26 人，到次日傍晚也只有 125 名伞兵赶到集合点，其他人分散在数英里外。他们迅速检查装备，只找到 6 个装有武器、弹药和其他物资的空投罐，外加 1 门迫击炮和 1 部电台，电台落地时还撞坏了。

这群伞兵联系不上其他人，实力不足以执行受领的任务，他们陷入了孤立无援的境地。海特跳伞时，伤势未愈的右臂再次中弹，此时疼痛难忍。凯泽中尉召集的另外 150 名伞兵终于同海特会合，但合兵一处只是恶化了补给情况。任务显然失败了，无奈之下，海特决定率领部下返回德军防线。此时到处是搜捕德国伞兵的美军巡逻队，对方兵力强大，海特和部下根本无法悄无声息地溜回东面。

12 月 21 日，与美军巡逻队激烈交火后，海特命令部下分成一个个三人小组，各自设法撤回国内。海特眼下只带了副官和一名传令兵，他们爬过树林，遇到另一群年轻的伞兵，对方提出加入海特一行。"他们觉得跟着我最稳妥，这样才能顺利返回德军战线。我严词拒绝，不许他们跟着我，这群年轻小伙不明白为什么。可他们没有看见，我望着他们离去，违心做出的决定让我眼里噙满泪水。"

海特一行又累又饿，12 月 23 日夜里总算到达蒙绍镇。该镇是此次进攻的首要目标之一，所以海特认为蒙绍肯定已落入德军手里，可实际情况并非如此。他们三人分开，海特敲响布舍里一家的房门。看见摇摇晃晃的海特，中学教师布舍里和妻子赶紧把他领进屋内，端上吃食，还给他安排了睡觉的地方。海特伤口发炎，发起高烧，他走投无路，只好写了张便条，请布舍里的儿子送到霍尔夏伊姆旅馆的美军指挥部。"我投降是因为我负了伤，身上没一点力气，无法行走，请发发善心，派辆救护车送我去看医生。"美军派来一个连包围屋子，俘虏了海特，美国军医替他治了伤。

至于斯科尔策尼的部下，第150装甲旅企图装扮成美军装甲部队之际，"施蒂劳"部队44名身着美国军装的突击队队员深入美军战线后方制造混乱，企图夺取默兹河上一座或多座桥梁。美国人很快发现身着美军军装的德国人潜入了己方战线后方，他们的应对办法是拦下途中遇到的每个美国官兵，询问对方根本不知道如何回答的问题。细致的盘问造成大量误会，真正的美国兵因为答不出1938年棒球联盟垫底队或美国国内生活的某些细节而被捕。有个美国军官，因为穿了双德国军靴遭拘押。就连蒙哥马利也没能幸免，哨兵拦下他的吉普车盘查，蒙哥马利命令司机继续开，结果轮胎被射破，一头扎入附近的谷仓，蒙哥马利遭逮捕，好不容易才澄清自己的身份。

12月17日，斯科尔策尼一个突击小组没能答出正确的口令，结果在昂布莱沃河畔的艾瓦耶附近被俘。此时传言四起，据说德军突击队真正的目标是刺杀艾森豪威尔。多疑的气氛下，被俘的三名突击队员几乎没有活下来的机会。盟军军事法庭判处他们间谍罪，两天后，二级下士曼弗雷德·佩尔纳斯、高级候补军官京特·比林、二等兵威廉·施密特被绑在行刑柱上执行枪决。接下来三周，又有13名突击队员遭处决。1945年6月14日，不伦瑞克的美国占领当局枪毙了"施蒂劳"部队指挥官京特·舒尔茨。考特尼·霍奇斯大笔一挥，批准了所有处决申请。

德军的特种作战可能没起到作用，但在许多人看来，此次进攻的开局不错，就像某个士兵在家书里写的那样："我们在前线可能过不了圣诞节了，因为绝对能肯定，美国佬遭到意想不到的打击……连我这个普通士兵也能看出，用不了多久，美国人就会丢掉武器……人人都在退却，所以他也跑了，没人能拦住他。"罗克哈默少尉在信里写得更直白："今天我们追上一支逃窜的车队，一举消灭了对方……这是场光荣的杀戮，为我们遭摧毁的家园复仇。我方士兵斗志昂扬，不断前进，粉碎了途中遭遇的一切。美国人的鲜血肯定染红了雪地……我们前所未有地离胜利只有咫尺之遥。"两封信都是从书写者的尸体上找到的。[38]

就连经验丰富的参战者也深感乐观，"霍恩施陶芬"装甲师在东线鏖战过的海因里希就是其中之一："比利时和德国的树林，似乎比俄国树林更黑暗……头几天……进展很快，战斗相当激烈，我们都觉得，以这么快的前进速度看，几天内到达安特卫普不成问题。"[39]

第18人民掷弹兵师的炮兵军官贝尔曼少尉在日记里写道："12月18日：步兵

到达圣维特门前。许多人听到最疯狂的传言，说我们已大获全胜。"曼陀菲尔从来不是这场进攻战役的热情支持者，可就连他谈到初期突击时也写道："几个突击营像雨滴那样，迅速渗透了美军防线。"

但不是所有人都这么兴高采烈。弗兰克少校以前是飞行教官，目前在第 16 伞兵团任营长。他知道手下 12 名军官没有战斗经验，大部分军士"积极肯干，但能力不足"：

> 进攻首日……有座筑垒村庄，我们冲到距离敌掩体不到 25 米的地方，遭遇火力拦截，我最优秀的几名连长阵亡了。我在那里停顿了两个半钟头，5 名传令兵悉数中弹……这些年轻人真勇敢，没有重武器支援，就这样冲过平原！ [40]

尽管弗兰克没能赢得胜利，但西线德军似乎找到了盟军的薄弱点。只有约 8000 名美军士兵掩护阿登山区，大多是缺乏经验的新兵，要么就是在德国边界经历苦战后调到此处休整的部队。"荷兰人"科塔的第 28 步兵师当年 11 月在许特根森林遭受重创，调来此地休整补充，而艾伦·W. 琼斯的第 106 步兵师都是新兵，德国人发动进攻前 10 天刚刚从法国开抵此处。盟国远征军最高统帅部认为阿登山区很平静，所以一反常规，派琼斯的部下据守 21 英里长的防线，比勤务手册规定的足足长了 5 英里。结果可想而知。面对德军重兵冲击，第 106 步兵师垮了。雪上加霜的是，琼斯缺乏判断力。他不了解敌情，不得不守卫长得离谱的正面，在错误的时间把几个作战团和支援部队调到完全错误的地方。另外几名美国军官也慌了手脚，没能帮上任何忙。指挥第 14 骑兵群装甲力量的马克·迪瓦恩上校就是其中之一，他冲入琼斯的指挥所喊道："将军，咱们得赶紧后撤，一辆虎式坦克紧追不舍，马上就到了！"迪瓦恩奉命去后方冷静一下，随后发现后方地域混乱不堪，于是在拉罗什昂阿登村亲自指挥交通。

由于盟军高级指挥部门反应迟缓，第 106 步兵师没获得任何支援。奥马尔·布拉德利的部队首当其冲，德军发动进攻时，布拉德利在巴黎面见艾森豪威尔。得知消息，他大吃一惊，一时间有点缓不过神来，他身边某个参谋人员回忆道："布拉德利将军脱口而出：'那帮人从哪里弄到的兵力？'"他随后决定把司令部转移到后方，从某些方面看，这是个明智之举，可多少有点不合时宜，通信和指挥几乎彻底瘫痪，还给人留下高级指挥机构仓促逃窜的印象。

前线，第106步兵师辖内第422、第423团陷入包围，12月19日全体投降，6000名美军官兵列队走入战俘营。第18人民掷弹兵师的贝尔曼少尉在日记里写道：

12月19日：一支支漫长的战俘队列通过；起初约有100人，随后又来了一群，约有上千人。我们的汽车堵在路上，于是我下车步行。莫德尔元帅亲自指挥交通（他身材矮小，戴着单片眼镜，看上去普普通通）……各条道路上，美军损毁的车辆和坦克随处可见。又一支战俘队列通过。

当然，第106步兵师的官兵当时不知道，他们这次投降是美国军事史上规模最大的一场投降，人数比1943年突尼斯的卡塞林山口之战还多出50%。

第106步兵师仅剩的第424团也大难临头。该团A连的一等兵吉姆·福赛思在师防线南部地段据守温特斯佩尔特，遭到弗里德里希·基特尔第62人民掷弹兵师辖内部队打击，弗里德里希的哥哥海因里希先前是梅斯守军司令。上尉率领A连投降，年轻的福赛思觉得全连投降得未免有点太快，他随后发现自己成了俘虏："搜查我的那个家伙彬彬有礼，他先从我衣兜里掏出包香烟，就剩4根了，他拿了两根，自己叼上一根，又往我嘴里塞了一根，点上后把剩下的两根放回我兜里。他英语很流利，让我放下双手，还说只要我规规矩矩就不会有事。"

尽管第106步兵师几乎全军覆没，但德军的进攻也不都是一帆风顺，正如第2装甲师的吉多·格尼尔森目睹的那样："美国佬发起反冲击，我们营损失惨重……好多优秀的战友牺牲了。通信中士巴赫尔阵亡，营副官菲特纳尔少尉和他的文员也阵亡了……我们不由得自问，何时会轮到自己？"

希特勒的判断正确吗？盟军防线会土崩瓦解吗？迪特里希说当面之敌不过是犹太流氓和银行经理，是真的吗？贝尔曼少尉似乎就是这么看的：

12月20日：美军士兵几乎没有战斗意志，他们好多人经常说："我们在这里干什么？国内的日子比这儿好得多。"这就是美军普通士兵的心态。不知道他们的军官是不是也这么想。有传言说艾森豪威尔被停了，可能纯属胡说八道。

虽说这位年轻的炮兵军官并不知情，可他确实触及个重大问题，这个问题自D

日起不断发酵，在阿登山区发挥了关键作用：德国人是比英国人、美国人更优秀的军人吗？第一次世界大战的集体经历塑造了英国高级军官的认知，他们普遍觉得的确如此。大英帝国总参谋长艾伦·布鲁克是北爱尔兰人，也是英国资历最深的军人，多次直言不讳地评价德国军人的能力："毫无疑问，他们是最棒的军人。"战后著名的历史学家兼播音员休伯特·埃塞姆，西北欧战局期间是第43威塞克斯师的准将，他指出："没跟德国人打过仗的人，根本不知道什么是战争。"

此类观点很普遍，与不能重演大规模堑壕战的决心（布鲁克甚至不肯提"消耗"一词）相呼应，促使英国人期盼以物力优势赢得胜利，他们称之为"无情的工业"，也可以用布鲁克亲口说的话来概述："既能赢得帕森达勒的胜利，又不必付出那么高昂的伤亡。"到1944年秋季，英国的人力资源即将耗尽，上述看法愈发普遍，整个国家再也负担不起损失更多作战人员的代价了。难怪英国人甚至把他们的作战样式描述为：

……缜密细致，有条不紊，但缓慢而又复杂。所以我方部队的防御战打得很好，精心策划的进攻通常也能赢得胜利，但我军发展胜利期间缺乏进取心，很少能大获全胜，这种说法不无道理。我们对翼侧考虑得太多，过于苛求行政管理方面的保障，从本质上说，我们太害怕失败，而我们受的训练加剧了这种担忧。

至于美军，自美国参战以来，他们的战斗力一直备受怀疑。从许多方面看，这完全在情理之中。战争爆发前，美国陆军只有17.5万人，作战经验相对较少。这股力量陡然扩充成数百万大军，必然带来巨大的压力，尤其是如何提供足够的军官和军士指挥战斗。德国人欣然利用了这种情况："我们觉得美国佬太嫩了……他们打起仗来照本宣科，只要我们不按教材上的方式行事，他们就会慌了手脚。"[41] 身份不低于乔治·巴顿的某位将领深有同感："我方部队缺乏经验，蠢透了，真没办法。"

美国人的征兵方式也有问题，他们觉得高素质的人当步兵纯属浪费，所以把最优秀的新兵编入战斗勤务支援部队，例如情报、后勤、运输等部门。从许多方面看，这种做法合乎情理，因为美国人的目标是以远远优于敌人的补给和思想打赢一切战争，而不是单纯击败敌军。但考虑到加入陆军财务部门90%的新兵、加入宪兵部队整整三分之一的新兵文化考试都得到一级或二级的成绩，这种做法就不太合理了。

步兵部队获得的新兵，成绩好的只有四分之一，半数是最低的四级或五级。说白了，美国陆军认为步兵是消耗品。西北欧战局表明，他们的想法和做法大错特错。诺曼底战役初现端倪，大批"稚嫩的"美国师付出高昂的代价学习如何作战，但阿登战役可以说是美国人独自遂行的交战，美军战斗人员充分证明了他们真正的能力。

和以往很多次会战一样，阿登战役的关键也是速度。沿如此狭窄的正面，在道路寥寥无几的这片地域发动进攻，要想赢得胜利，双方都得有个明确的打法。德国人的目标，是以先遣力量尽快突破盟军防御，全速向前，简直就是拖着身后的后续部队前进，然后呈扇形展开，扰乱盟军后方地域。而美国人要做的是延缓敌先遣力量的前进速度，挡住对方，让德军无法展开，无从发挥突击势头。

德国人起初似乎大功告成，至少派佩尔战斗群侦察部队指挥官、党卫队一级突击队中队长维尔纳·施特内贝克是这么认为的，他的坦克和装甲车隆隆攻入洪斯费尔德，把村内的美国守军打得措手不及，缴获 50 部完好无损的车辆，还抓获不少俘虏，美军战俘随后被迫把他们的汽油灌入施特内贝克几乎耗尽油料的坦克。"我们把敌人打懵了……他们没能组织起任何实实在在的抵抗。"[42] 尽管如此，还是有迹象表明，德军的行动并不都是一帆风顺，马克斯·汉森谈到，由于美军布设了路障，他奉命率领"警卫旗队"师先遣部队绕道而行："我怒不可遏……因为在此之前，我一直沿规定路线快速推进，没遭遇敌人强有力的阻截。"

对方的抵抗逐渐显现出来。美军官兵发觉自己寡不敌众，不得不就地防御，也没有他们习惯的空中密接支援，这种情况可能是自诺曼底登陆以来的首次。有些兵团，例如琼斯的第 106 步兵师，被敌人打得支离破碎，但其他兵团顽强坚守，死战不退。他们通常分成小股分队，仅以几名步兵和一两门反坦克炮守卫路口或某座桥梁，发挥了重要作用，派佩尔战斗群的三级突击队中队长阿恩特·菲舍尔回忆起 12 月 17 日进攻昂布莱沃河畔利尼厄维尔村的情形：

那里的桥梁对我们具有重要的战略意义……由于我们手头没有其他装甲战车可用，所以我的黑豹和一级突击队大队长派佩尔的半履带装甲车跟随先遣部队全速向前……就在桥梁前方的拐弯处，火力从身后袭来，我的黑豹中弹起火。冒着附近房屋射来的机枪和步枪火力，我们赶紧逃离损毁的坦克。几个钟头前，我们刚刚补充油料，还灌满了几个油罐，搞得满身汽油，结果，坦克像火炬那样熊熊燃烧……我的驾驶员没能逃离，活活烧死在坦克里……派佩尔为我提供火力掩护……还尽力替我包扎，随后把我托付给军医。[43]

"希特勒青年团"装甲师在罗赫拉特村也遇到同样的问题，黑豹装甲排排长维利·恩格尔介绍了当时的情况：

我觉察到危险，有人正等我违背基本战斗原则：没有随行步兵的掩护，坦克应当尽量绕开建筑区……我能看见大街上的情形，几辆损毁的坦克实在让人痛心……就在这时，一辆坦克逼近指挥所，就在约100米外，突然腾起熊熊烈焰。

同为装甲排排长的维利·菲舍尔也卷入了这场战斗：

我到达教堂附近，见到的场面很可怕。博伊特尔豪泽的坦克被击毁……他的装填手跳车逃生时死于步枪火力……布勒德尔的坦克停在我的战车旁，也腾起火焰，他毫无生气地坐在炮塔里。前方街道上，更多中弹损毁的坦克正在燃烧。[44]

即便进攻初期阶段，德军的行动也受到严重耽搁，主要是因为美军顽强抵抗，当然也有德国人油料不济的关系。这番耽搁打乱了时间表，给整个作战计划造成混乱。党卫队一级突击队大队长里夏德·舒尔策目睹了当时的情形："我方士兵大多没有战斗经验，指挥官不得不靠前指挥。头几个钟头，所有连长非死即伤，只好派高级军士接掌全连。"[45]

元首护卫旅旅长奥托·恩斯特·雷默称："我们旅的油料一直很紧张，大部分战术决策不得不视油料状况而定。"胡贝特·迈尔的"希特勒青年团"装甲师也遇到同样的问题："进攻很快就在克林克尔特东面地形复杂的林地陷入停顿，师里部分部队不得不撤回原先的阵地。"[46]迈尔手下的军官赫尔穆特·蔡纳、马克斯·泽尔纳说得更直白。蔡纳指出："我只有40来个装甲掷弹兵，每辆坦克歼击车只剩10发高爆弹，油料严重短缺，虽说俘获了80来个俘虏，但从战术上看，我们的处境毫无希望。"泽尔纳的经历更可怕："一发炮弹直接命中炮塔正面……剧烈的爆炸几乎把驾驶员卡尔－海因茨炸成碎片，报务员戈特弗里德·奥皮茨丢了左臂……

汉内斯·西蒙的腿上满是弹片。我当时坐在指挥塔里，双腿腾空，所以逃过一劫，只是吓得够呛。"

汉斯·鲍曼是坦克歼击车驾驶员：

我们连在克林克尔特和罗赫拉特遭遇强有力的抵抗，损失惨重。我听见炮弹掠过的嘶嘶声，还有些炮弹在附近炸开，我的战车震颤不已。我们训练有素，但没料到美国人居然会玩命。突然，一发炮弹击中我这辆坦克歼击车侧面，传来剧烈的撞击……我竭力脱身，总算推开舱盖，大部分组员和我一样，设法跳出战车找地方隐蔽，但车上的报务员阵亡了。一块很大的弹片射透他的腹部，肠子流了出来，还冒着热气。

尽管鲍曼坚信自己和战友训练有素，可眼下的"希特勒青年团"装甲师状况欠佳，无法与诺曼底战役期间相提并论，全师仓促重建，兵力和装备几乎恢复了编制力量，但战斗力再也达不到当初在法国的水准。阿登战役期间，他们从一个地段杀到另一个地段，始终没能取得骄人的战果，迈尔不得不承认："12月21—22日重新发动进攻，取得些初期战果，随后陷入停顿，敌军炮火导致我师实力锐减……损失很大。"

表现欠佳的兵团不止"希特勒青年团"装甲师。迈尔谈到友邻兵团，也就是格哈德·恩格尔的第12"野牛"人民掷弹兵师："洛斯海姆山口，第12人民掷弹兵师对防御严密的敌筑垒阵地发起首轮进攻，以失败告终，给派佩尔战斗群造成严重耽搁。"话虽如此，但美军情报部门后来把第12人民掷弹兵师列为德国第6装甲集团军辖内最优秀的步兵师。至于派佩尔本人，他强烈地感觉到，没能达成初期突破让德军这场攻势付出了高昂的代价："整条战线陷入停滞，而不是激烈交战，这种感觉令我心烦意乱。"发生延误的不光是武装党卫队，原先在装甲教导师任职、现任第26人民掷弹兵师师长的海因茨·科科特少将苦涩地指出："美军在霍辛根长时间抵抗，给第26人民掷弹兵师的整体推进造成延误，装甲教导师也耽搁了一天半。"

兴奋之情沦为沮丧，某些德军官兵干出野蛮的暴行："我们营赶往斯塔沃洛，而后攻向拉格莱兹……我们的三级突击队中队长射杀了俘虏……首批打死12个，他开枪仅仅是因为他们挡了路。"[47] 争夺斯塔沃洛的战斗中，某个武装党卫队连长遇到自己的下属：

> 我遇到第3排排长、三级突击队中队长西伯特，他报告，经过激烈战斗，他击退了敌人，但他不得不枪毙了几个美国俘虏。他没说究竟毙了几个。我问他为何要枪杀俘虏，他说他的排只有9个人，腾不出人手看押俘虏。

德军进攻期间穿过的村庄，半数以上惨遭不幸，许多村民死于非命。德军突击部队可能觉得他们都是叛徒，因为几周前就有命令，让居民疏散到德国境内，可这些人没有离开。该地区1940年并入德国，部分居民是德裔，还有不少年轻人加入了德国国防军。犯罪者可能是"疯狂的赫尔穆特"，这是盟军轰炸期间痛失亲人者的称谓，他们的人数越来越多："……休假的前线官兵跑来询问家人和亲属的下落，你不得不告诉他们，他们都死了：您的妻子死了，您的孩子死了，您的爸爸妈妈、爷爷奶奶也死了。"[48]

约亨·派佩尔本人也承认，确实存在这个问题："……诺曼底战役后，我的部队里大多是狂热的年轻士兵。不少人在轰炸中失去了父母、姐妹、兄弟……我可以发誓，他们对敌人恨之入骨，我没办法始终牢牢约束他们。"

无论战略轰炸有多可怕，都不是肆意屠杀手无寸铁者的借口，尤其是平民百姓，他们有什么错呢？不过，该对暴行负责的不光是德国人，在斯塔沃洛战斗的某个美国军官承认：

> 有个刚刚加入连队没几周的新兵，听见地窖里有动静，喊了声："出来！"没人回应，他顿时惊慌起来。他拔掉保险销，把手雷沿着台阶丢了下去，地窖里挤满平民百姓。伤者被抬了出来，我方医护人员忙碌起来。其他人都走开了，不敢再看。

后果当然很可怕，但很明显，这起事件是个不幸的错误，而不是蓄意而为，不过，跟诺曼底战役期间一样，这里也发生了残忍处决德军士兵的案例。

眼下最大的问题是，德军没能达成明确的决定性突破，正如奥托·埃尔费尔特中将在特伦特公园无所事事地叼着烟嘴，向其他狱友哀叹的那样："今天是星期三（12月21日），倘若他们5天内只取得40公里进展，那么我只能说这不是一场攻势，进展缓慢的进攻一点好处也没有，只会让敌人迅速前调预备队。"埃尔费尔特是个东线老兵，知道自己在说什么。泽普·迪特里希也很清楚："按照原定计划，我本该在第二天或第三天到达默兹河。"

第519重型装甲营隶属迪特里希集团军，埃尔温·克雷斯曼上尉是该营第1连连长，亲眼见到进攻陷入停顿："我们知道我们没取得应有的进展……四下里弥漫着绝望的气氛。"冯·曼陀菲尔也有同感："我从没指望能在两三天内到达默兹河，我觉得一切顺利的话，也许4~6天内能前出到该河。"可事实证明，就连这种念头也纯属幻想。

最初的震惊消退后，盟军果断做出应对，艾森豪威尔把德军突破口北面的美国军队交给蒙哥马利指挥，这项决定无疑是正确的，但彻底激怒了奥马尔·布拉德利。艾森豪威尔还命令巴顿停止进攻洛林，挥师向北攻入德军南翼。援兵和强大的火力也被调往前线，随着天色放晴，盟军空中力量再次出现在空中。海因茨·科科特记得，12月23日天气晴朗："临近9点，首批敌战斗轰炸机出现了，朝一条条道路、一个个村庄俯冲而下，引燃了许多车辆和农院。"战斗轰炸机打击了第5伞兵师位于翁普雷的伞兵："房屋起火，车辆燃烧，伤员倒在街上，中弹的马匹四处游荡。"[49]约翰内斯·考夫曼驾驶Bf-109战斗机进入阿登上空：

> 林木茂密的山丘和山谷里，美国佬的战斗轰炸机很难区分敌我，再加上气候条件，我希望能减少对方的数量优势和战斗效力……但我非常失望……刚到达马尔梅迪上空，我们约20架Bf-109组成的小股编队就遭遇大批P-47雷电战斗机。这场遭遇立即引发了一连串空中缠斗……我们大队的战机损失了三分之一，6架Bf-109遭击落，另外7架严重受损，不得不以机腹着陆。3名飞行员阵亡……换来的战果是击落3架敌机。

和诺曼底的情况如出一辙，盟军战斗轰炸机似乎专挑装甲教导师重点关照，该师当初在法国的日子苦不堪言，师长弗里茨·拜尔莱因回忆道："空中火力击毁了我两辆坦克回收车……几个坦克维修车间也遭到猛烈轰炸，汽油短缺，不得不以卡车前运。除了毁于敌军火力的战车，前进期间我还损失了30辆坦克，不是陷入泥沼就是需要修理，要么就是耗尽了汽油。"

其实，阿登战役打响前，拜尔莱因就意志消沉，经历了北非战役和诺曼底的损耗，他似乎吓破了胆。他的下属赫尔穆特·里特根少校，当初和他同在法国服役，当年秋季遭遇空袭负伤，但他提前出院，归队后在阿登地区领导自己的部下："我们想搞到油料，可找到的都是空油罐。我们无法前进了，装甲车不得不把汽油抽出来交给我们，所以师里的坦克至少还能运动。只要下雨、下雪或大雾，我们就没事，可天色一放晴，敌人的战斗轰炸机就出现了，真烦人！"[50]"警卫旗队"装甲师某个候补军官说的话，跟里特根差不多：

我们参加了此次进攻，直到弹药和汽油耗尽……第一周，我们的行动很顺利，因为美国佬无法出动空中力量，可天空刚一放晴，我们就知道大难临头了……我们没有油料，后勤物资也运不上来……我们炸毁了坦克，作为掷弹兵投入战斗。[51]

在圣维特，某个德军少尉在日记里写道："美国佬的战斗轰炸机不停打击各条道路上所有移动目标……他们盘旋在空中，活像一群群黄蜂。"[52]短短4天，盟军空中力量出动了15000个战斗架次攻击德军先遣部队。

在圣维特打击德军的不仅是空中力量，美军的炮火也越来越猛。12月20日，守军呼叫5个野战炮兵营提供炮火支援，美军炮兵一天内发射了7000多发炮弹。"霍恩施陶芬"装甲师某个军士指出："他们朝我们发射的炮弹，数量远远超出预想……想想看，头顶上弹如雨下，击中你上方和旁边的一切，一棵棵树倒下，火焰四起，弹片横飞。"[53]鲁道夫·冯·里宾特洛甫是个经历过东线和诺曼底战事的老兵，可还是对全师遭受的猛烈炮击震惊不已：

美国人朝我们投入了一切，尤其是炮兵力量……我们以前经历过的各种情况黯然失色。我方一个营困在最猛烈的火力打击下……我站在指挥坦克后面，打算给营长传达团里的新命令，他却对我说："外面的炮火太猛了，您最好待在坦克里。"没等我关好舱盖，一发炮弹就在坦克后方炸开……要是我慢一秒，恐怕已粉身碎骨了。幸好隐蔽得及时，只有一块弹片击中我的脸。执行我传达的命令后没多久，这位营长就阵亡了。

至于德军空中力量，第116装甲师师长西格弗里德·冯·瓦尔登堡称："我们就没看见，也没听见德国空军的战机。"和诺曼底战役期间一样，德军地面部队觉得姊妹军种辜负、遗弃了自己，可事实并非如此，根本不是这样。

1944年秋季的德国空军，实力早已今非昔比。战机、油料、飞行员严重短缺，太多稀缺资源白白浪费在次要战区，尤其是战斗机部队，此时面临崩溃。东线，当初面对苏联红军性能欠佳的战机和缺乏经验的飞行员，德国空军多年来一直占有空中优势，可现在红空军占据了上风，德国空军不得不撤回大批战机，把他们调往西线。盟军登陆诺曼底，极大地加快了这个进程，柏林对付登陆的应急计划"西线威胁性危险"付诸实施，一个个飞行中队陆续被调往法国，徒劳地企图抗击英美空中力量，可惜力有不逮。

此时的盟军，尤其是美国军队，占有巨大的优势，几乎彻底粉碎了迎战的德国空军。另外，英美军队当年春季决心积极猎杀德国境内的敌战斗机，遭击落的德国战斗机飞行员越来越多，1944年，仅美国陆航队就在德国上空击落3706架敌机。

法国解放后，盟军重型轰炸机加强了对德国本土的空袭，一座座德国城市被夷为平地。战斗机总监阿道夫·加兰和麾下指挥官想方设法扭转颓势，或至少让局面别再恶化。他们提出个"战斗群"的想法，也就是以梅塞施密特、福克-武尔夫战机组成混编部队，昼间打击美军重型轰炸机及其护航力量。战斗群半数战斗机是Bf-109 G型或K型，任务是爬升到高空抵御盟军护航力量；战斗群另一半战斗机是Fw-190A-8"攻城槌"，负责打击盟军的重型轰炸机，"攻城槌"的机鼻安装了额外的装甲板，能在传统的尾追攻击或更危险的迎面攻击期间为战机提供保护。

7月7日，德国空军新组建的战斗群经受了战斗考验，第300战斗机联队约100架战斗机起飞，赶去拦截盟军1100架B-17"飞行堡垒"、B-24"解放者"和护航力量组成的强大编队，对方的打击目标是莱比锡附近几家飞机厂，以及洛伊纳-梅泽堡、伯赫伦、吕泽肯多夫的合成燃料厂。叼着雪茄的瓦尔特·达尔指挥Bf-109编队，发现一个"解放者"中队（事后证明是第492轰炸机大队），似乎没有任何护航力量。他赶紧用电台把消息告知威廉·莫里茨和他那些"攻城槌"。莫里茨抓住机会，率领其他飞行员逼近敌机开火。简直是一场屠杀，不到两分钟，12架"解放者"悉数被击落。德国战斗机飞行员横冲直撞，又击落16架敌机，自身损失9架战机。战果不错，但没大到扭转乾坤的程度。

由于损失高得惊人，柏林不得不把几乎没受过训练的飞行员投入战斗，结果可想而知。19岁的二级下士弗里茨·维纳是个战斗机飞行员，1944年年底在德国上空飞行，据他说："年轻飞行员在空战中生还的机会微乎其微，纯属炮灰……大多数人的飞行时间很短，毫无战斗经验。到达前线的补充飞行员从没飞过Fw-190，这种情况并不罕见……投入战斗前操作过Mk-108机炮和Mg-151机枪的人也很少。"[54]

比维纳大两岁的赫尔穆特·里克斯是这群炮灰中的一个，接受过多引擎夜间战斗机初期训练，上级让他选择，改飞昼间战斗机还是转入伞兵部队。

油料短缺，再加上盟军战斗机活动得很猖獗，我们每天只能起降5次……前线飞行的首次经历很糟糕，"紧急起飞"的命令下达前，我和其他战友几乎没时间碰面，10名战友，8个没回来！情况越来越恶劣，什么都缺。投入行动前，我们这些刚刚接受训练的飞行员本该积累些飞行经验，可上级根本没做安排，而是让我们直接投入战斗！[55]

德国空军的败绩多多少少归咎于他们的高级领导层，但这并不妨碍帝国元帅赫尔曼·戈林把最优秀的战斗机飞行员召集到加托的帝国防空学校，怒斥他们的作战表现："我把你们宠坏了，给你们颁发的勋章太多，把你们养得一个个又胖又懒。你们击落敌机的报告纯属弥天大谎……都是谎话！你们上报的击落战果，有一小部分是真的就谢天谢地了。"与会的飞行员听得目瞪口呆，约翰内斯·施泰因霍夫也在场，他总结道："戈林超水平发挥，全凭怀疑和傲慢。"戈林在加托发表的讲话太无礼，激怒了包括施泰因霍夫在内的许多资深战斗机飞行员，几个月后，他们发起"战斗机飞行员造反"运动，企图把戈林赶下台。

戈林怒斥飞行员一事暂且不提，达尔和莫里茨7月份赢得的空战战果给予加兰新的启发。他觉得问题的关键在于规模，既然100架战斗机构成的战斗群能击落28架重型轰炸机，那么投入500架甚至1000架战斗机又能实现怎样的战果呢？实际上，这种想法与利－马洛里得自不列颠战役的"大联队"概念不谋而合，他们的想法大致相同：拼凑尽可能多的战斗机，集中力量发起猛烈打击，拦截盟军轰炸机。

加兰把他的想法称为"大规模打击"。为尽量节约资源，他下令把战斗机分散到德国各地，隐蔽起来等待进攻令。工厂里塞满战斗机，飞行学校里挤满飞行员，这让恩斯特·施罗德失望不已，因为他正努力掌握复杂的 Bf-109G：

> 驾驶 Bf-109G 的飞行训练，耗费的时间比 Fw-190 多，而 1944 年我们缺的恰恰是时间……坐在 Bf-109G 的驾驶舱里，我看不到身后，全方位能见度很差……由于飞行时震动很大，后视镜几乎派不上用场……这款战机缺乏电子设备……驾驶舱盖很难抛弃……飞机起飞或降落时往往会摇摆，虽说经验丰富的飞行员很快会习惯……但新手经常发现自己猛地偏向左侧，这种情况造成无数次事故。[56]

上级随后命令施罗德改飞 Fw-190，他松了口气。

到 11 月中旬，一切准备就绪。加兰把不下 9 个完整的战斗机联队集中到德国国内，只给西线和东线各留 4 个联队。[57]近 2000 架德国战斗机等待"大规模打击"的命令下达。年轻的德国空军将领加兰估算，这股力量一次出击能击落 400~500 架重型轰炸机，约占盟军进攻力量的一半，自身可能要损失 400 架战机，也许会阵亡 100~150 名飞行员。德方能接受这种损失，但对美国人不啻为灾难，说不定能迫使他们暂停空中攻势。这样一来，德国空军就争取到了时间，训练新飞行员，生产更多战机。

随后传来的命令打破了加兰的美梦，"大规模打击"无限期暂停。相反，他精心拼凑的战斗机必须做好掩护阿登攻势的准备，兑现希特勒对迪特里希、曼陀菲尔、西格弗里德·韦斯特法尔许下的承诺，以 3000 架战斗机支援进攻，可他还缺 1000 架战斗机。加兰难以置信，但还是把命令传达给了部下，他得出的结论很明确："德国空军在阿登遭受了致命一击。"

阿登山区的地面上，所有目光转向德军先遣力量——派佩尔战斗群。要是约亨·派佩尔在于伊到达默兹河，强渡该河的话，德军就能把握先机。德国人没订后续计划，那该如何行事呢？不管怎样，只要派佩尔夺得于伊的桥梁，德军仍有充足的后续部队在河对岸展开，给盟军造成棘手的问题。

通往桥梁的路线，路况恶劣至极，简直是一场噩梦。实际上，这条路线沿昂布莱沃河河谷延伸，迫使党卫队队员一次次往返于河道，一群群顽强的小股守军很容易给他们造成延误。臭名昭著的马尔梅迪大屠杀加强了守军顽强抵抗的决心，这起事件载入史册，战争结束很久后，派佩尔和他的整支部队仍受到追究。12 月 17 日中午前后，派佩尔的先遣车辆逼近离马尔梅迪几英里的博格内十字路口。一支美军车队停在那里，曼弗雷德·托恩回忆道：

> 霍斯特·皮拉尔切克是我们的车长，他比我高两级，但不是装甲部队出身，甚至不是军官。他看见一支美军车队驶过博格内路口……"曼弗雷德，我们该怎么做？我从没经历过这种情况。"我命令炮手开火，击毁敌人两部车辆……敌车队前方的车辆已经驶离，但后面驶来的卡车撞上了损毁车辆的残骸。

这群美军官兵大多隶属某炮兵观测营，由于无路可逃，他们别无选择，只好举手投降。德军装甲掷弹兵解除了他们的武装，把他们赶入道路旁的田野。派佩尔从旁边驶过，他的注意力全放在催促坦克尽快赶往预定目标上。他身后，100多个手无寸铁的美军俘虏站在雪地里。突然，一挺机枪响了，站在旁边的其他德军士兵也扣动扳机，这些警卫成了刽子手。不用说，美军俘虏惊慌失措，许多人企图逃入附近的树林，大多数人奔跑或站立时遭射杀。射击停止后，几个党卫队掷弹兵上前查看尸体，给伤者或装死的战俘补上一枪。共计84名美军战俘惨遭杀害。

托恩后来坚决否认发生过屠杀，声称美国情报部门栽赃陷害，他显然在撒谎。派佩尔本人倒没参与屠杀，事发时他不在现场，战后审判期间的证据表明，他也没下过屠杀俘虏的命令，但部下干出的罪恶行径，他难辞其咎，后来受到相应的惩处。当时有几十个战俘侥幸逃脱，把自己的遭遇告知其他美军部队，德国人枪杀俘虏的消息当晚就在美军部队里传播开来。由此引发的轩然大波不难想象，美军军官、军士、士兵相互告诫，奋战到死也好过像牛羊那样惨遭屠戮。派佩尔的部下枪杀了近100名俘虏，纯属搬起石头砸自己的脚。尤其是他们一旦被俘的话，绝对没有好下场，美军第328步兵团团部下达了明确的指令："党卫队或伞兵俘虏一个不留，就地处决！"

从这一刻起，派佩尔战斗群似乎厄运缠身，急于复仇的美军死死盯着他们。派佩尔的下个目标是斯塔沃洛村和昂布莱沃河上的桥梁，那是座多拱石制桥梁，承载派佩尔战斗群最重型的坦克也不在话下。党卫队先遣部队企图夺取桥梁，而美军急于守住它。

海因茨·托姆哈特的装甲掷弹兵受领的任务是进攻至关重要的桥梁，党卫队一

级小队长鲁道夫·赖尔回忆道:

第11连接到夺取桥梁的命令……眼下只有第1、第2排可用,由于机械故障,连里其他分队落在后方。桥梁倒是拿下了,可没法守住……我们陷入危险境地,敌坦克四处搜寻,我们估计对方很快会发起反冲击。火力从四面八方袭来,我们难以抵御。损失很大,托姆哈特、排长霍恩和另外几名军官都阵亡了……现在由我接掌全连。

突袭夺取桥梁的机会丧失了,派佩尔下令前调迫击炮和火炮,企图一举打垮守军,而后重新发动进攻,这回以坦克开道。派佩尔知道这场进攻绝非易事:"地形给我们造成很大的困难……斯塔沃洛村入口处有条短短的弯道,几辆谢尔曼和数门反坦克炮瞄准了那里。"这位年轻军官命令欧根·齐默尔曼率领坦克进攻,这项任务一点不让人羡慕:

一级突击队大队长派佩尔亲自命令我的坦克率领进攻……拂晓时穿过斯塔沃洛村。全车组听取了极为明确的任务简报:"转弯后立即会遇到一门敌反坦克炮,你们最好挂五挡。桥中央躺着个德国军官,不知道是负伤还是阵亡了,小心别碾到他……出发吧!"我们没遭遇抵抗,反坦克炮摆在那里,我们的坦克把它推开,顺利驶上桥梁!可桥上没见到那名军官。我们驶过桥梁没多久就中弹了……火炮胡乱指向天空,驾驶员加快速度。我们从反坦克炮炮架尾部碾过,火炮断裂,撞上驾驶员舱盖……我们顺利通过! [58]

卡尔·沃特曼回忆起那场战斗:"美国佬在斯塔沃洛村内部署了各种重型武器,掩护河上的桥梁。我方几辆坦克轻微受损,糟糕的是,有辆坦克中弹后堵住了桥梁。"
尽管困难重重,但齐默尔曼的冲刺还是夺得至关重要的桥梁,派佩尔战斗群继续攻往下个目标:三桥镇和那里的桥梁。他们身后,美军重新占据斯塔沃洛村,构成切断派佩尔战斗群的威胁。欧根·齐默尔曼再次担任先锋:

我们驶上铁路,电台里传来"向左急转"的命令。就在这时,我们中弹了,感谢上帝，幸亏只是擦伤，显然是因为我们极快的车速！我看见击中我们的反坦克炮，随即直接透过炮管，以主炮瞄准反坦克炮后方一堵石墙。一发高爆弹射出，一切都结束了。我们小心翼翼地驶过铁路路基下方的洼地，我本以为还有另一门反坦克炮，但四下里一片寂静。可惜，敌人已经炸毁了桥梁。

这对德国人无疑是个坏消息，进军陷入停滞，先遣坦克的油料所剩无几。雪上加霜的是，美国人重新占领了德军先遣部队身后的斯塔沃洛村，齐默尔曼获得补给的可能性荡然无存。"警卫旗队"装甲师的军官弗里德里希·普法伊费尔紧跟其后，次日卷入争夺斯塔沃洛村的第二轮激战："我们在河对岸坚守了18个钟头左右，只剩一挺机枪，弹药也不多了……拂晓到来，我们冒着猛烈的炮火，利用下游的桥梁撤过昂布莱沃河，我记得有23名部下在战斗中阵亡。"[59]

在此期间，派佩尔率领战斗群驶上另一条道路，到达河谷上游的斯图蒙村。和先前在斯塔沃洛村一样，鲁道夫·赖尔卷入激烈的战斗：

敌人部署在火车站的反坦克炮击毁了我们的先遣坦克。我奉命步行夺取车站。我们克服了敌人轻微的抵抗，顺利完成任务，还抓获两名俘虏……上级随后又下达命令，让我们消灭道路右侧的敌坦克和反坦克炮，可我们在近战中失败了，损失很大，只好艰难后撤。[60]

派佩尔陷入困境，既无法前进，后路又遭切断，油料和弹药所剩无几。到12月20日拂晓，德军攻势的主要突击在距离默兹河30多英里处停滞不前。

斯塔沃洛村，威廉·蒙克拼尽全力，企图把美国人逐出村庄，与派佩尔战斗群重新取得联系。近期从"骷髅"师调到"警卫旗队"师的弗里德里希·普法伊费尔率领装甲掷弹兵投入鏖战：

炮火太猛烈了，我命令众人下车，因为我觉得步行攻入村内更好些……待我侦察一番后返回，桑迪希[鲁道夫·桑迪希，团副官]突然骑着摩托车赶来，说进展太慢了。我告诉他，我需要第4连的重武器提供火力支援，但该连行动迟缓，我只好冒点风险，以第1、第3排遂行进攻，第2、第4排提供火力支援。我方半数兵力到达桥梁北侧，却被敌军火力打得落花流水……猛烈的火力射自标有红十字的建筑。[61]

大批美军援兵迅速开抵，到 12 月 21 日下午，蒙克的部下已陷入绝望境地：

当天下午，我们遭到猛烈攻击，对方还投入坦克……敌人顺利攻到距离我方阵地 50~80 米处。总算击退敌人……可我们排只剩几个人，一连数日既没吃的，也没时间睡觉……我们累得筋疲力尽，有个伙计精神崩溃了。傍晚前后，我们不得不把机枪组的两三个战友挖出来，他们负了伤，被炮火掩埋在土下。[62]

派佩尔战斗群的人员散布在斯塔沃洛到斯图蒙这片区域，他把残余的大部分人员和车辆集中到拉格莱兹的瓦隆村山顶。美军不断逼近，给这股武装党卫队套上绞索。派佩尔的部下饥肠辘辘，汽油几已耗尽，上级打算 12 月 22 日上午给他们空投补给。除了几次明显的例外，德军的空投大多不太成功，这次还是一样。寥寥几架容克斯 Ju-52 运输机设法飞抵村庄上空，投下几个补给罐，但这纯属杯水车薪，根本无法改变派佩尔战斗群的处境。次日，派佩尔亲自用电台联络上级："形势严重恶化，步兵弹药所剩无几……眼下是突围的最后机会。"

次日是平安夜，凌晨 2 点，派佩尔率领战斗群残余的官兵离开拉格莱兹，他们用破布裹好军靴和武器，以免发出声响。出发前，他们打算炸毁或至少破坏剩余的车辆，但还是把大部分车辆直接遗弃了，没有油料，没有弹药，这些战车就是一堆废铁。身负重伤无法突围的官兵只好留在村内，也许美国人会救治他们。拂晓前后，德国人早已离开，获胜的美军部队小心翼翼地进入村内。

我们在村内缴获大量技术装备……28 辆坦克、70 辆半履带装甲车……不少是被我军炮火击毁的……其他的是德国人自行炸毁的。[63]残余的德国兵走上各条街道，希特勒这些小伙的模样凄惨至极，一个个头上裹着绷带，双手、双腿、胸部、背部负了重伤……据我判断，这帮年轻人都在 18 岁到 24 岁之间。

派佩尔率领不到 800 名部下逃回德军战线，一个个饥寒交迫，狼狈不堪。该战斗群阵亡、负伤、失踪 4000 多人，还损失了包括不少虎王在内的 100 多辆坦克、近 150 辆半履带装甲车、60 门火炮。担任德军整场攻势先遣力量的派佩尔战斗群灰飞烟灭。他们的战斗表现相当出色，说句公道话，没能取得更大战果，主要归咎于后方部队没有及时跟上，没能为他们提供补给。话虽如此，但派佩尔战斗群只完成三分之二行程，虽说战斗力不俗，但取得的战果很有限。这场行动令人失望不已，除此之外很难得出其他结论。

迪特里希作战地域其他地段，情况喜忧参半。拉默丁"帝国"装甲师取得的进展并不引人注目，但很扎实。该师面临的最大问题是缺乏油料，令人震惊的是，直到 12 月 22 日，也就是德军发动进攻整整 6 天后，一队油罐车才赶到前线，"帝国"师总算加满了汽油。党卫队第 3 "德意志"装甲掷弹兵团某位连长在日记里记录下接下来几天的情况：

黄昏时，一支巡逻队出发，为坦克探明十字路口的情况……天气变了，夜里的月光明晃晃的……他们没有白色伪装服掩护，穿越开阔地时，在雪地映衬下形成一个个小黑点，很快遭遇火力打击。巡逻队带着 3 名伤员撤了回来，其中一个伤势严重。

圣诞节到来，"大房间里摆着架钢琴，有个战友弹起圣诞颂歌，其他人心不在焉地唱了起来，可我们根本没心思过什么圣诞节。"另一名军官也有同感："平安夜，军需中士能为我们提供的就是一道没有肉的炖菜。"但最让他恼火的是交战双方在火力方面的显著差距："美国佬在数百门火炮发射的弹幕掩护下缓缓退却……面对敌人的肆意挥霍，我方火炮还击了 8 发炮弹，然后偃旗息鼓了，我们必须节约弹药。"他和部下不得不适应美军炮兵的能力：

连里的文书施特雷尔在某座废弃房屋的炉膛里生火，想烤烤冻僵的手指。敌人发现了细细的烟柱，随即开炮。炮火停息后，新鲜空气从屋顶和墙壁炸出的几个洞灌了进来。施特雷尔只好把手夹在双膝间摩擦，好歹让手指暖和点。

两名党卫队军官随后来到格朗默尼勒村，可这里也遭到炮火打击：

屋外停着几辆坦克，我们走进屋子，发现里面躺着约40个身负重伤的战友。外面突然响起一声剧烈的爆炸，地下室的混凝土天花板被掀飞，那里是救治伤员的地方……我们赶忙跑到外面……几辆部分伪装的坦克遭到敌战斗轰炸机攻击。一枚炸弹落在两辆坦克之间……坦克倒没有受损的迹象。12点15分前后，敌人停止炮击，美军步兵发起冲击。

这名党卫队军官企图逃离，却遭到谢尔曼坦克机枪手的火力打击，不得不隐蔽在铁匠铺的墙壁后面：

我躲在40厘米宽的柱子后面，机枪的短连发射飞了一块块砖头。坦克主炮随即开火，第一发穿甲弹直接射穿了铁匠铺的墙壁……随之而来的是高爆弹，烟尘四起，弹片横飞……我毫发无损，赶紧冲过院落……我们绕过拐角，打算对付敌坦克，但某个下士已经用"铁拳"击毁了美国佬的坦克。

虽说取得小小的战果，可战斗并未结束，他跑到营部时发现："营长告诉我全营陷入包围……弹药和物资几乎消耗殆尽……由于缺乏弹药、油料、口粮，我们不得不取消进攻，现在必须杀出包围圈。"他的同袍也面临同样的境地：

此时，全连只剩20人，我把他们召集起来，构成环形防御……敌人的火力从四面八方袭来，我决心在剩下的5座房屋和小教堂坚守到最后一刻……我们随后卷入逐屋逐房的巷战，战斗强度是我此前的前线生涯从未经历过的。我那些掷弹兵，为争夺每一堵墙壁、每一堆瓦砾苦苦鏖战。

德军寡不敌众，这场厮杀无法长时间进行下去："几辆谢尔曼坦克朝我们发射高爆弹和穿甲弹，我随后收到报告，说机枪和其他轻武器的弹药不多了……最后一封电报发给营部：'弹药耗尽，文件销毁，态势趋于无望，无法突围！'我随即命令部下，做好以最后几颗手榴弹殉国的准备。我们据守最后一栋损毁的房屋，敌人此刻已冲到前室。"

就在这时，附近的德军火箭炮连打了个齐射，火箭弹刚好落在村中央，村内残存的党卫队官兵"以烟雾为掩护，利用火箭弹的破碎效应"逃之夭夭。两名党卫队军官带着部下设法穿过美军战线，总算跟师里其他部队会合了。

党卫队"帝国"装甲师辖内其他部队的运气稍好些。恩斯特·巴克曼当初在诺曼底的"巴克曼角"打得有声有色，纳粹宣传部门大肆宣扬，此时他率领一队黑豹坦克逼近拉格莱兹南面15英里左右的马奈村。和北面率领突击的派佩尔战斗群一样，巴克曼发现自己的部队正穿越美军的密集炮火，不仅孤军深入，周围几条小径上还有数量不明的谢尔曼坦克。

巴克曼一口气干掉3辆盟军坦克，待他绕过拐角，与另一辆盟军坦克迎面相遇，距离太近无法开火，他只好向后倒车，寻找开炮契机。巴克曼随后穿过两支美军车队，粗心大意的美国人没发觉这是辆德军坦克，直到一辆吉普车企图把他拦下。巴克曼的坦克一头撞了上去，无意间又撞上一辆谢尔曼，发动机熄火了。驾驶员赶紧重新启动，挂上倒挡，脱离当面之敌，迅速逃脱。巴克曼所属的装甲营，以一辆缴获的谢尔曼打头阵，大摇大摆地进入马奈村中心，巴克曼终于跟他们会合了。

美国第7装甲师辖内一部就在周围，一辆辆坦克的引擎发出阵阵轰鸣。与米夏埃尔·维特曼近6个月前在维莱博卡日的举动如出一辙，年轻的党卫队二级小队长巴克曼朝他发现的一切目标开炮射击。他的连长、一级突击队中队长奥尔特温·波尔和连里的军士弗朗茨·弗劳舍尔也投入战斗，进一步给对手造成混乱，他们以75毫米火炮、车载机枪朝对手的车辆和人员泼洒火力。没过几分钟，20辆谢尔曼坦克、2辆坦克歼击车、十余辆非装甲车辆成为熊熊燃烧的残骸。党卫队没损失一辆战车。弗劳舍尔在战斗中表现杰出，获得骑士铁十字勋章。

相比之下，胡戈·克拉斯的"希特勒青年团"装甲师仍在苦苦挣扎。该师在埃尔森博恩表现欠佳，随后被调往南面，在马奈村以南5英里、多尚附近林木茂密的山丘发起攻击。师作战参谋胡贝特·迈尔回忆起当时的情形："由于敌人占有空中优势，进攻只能夜间遂行，还得穿过崎岖的森林地带……坦克、半履带装甲车、轮式车辆无法前进……我们只能以迫击炮和'铁拳'对付敌坦克，丘陵地带的通信很不可靠，我们几乎无法获得有效的炮火支援。"经历了这场不祥的开端后，噩梦接踵而至，据党卫队小队长京特·布尔达克说：

半履带装甲车留在桑雷南面的峡谷里……敌人遗弃和毁于炮火的车辆堵塞了道

路，猛烈的炮火不断落下……我们看不到几个村庄的情况，因为那里的位置比我们这里高……地面冻得结结实实，无法挖掘散兵坑，我们营没有任何重武器，只有步枪和机枪，敌人的扰乱炮火覆盖了整片地域。[64]

进攻失败了，但迈尔明确指出，他觉得"希特勒青年团"装甲师没什么过错："我们被迫在陷入困境的情况下发起正面进攻，这种打法完全不符合我师的特点……更要命的是，我们每次都遭遇占有数量优势的新锐敌军。"

面对重重困难，武装党卫队苦苦挣扎。德国军队满盘皆输了吗？也不尽然。武装党卫队总是占据阿登攻势的头版头条，可就像马尔梅迪大屠杀那样，有时候是因为他们犯下的罪行才成为众人关注的焦点。实际上，投入进攻的德军兵团，半数以上是正规军，而不是希特勒的黑衫卫队。身材矮小的哈索·冯·曼陀菲尔指挥的第5装甲集团军，部署在迪特里希集团军南面。第5装甲集团军辖4个装甲师，都是很有知名度、经验丰富的兵团。到1944年年底，和大部分装甲兵团一样，这些师至少覆灭过一次，随后重建，好几个师还覆灭、重建了不止一次，但他们现在重新装备了隆隆驶下总装线的部分新式武器，还以一批老兵为骨干，所以依然是一股不容小觑的作战力量。

迈因拉德·冯·劳赫特的第2装甲师就是个典型。该师是德国国防军最早创建的装甲兵团之一，劳赫特出任师长时还不到40岁，他个头很高，身材瘦削，是个老烟枪，原先在第4装甲师服役，1941年在东线获得骑士铁十字勋章。阿登攻势发起前他接掌的第2装甲师在整个战争期间立下过赫赫战功，1940年法国战局期间攻克阿布维尔，次年又占领了雅典。他们随后投入"巴巴罗萨"战役，当年12月，师里部分官兵报告，他们看见了克里姆林宫的塔楼，但随后被苏联红军的反攻击退。接下来两年，第2装甲师一直在东线鏖战，损失相当惨重，1944年年初才调回法国整补。

第2装甲师卷入诺曼底战役，参加了命运多舛的莫尔坦反击战，随后在法莱斯覆灭，残部撤回德国再次重建。该师补充的新兵来自德国各地，而不仅仅是从奥地利原先的征兵区征召的人员。第2装甲师甚至合并了第352步兵师残部，D日那天，第352步兵师差点击退登陆奥马哈的美军部队，后来又参加了阿纳姆战役。第2装甲师眼下配备133辆坦克和突击炮，包括58辆崭新的黑豹，作为曼陀菲尔的先遣兵团，准备在阿登山区率领集团军的突击。师里某个军官称，全师官兵的"战斗意志甚至比战争初期还要高"，这种乐观的态度甚至让冯·伦德施泰特困惑不解，因为他觉得"该师坦克太少，纯属纸面力量"。

曼陀菲尔打算把弗里茨·拜尔莱因重建的装甲教导师部署在劳赫特第2装甲师旁边，编入实力强大的第47装甲军，统归海因里希·冯·吕特维茨男爵指挥。吕特维茨戴着单片眼镜，是普鲁士最古老的容克家族的后裔，虽说获得过骑士铁十字勋章，但战争期间的表现并不出色。相反，他是个自鸣得意的将领，显然不是指挥曼陀菲尔麾下最重要兵团的合适人选，拜尔莱因批评吕特维茨时特地指出："他表达力差，缺乏干劲。"对西线德军来说，不幸的是，事实证明拜尔莱因的评价完全正确。

曼陀菲尔的进攻，起初进展顺利。第5装甲集团军没有按照柏林的建议实施长时间炮火准备，而是直接攻向对方，一举突破对方的防线，直奔隆维利村。拜尔莱因谈到黄昏时目睹的一场坦克战："装甲教导师的一根根炮管指向北面，暮色中穿过这幅奇妙的景观，曳光弹此起彼伏，给眼前的画面增添了神奇的一笔。"夺得村庄后，装甲教导师赶往邻近的巴斯托涅。巴斯托涅是个交通枢纽，该地区几乎每条道路都朝这里汇聚，因而成为交战双方重要的争夺目标。

巴斯托涅守军兵力薄弱，本该是个轻而易举就能拿下的目标，但吕特维茨不能胜任指挥职务的首个迹象出现了，这位装甲兵上将没把拥挤的部队按优先级分配到各条合适的道路上，导致坦克与马拉炮兵、步兵，甚至工兵和补给大车混杂在一起，现场一片混乱。汽油短缺，凯特尔宣布OKW现有资源时吝啬的作风终于造成严重后果，数十辆卡车和其他非装甲车辆耗尽油料，车组人员只好弃车，各条道路堵塞了好几英里。这场严重的堵塞拖缓了德军的前进速度，一举拿下巴斯托涅的良机就此错失。

待德国人整顿完毕，美军已赢得奔向巴斯托涅的赛跑，第101"啸鹰"空降师仓促召集的伞兵在巴斯托涅镇周围掘壕据守，接下来几天在此处打出赫赫威名，创造了战争史上的一段传奇。不出所料，吕特维茨不肯为这个重大错误承担责任，反而责怪拜尔莱因没有投入足够的兵力遂行突击。他的看法实在让人无法苟同，德军发动进攻后仅仅两天，装甲教导师就不得不从缴获的美军车辆汲取汽油，灌满他们耗尽燃料的坦克。某位德国军官写道："由于交通堵塞……供应坦克的油料和弹药根本运不上来，更别说口粮了。"

拜尔莱因在巴斯托涅止步不前，德军把突击重点调整到劳赫特第2装甲师，该师目前在巴斯托涅北面5英里左右的诺维尔村。第2装甲师12月19日上午发动进攻，威廉·德索布里少校率领第20装甲步兵营400名部下据守村庄，还获得调自巴斯托涅的一个伞兵营加强。第2装甲师为首的黑豹坦克迅速消灭了美国第9装甲师一队谢尔曼坦克，他们凭借出色的操炮能力，几乎彻底打垮对手。现在轮到德索布里和他的部下了。

美军官兵起初以巴祖卡火箭筒和反坦克炮击毁2辆黑豹，迫使剩下的敌坦克匆匆退到村庄周围的斜坡后。劳赫特发现无法迅速拿下村庄，于是命令炮兵投入交战，守卫村庄的威廉·J. 斯通记得："诺维尔遭到猛烈打击，德国人以手头各种武器猛轰村庄（和我们）。一发发袭来的炮弹发出刺耳的尖啸，剧烈的爆炸随之而来，刺得我们耳膜发疼。接二连三的爆炸震颤着我们的身体，火药粉尘钻入鼻孔，不仅刺鼻，还带有苦味。"德索布里的营部中弹，他身负重伤，部下把他疏散到巴斯托涅。

次日，美军决定弃守诺维尔村，残存的守军登车后出发，结果跟第2装甲师进攻部队迎头相遇。德国人抢先动手，以火炮和机枪猛烈打击美军，现场一片混乱。没过几分钟，11辆谢尔曼中弹起火，200多名美军官兵阵亡。有个美国兵后来回忆起当时的场面："道路上，沟渠里，到处是死者……我们的卡车和半履带车，不是起火燃烧，就是被炸成碎片。"

二等兵吉多·格尼尔森随后进入诺维尔："我们驱车驶入村中心，眼前的景象蔚为壮观，燃烧的房屋火光冲天，教堂也着火了，天空映衬下，一辆辆起火燃烧的坦克清晰可辨……目力所及之处，我看见几辆损毁的谢尔曼，还有些炸毁的大车，一个个食品箱里装的都是胡萝卜罐头之类的东西。"不过，德军这场胜利赢得不容易，格尼尔森坦然承认："我看见我方阵亡官兵一排排躺在地上……短短几个钟头，我们损失了20辆坦克和半个装甲掷弹兵团……我们营仅剩连级兵力，所有高级军官都牺牲了。"

尽管如此，踌躇满志的吕特维茨不顾拜尔莱因和劳赫特极力反对，命令他们绕过巴斯托涅继续前进。吕特维茨毫无紧迫感，找到戴着单片眼镜的海因茨·科科特，命令他以第26人民掷弹兵师围攻、夺取巴斯托涅："第2装甲已拿下诺维尔，敌人向南溃逃，第2装甲师稳步追击……待拿下福伊，该师就转身向西，进入开阔地带。"吕特维茨太狂妄了。美国人绝非"溃逃",相反,他们获得经验丰富的第2装甲师大力增援,英国第3皇家坦克团首批部队也从北面开来。至于自己的部队,吕特维茨似乎对他们的处境视而不见。眼下的情况好像不能责怪曼陀菲尔:

> 待我获得储备油料,他们已无法前进,因缺乏油料陷入停顿,滞留在长达100英里的地段,而眼下急需这股作战力量……没有油料,第2装甲师先遣力量止步不前……敌人的空中活动不断加强。

不知怎么回事,劳赫特设法让他的师前出到东北方30英里左右的小村庄比松维尔。师里的补给物资几乎彻底耗尽,他那些官兵饥肠辘辘,不得不敲开当地住户的房门讨要食物;有些车辆眼下暂时用不上,他们抽空了油箱,好歹让坦克动了起来。吉多·格尼尔森沮丧地回忆道:"我们是先遣部队,一辆辆坦克排好队形,做好了出发准备,可我们没法动身,不得不等待汽油运抵。"装甲教导师在第2装甲师南面,哈拉尔德·冯·埃尔弗费尔特的第9装甲师本该在第2装甲师身后跟进,可这两个师都没能为劳赫特提供支援,这导致第2装甲师几乎遭隔断,处境越来越孤立。劳赫特的受挫感显而易见,他的部下离迪南的默兹河桥梁仅隔18英里,就差18英里,现在决不能停下!

身处集团军群司令部的莫德尔元帅也有同感,绝望之余,他下达了以下指令:"必要情况下,派侦察营部分力量徒步出发,以突袭的方式夺取迪南的桥梁。"劳赫特别无选择,他必须设法前进,于是做出重大决定,把全师一分为三。冯·伯姆少校指挥第一个战斗群,该战斗群以他的装甲侦察营组建,任务是构成北钳,沿他们能找到的一切路线赶往迪南。当晚出发后,该战斗群取得不错的进展,随后遭遇英国第3皇家坦克团一辆谢尔曼"萤火虫"坦克,对方击毁了德军队伍最前方的四号坦克和身后一辆弹药车。混乱中,英军坦克悄然撤离,伯姆一时间摸不着头脑,还以为遭遇了强大的敌军。他看见部下筋疲力尽,不愿率领战斗群在漆黑的夜色中冒险前进,于是停下脚步,在福伊诺特丹村排开车阵宿营,此时的气温降到零下20摄氏度,待在车里的德军官兵冻得瑟瑟发抖。

比松维尔村内,第二个战斗群围绕第304装甲掷弹兵团组建,获得第3装甲团一个营加强,劳赫特还把所有火炮和大部分高射炮拨给他们。恩斯特·科亨豪森少校率领的这个战斗群，编有第2装甲师大部分打击力量，任务是沿南面的路线赶往迪南，打算在那里同伯姆战斗群会合。劳赫特和师里其他部队留在比松维尔，待补给物资运抵再继续前进。

凭借全师剩余的大部分油料，科亨豪森战斗群一路向前，平安夜拂晓，为首的黑豹坦克到达塞勒村，离迪南只剩5英里。这辆坦克碾上一颗孤零零的地雷后被炸毁。德国人赶紧打听情况，村民谎称美国人在该地区埋了数千颗地雷，德国人吓坏了，过去48小时，他们没吃东西也没睡觉，此时已疲惫不堪。

科亨豪森战斗群离默兹河仅咫尺之遥，这个消息让鹰巢兴奋不已，希特勒亲自发了封电报，祝贺第2装甲师全体将士取得的战绩。可他对该师的真实处境一无所知，和派佩尔战斗群一样，他们的油料和口粮即将耗尽，弹药也所剩无几。吕特维茨终于弄清了前方的实际情况，建议曼陀菲尔撤回第2装甲师整补，派第9装甲师接替他们，但希特勒觉得劳赫特的部下即将为他赢得胜利，这种时候，吕特维茨的建议显然不可能获得批准。另一个问题是，第9装甲师的油料也少得可怜，无法接替姊妹师，劳赫特的作战参谋吕迪格·魏茨中校回忆道："傍晚前后……第9装甲师师长赶到我们的师指挥所，据他说，由于汽油不足，他的师耽搁了24小时。"第9装甲师的进军到此为止。汉斯·贝伦斯回忆道：

> 我师到达的最西端，位于巴斯托涅与圣于贝尔之间……我们走下山丘，左侧停着辆谢尔曼，炮塔舱盖敞开。我鬼使神差地跳下车，跑过去朝坦克里张望。我看见个彻底烧焦的年轻人，炮塔侧面有个干净利落的弹孔。这一刻我忽然想到，他和我一样，也有父母。这种念头一时间让我心乱如麻。

如果能使用穿过巴斯托涅的7条道路，德军就能缓解严峻的补给状况，因此，海因茨·科科特接到明确无误的指令：拿下巴斯托涅！说起来容易做起来难。巴斯托涅的美军部队死守不退，在大批火炮支援下，粉碎了德军每一轮进攻。吕特维茨要求守军投降，安东尼·麦考利夫将军回了个后来出名的词："屁话！"科科特知道这件事，据他说："当天从军里传来消息，巴斯托涅守军指挥官说了句很简短的话，拒不投降。"科科特组织兵力，企图突破美军防线，但第26人民掷弹兵师伤亡太大，他不得不从几个炮兵连和师属补给营抽调人员，补充几个突击连的兵力。

第 26 人民掷弹兵师最终获得沃尔夫冈·毛克上校实力严重不足的第 15 装甲掷弹兵师 ① 加强，圣诞节那天，科科特再次发动进攻，他和毛克的部下一头撞上美军猛烈的火力，德军伤亡 800 人，第 15 装甲掷弹兵师作为一股作战力量，几乎已不复存在。至于第 26 人民掷弹兵师，几个连队平均只剩 20 人，第 78 掷弹兵团有个营还剩 40 人。科科特手下某位军官哀叹道："我们离巴斯托涅边缘仅隔 900 米，可就是冲不进去。"

伯姆战斗群和科亨豪森战斗群眼下实际上形成两个口袋，几乎停滞在迪南外围的比利时乡村，吉森·格尼尔森后来回忆道："拜尔少尉负了伤，施梅尔策上士接掌全连。我们能到达这里简直是奇迹……我看见路标上写着'离迪南 9 公里'，也就是说，我们离默兹河还剩 9 公里，那里是我们的目标……我们陷入停顿，还是老问题，没汽油了，敌人企图包围我们。"两个战斗群要想死里逃生，唯一的希望是援兵开抵，要么送来补给物资，要么打通逃脱路线。吕迪格·魏茨很清楚他们的困境："两个口袋里的部队报告，弹药和油料状况不足以维持长时间交战，现有的油料也无法确保他们顺利后撤，所以，近乎无解的问题出现了——如何为这批前线部队提供支援？"汉斯·贝伦斯知道第 9 装甲师帮不上忙："情况对我们极为不利……我们损失惨重，很难获得口粮，汽油也是如此……我后来被俘了。我记得自己当时在坦克战斗舱后部发电报，舱门突然开了，一个美国佬端着冲锋枪对着我。"

此时，盟军投入欧内斯特·哈蒙的第 2 装甲师，直扑德军第 2 装甲师，给劳赫特的进军造成严重后果。哈蒙是个积极进取、意志坚定的指挥官，他要求部下快速机动，顽强奋战。他调集射程内所有火炮，甚至征用了部署在该地区的英军火炮，美国第 2 装甲师着手消灭德军两个口袋。曼陀菲尔束手无策，只能待在司令部，聆听雪地里进攻失败的消息：

第 2 装甲师辖内部队……很快就不得不忙着击退从北面和东北面施加压力的敌人。我们的推进陷入停顿……与后方的联系也中断了。大大小小的村镇里，掩护支队和辎重部队……展开殊死的防御作战，抗击优势之敌。这些小股部队率先覆灭……

---

① 毛克指挥的是第 15 装甲掷弹兵师第 115 装甲掷弹兵团。

缺乏油料和弹药的恶果很快显现出来。

没有油料，弹药所剩无几，还遭到经验丰富的美军装甲部队猛烈打击，劳赫特装甲师大败亏输。伯姆战斗群的损失尤为惨重，节礼日那天，伯姆率领残存的 148 名官兵投降。绝望之余，劳赫特以师里剩下的人员拼凑了一个战斗群，命令他们在弗里德里希·霍尔特迈尔上尉率领下，孤注一掷，设法赶到塞勒村的科亨豪森战斗群身旁。魏茨跟他们一同行动："尽管敌军炮兵力量很强大，占有优势的装甲力量更强大，但 12 月 26 日下午，我们还是到达距离口袋不到 900 码的地方。"

他们没能更进一步。哈蒙的部下发起反冲击，还呼叫空中支援，彻底挡住了德军援兵，霍尔特迈尔阵亡。格尼尔森此时在口袋里："激战持续了三天，敌人的战斗轰炸机随后赶来对付我们，迫使我们步步退却……冰天雪地里，掷弹兵一直待在散兵坑内，全力坚守阵地，击退了敌人每一轮冲击……阿登攻势失败了。"

曼陀菲尔最终批准第 2 装甲师后撤。当天，塞勒第二次获得解放。科亨豪森战斗群遭粉碎，伤亡 2500 人，另有 1200 人被俘。美国人清点出 82 辆坦克、82 门火炮、数百部非装甲车辆，大多是油料耗尽后被遗弃的。恩斯特·冯·科亨豪森率领 600 名部下突出口袋逃往东面。德国第 2 装甲师全军覆没。

装甲教导师侦察营的二级下士奥托·亨宁回忆起友军的逃脱经历：

班长凯歇尔上士跑来告诉我们，几名军官要去侦察情况，我们负责陪同，所以我们不得不朝默兹河前进……凯歇尔发现了桥梁，我们必须夺取桥梁，确保全师顺利推进……天冷得要命……我们随后看见几道身影朝我们过来……我蹲下身，听见凯歇尔大声下达了命令："开火！"不断靠近的那群人赶紧喊道："别开枪！别开枪！"我奉命上前查看情况，发现是第 2 装甲师的弟兄。他们看上去面容苍老，一个个累得不成样子，有些人瘫倒在地，浑身发颤……次日我们继续前进，但很快从电台传来命令，让我们返回。我师部队本该支援第 2 装甲师，可敌人的炮火太猛烈，我们根本不敢离开森林……我们知道阿登攻势失败了。

亨宁说的没错。第 2 装甲师大败亏输，表明第 5 装甲集团军的突击就此结束，再加上派佩尔战斗群覆灭，阿登攻势以失败告终。劳赫特的部下前进了大约 60 英里，到达最西端，与迪南诱人的目标默兹河近在咫尺，可他们兵力太弱，就算到达那里拿下桥梁，也无法发展胜利，一路攻往安特卫普。此时，强大的英美军队正朝该地域汇聚，要是德军无法有序后撤，说不定会覆灭在他们自己打开的死胡同里。

起初，这种情况看上去很有可能发生，但吕迪格·魏茨随后长长松了口气："我们很幸运，敌人只是缓缓跟进，没有以任何值得一提的方式攻击我方后撤路线。"希特勒拒不接受无法避免的失败，顽固地要求继续进攻，伦德施泰特、曼陀菲尔、古德里安、迪特里希等高级将领气愤不已，固执己见的希特勒只得到凯特尔、约德尔这些人支持，他们对这场豪赌已然失败的事实视而不见。

柏林下达指令，务必夺取巴斯托涅。这回上阵的是武装党卫队，他们打算一举打垮守军，党卫队第9 "霍恩施陶芬"装甲师的一级突击队中队长阿佩尔也在其中：

> 我们趴在巴斯托涅前方……我方士兵缺乏训练，再加上补给物资严重不足，尤其是衣物和军靴。我们损失很大，主要是炮火造成的，但天气转晴后，敌战斗轰炸机造成的减员越来越严重。昨天我收到200名补充兵，可惜都是来自乌克兰上了年纪的人，他们既不会说也听不懂德语。什么都缺……没有重武器支援，贸然发动进攻会怎样，我有过亲身经历……缺乏推动者，进攻无法取得进展，倘若滞留在冰冻的地面上，只会沦为敌战斗轰炸机的活靶。几个连队的战斗兵力严重减员……每个连平均只有40~50人。[65]

和阿佩尔一样，"希特勒青年团"装甲师的埃瓦尔德·里恩也投入了战斗：

> 好多战友非死即伤，第7连连长也在其中，可我们没法疏散伤员，因为敌人的炮火太猛烈……营里下达了就地掘壕据守的命令。一级小队长米勒率领第4排，一直待在森林角落处，后来再没见过他们的踪影……到当晚20点，第2营只剩60多名军士和士兵。[66]

整个阿登山区，西线德军最后的战略预备队逐渐拼光了。党卫队"帝国"装甲师的埃里希·黑勒，当初为自己率领50名部下逃出法莱斯口袋深感庆幸，现在却发现自己不得不竭力求生，他奉命进攻某个村庄，既没时间展开侦察，也没有重武器支援：

我奉命进攻。我们的进展不错，从敌人手里夺得几栋房屋，可我们右侧的突击队犯了错，贸然向前冲去，结果被敌人发现了。村中心一辆敌坦克开炮射击，机枪火力雨点般袭来，很快给他们造成严重损失……我们不得不取消进攻……三名士兵扛着一具"铁拳"，带着一挺机枪，跟我待在后面，掩护其他战友……我们刚要返回房屋，就被两发高爆弹击中……部分屋顶砸在我身上，我顿时晕了过去。

黑勒苏醒后，发觉自己神志不清，而且孤身一人，没过几分钟就当了美国人的俘虏。[67] 德军的进攻遭击退，部分官兵的士气瓦解了，奥托·亨宁目睹了当时的情形：

有一次，我跟某位营长发生龃龉，他失去冷静，朝我吼道："我不需要侦察，我需要士兵，我需要武器，我需要弹药！"他的部下几乎损失殆尽，全营只剩150人。惨重的伤亡，尤其是步兵减员，严重影响了部队的士气。[68]

曼陀菲尔此时心烦意乱："我们没有及时后撤，而是被盟军的进攻压力一步步逼退，毫无必要地遭受了苦难。战役后期我们蒙受的损失比初期大得多。这意味着破产，因为我们承受不起这种损失。"

德军官兵强烈感受到失败的沮丧。西格蒙德·兰道率领部下加入迪特里希第6装甲集团军：

借助夜色掩护，我们在法国洛林地区一座很大的仓库里搞到3辆改装过的"黄蜂"［这款 Sd.Kfz. 124 自行火炮安装了75毫米高速火炮，能射穿当时任何一款坦克］。待我们赶到指挥部，却得知来晚了，进攻已经发起，于是我们赶紧出发，四处寻找美国佬的坦克……宪兵一次次给我们指明方向，反复折腾了好久，我们发现自己置身第5装甲集团军，汽油已耗尽，只好奉命炸毁这几辆没怎么使用的全新"黄蜂"。我们一个个满腔怒火，幸亏没抓获任何俘虏，否则沮丧和绝望很可能驱使我们干出某些丑陋的暴行。我们再次后撤，又一次没了技术装备，仅剩手里的轻武器。[69]

装甲教导师的赫尔穆特·里特根看着部队后撤，顿感失望："各种型号的车辆、坦克、火炮构成连绵的长龙，蜿蜒穿过多山的冰封道路，一路退往东面。"海因里希是"霍恩施陶芬"装甲师的军士，他似乎更镇定些：

> 我们的前进戛然而止，不得不退却……我记得敌人的火力，以及总体战斗，比东线更激烈，我们的斗志也更顽强……可能是因为我们在德国边界附近交战的缘故。盟军企图不付出代价就到达柏林，我们无论如何都得挡住他们……但我们已习惯这一切……每次死里逃生，体内的肾上腺素都会激升，简直令人难以置信！某天，一拨敌军进攻我方阵地，幸亏我们在小山丘上部署了几挺 Mg-42 机枪，还有一辆虎式坦克……对方遂行的就像自杀式任务，我们只要等待他们逼近，然后就可以开火了。[70]

阿登山区的战事一直持续到 1945 年，虽说胜负已定，可双方将士继续在遍地积雪和泥泞的战场上洒下热血。

尽管蒙哥马利事后向媒体发表了相当鲁莽的言论，但美军无疑承担了大部分战斗，这是欧洲战局代价最高昂的战役。美军确切的伤亡数，视战役结束日期而定，但总的说来，他们损失 8 万来人：1 万多人阵亡，近 5 万人负伤，还有 2.3 万人失踪，失踪人员几乎都当了俘虏。除了人员，美国陆军还折损 700 多辆坦克、类似数量的火炮、约 647 架飞机。英军总损失不到 1500 人，其中 200 人阵亡。

至于西线德军，奥马尔·布拉德利声称毙伤 25 万，这种说法实在有些夸张，而德国官方当时估算的 45000 人的伤亡数，也是不实之词。普遍的看法是，德军的损失与美军相当，阵亡、负伤、失踪 8 万人，折损约 600 辆坦克和突击炮，外加 644 架战斗机和 478 名飞行员，德国空军的损失，有一半发生在圣诞节前三天内，德国空军畏战的说法可以休矣。

这些数字没能说明一个明摆着的事实。尽管英美军队人手不济，步兵部队的缺员尤为严重，但他们完全有能力，而且确实在几周内补充了战役期间遭受的损失。到 1 月初，他们已经把 50 多万官兵外加 2000 多门火炮、近 3000 辆坦克和坦克歼击车投入阿登山区。至于德军的处境，莫德尔司令部的罗尔夫·蒙宁格总结得很到位："我们部署在西线的军队遭到致命一击，这场灾难毁了我们最精锐的野战师。"[71]

德国国防军一反常态，在阿登山区主动发起大规模冬季攻势，他们无疑选中了盟军战线最薄弱的地段，还企图在隐瞒作战意图的情况下展开行动，这也是数年来的第一次。不出所料，恶劣的气候导致盟军空中力量在战役初期无从发挥重要作用，柏林集中了部分最精锐的兵团投入进攻，可这场攻势失败了，而且败得很惨。

阿登攻势失败的最大原因，是德国军队根本没有实现作战意图的资源。他们没有足够的坦克，也没有足够的兵力，最重要的是，没有足够的油料。与当年早些时候日本军队在缅甸的遭遇如出一辙，企图靠缴获盟军补给来弥补己方的短缺，这种攻势不太可能赢得胜利。

德军失败的另一个主要原因较为模糊，但同样重要，也就是美军的战斗力。战争伊始，德国国防军理所当然地认为，他们的将士是世界上最优秀的军人，这种观点部分源于纳粹自欺欺人的种族优越性，但也跟他们接受的训练和德国备受尊敬的军事传统有关。盟军的看法往往加剧了这种错觉。美国步兵军官威廉·德普伊上尉分析了德军小股分队的战术：

他们利用伪装和隐蔽，充分发挥创造力……一小群正确部署武器的德军士兵能挡住一个团……美军部队滞留在原地，跟配备2辆突击炮的25个德军官兵打上一整天，这种情况时有发生……进攻期间，德国人堪称以冲锋枪实施火力压制的高手。他们朝我方防线倾泻火力，把我们的士兵赶出堑壕，然后猛扑上来。

对德国军人深表钦佩的不光是德普伊，英国赫里福德郡团第1营营长乔治·特纳-凯恩写道："德国人……各自为战，而不是列队参战，他们展现出极佳的勇气和斗志，一直战斗到奉命后撤。"相比之下，"激烈的战斗和高昂的伤亡，严重影响到我那些部下的士气，他们一个个紧张不安，面对火力或有可能出现的火力不愿冲锋，除非有军官率领"。[72]

德国第553人民掷弹兵师师长约翰内斯·布鲁恩少将当年11月在孚日山脉的萨韦尔讷山口沦为美国第7集团军阶下囚，后来被关押在英国特伦特公园，英国人偷偷录下他对美军的看法，布鲁恩的观点很有代表性："他们的军队里没有真正的军人，根本不想战斗，全凭大批战机和坦克粉碎了我们的英雄气概。"希特勒和他的许多高级将领认为，一旦面对德军大规模攻势，普通美国军人不是投降就是逃跑，但阿登战役表明，这种看法纯属谬见。

某人民掷弹兵部队的高射炮兵维利·尼塞尔对此心知肚明："短暂的炮火准备后……我们沿道路向前而去……我方火炮打了几发高爆弹。德军步兵攻入镇内，一边冲锋一边以手里的突击步枪开火射击。敌人死守不退。我们原以为对方会'惊慌失措，根本不敢战斗'，可事实并非如此……这种说法纯属血腥的不实之词。"阿登山区的美军官兵简直是掺入德军引擎的沙子，不仅堵塞了气缸，还造成剧烈摩擦，最终导致整部引擎停转。有个武装党卫队军士，是在各条战线鏖战过 4 年多的老兵，他的观点言简意赅："他们根本不需要冒险。动作缓慢？他们不过是谨慎行事罢了。"

不过，不自信的确是个棘手的问题，就连从不贬低自己和自己部下的乔治·巴顿，阿登战役结束后也写道："我们仍有可能输掉战争……德国人比我们更冷、更饿，可他们打得比我们好。"

看来，这是个漫长的冬季。

注解

1.　Atkinson, Rick, *The Guns at Last Light*, p390.

2.　Landau, Sigmund Heinz, *Goodbye Transylvania*, p84.

3.　纳粹镇压华沙起义的手段野蛮至极，就连他们自己也觉得触目惊心。镇压起义的部队，成员不是已定罪的罪犯，就是长期对波兰人心怀不满的乌克兰人或俄罗斯哥萨克，纳粹实施的大规模暴行，导致数万名男女老幼死于非命。负责镇压行动的党卫队部门担心他们犯下的罪行泄露出去，于是找了个替罪羊，处决了参与镇压行动的卡明斯基旅旅长——俄罗斯叛徒布罗尼斯拉夫·卡明斯基，企图掩盖真相。

4.　本书作者采访党卫队滑雪兵斯托尔·蒙克贝里。

5.　"库尔兰口袋"指的是，1944 年 7 月—1945 年 5 月，苏联红军把轴心国军队孤立在库尔兰半岛的包围圈。这个口袋是苏联红军波罗的海沿岸进攻战役期间形成的，波罗的海沿岸第 1 方面军辖内部队当时在梅梅尔附近前出到波罗的海。苏联红军指挥员是伊万·巴格拉米扬将军（后来擢升苏联元帅）。这场战役把德国北方集团军群与拉脱维亚图库姆斯与利巴乌之间的德军余部隔开。北方集团军群 1945 年 1 月 25 日更名为库尔兰集团军群，该集团军群一直处于孤立状态，战争结束后投降。

6.　"斯大林管风琴"是德国人给苏制喀秋莎多管火箭炮起的绰号，因为这款武器看上去像一排管风琴，发射火箭弹的声音非常吓人。

7.　本书作者采访党卫队第 17 "诺德兰"装甲掷弹兵师的比约恩·林德斯塔德。

8.　美国"欧洲天然气"公司发现石油后，成立了匈牙利—美国石油股份有限公司。瑙吉考尼饶成为匈牙利石油工业中心。从 1943 年起，英美空中力量对轴心国石油设施发起打击，瑙吉考尼饶遭到轰炸，奥尔马什菲齐特、布达佩斯、瑟尼等地的匈牙利炼油厂也没能幸免。

9.　Von Rosen, Richard Freiherr, *Panzer Ace*, p281.

10.　同上，p308。

11.　同上，p313。

12.　Umbrich, Friedrich, (translated by Anna M. Wittmann), *Balkan Nightmare*, p173.

13.　同上，p175。

14.　Hagen, Louis, Ein Volk, *Ein Reich*, p211.

15.　Williams, Andrew, *D-Day to Berlin*, p265.

16.　这份传单据说出自苏联作家兼宣传员伊利亚·爱伦堡之手，但战后他极力否认是他写的。

17.　Grund, Helmut, (ed Stephen R. Pastore), *The Confession of Helmut Grund*, p35.

18.　洛伊滕会战是腓特烈大帝最著名的胜利之一，发生在 1757 年 12 月 5 日，腓特烈大帝指挥的普鲁士军队击败了实力更强大的奥地利军队。

19.　Williamson, Gordon, Loyalty is my Honour。采访海因里希·施普林格。

20.　Jodl, Alfred, Kriegtagesbuch 19/08/1944.

21.　Holmes, Richard, *World at War*, p519。采访骑兵上将西格弗里德·韦斯特法尔。

22.　同上，p522。

23.　同上，p520。采访装甲兵上将哈索·冯·曼陀菲尔男爵。

24.　第二次世界大战期间，根据苏联国防人民委员部 1941 年 9 月 18 日发布的第 308 号命令，授予表现杰出的苏联红军部队和兵团近卫军番号，近卫部队或兵团堪称苏联红军的精锐。

25.　本书作者采访党卫队第 3 "骷髅"装甲师的安德烈亚斯·弗莱舍尔。

26.　Holmes, Richard, *World at War*, p524。采访党卫队旗队长威廉·奥斯特霍尔茨。

27.　黑豹坦克油箱容量 160 加仑，足以在公路上行驶 200 公里，越野情况下行驶 100 公里，但两种油耗的前提都是不发生战斗。

28. Williams, Andrew, *D-Day to Berlin*, p266.

29. Meyer, Kurt, *Grenadiere*, p308.

30. 同上，p334。

31. Hastings, Max, *Armageddon*, p268。"霍恩施陶芬"装甲师某位军官写给老战友奥托·斯科尔策尼的信件。

32. Griesser, Volker, *The Lions of Carentan*, p217。海特后来指出："整个职业生涯中，我从没指挥过战斗意志如此低下的部队。"这句极为负面的评价与他当时的某些说法形成鲜明对比。

33. Atkinson, Rick, *The Guns at Last Light*, p443.

34. Forty, George, *The Reich's Last Gamble*, p119.

35. Beevor, Antony, *Ardennes*, p109.

36. Hagen, Louis, *Ein Volk, Ein Reich*, p39.

37. Eriksson, Patrick G., *Alarmstart South and Final Defeat*, p210.

38. Whiting, *Charles, '44*, p181.

39. Villani, Gerry, *Voices of the Waffen-SS*, p112.

40. Neitzel, Sönke and Welzer, Harald, *Soldaten*, p275。第16伞兵团弗兰克少校的录音。

41. Hastings, Max, *Armageddon*, p94。采访第9装甲师的瓦尔特·舍费尔-克内特上尉。

42. Reynolds, Michael, *The Devil's Adjutant*, p99.

43. Reynolds, Michael, *Men of Steel*, p68.

44. 同上，p63。

45. Meyer, Kurt, *Grenadiere*, p335.

46. Beevor, Antony, *Ardennes*, p167.

47. 同上，p184。采访"警卫旗队"师侦察营分队长施特劳布。

48. Holmes, Richard, *World at War*, p300。采访德国红十字会护士先特赖因夫人。

49. Beevor, Antony, *Ardennes*, p251.

50. Williams, Andrew, *D-Day to Berlin*, p281.

51. Villani, Gerry, *Voices of the Waffen-SS*, p240。采访"警卫旗队"装甲师某个候补军官。

52. Atkinson, Rick, *The Guns at Last Light*, p464.

53. Villani, Gerry, *Voices of the Waffen-SS*, p112。采访"霍恩施陶芬"装甲师的海因里希军士。

54. Holmes, Tony (editor), *Dogfight*, p266.

55. 同上，p246。

56. 同上，p123。

57. "大规模打击"计划拼凑了第1、第4、第7、第11、第16、第17、第76、第300、第301战斗机联队，第2、第26、第27、第53战斗机联队留在西线，第5、第51、第52、第54战斗机联队留在东线。

58. Reynolds, Michael, *The Devil's Adjutant*, p120.

59. Reynolds, Michael, *Men of Steel*, p105.

60. Reynolds, Michael, *The Devil's Adjutant*, p149.

61. 同上，p163。标有红十字的建筑原先是修道院，后来成为医院、收容所、孤儿院，但另一部分场地没有使用，美国人从这些地方开火射击。激烈的战斗中，普法伊费尔和他的部下无从区分，这种情况可以理解。

62. Reynolds, Michael, *The Devil's Adjutant*, p216。采访埃里希·马卡穆尔。

63. 派佩尔战斗群编号213的一辆虎王坦克，目前仍停在拉格莱兹离大街不远的战役纪念博物馆外。

64. Reynolds, Michael, *Sons of the Reich*, p224.

65. 同上，p235。

66. Reynolds, Michael, *Men of Steel*, p165.

67. Williamson, Gordon, *Loyalty is my Honour*, p139.

68. Williams, Andrew, *D-Day to Berlin*, p287.

69. Landau, Sigmund Heinz, *Goodbye Transylvania*, p89.

70. Villani, Gerry, *Voices of the Waffen-SS*, p112。采访"霍恩施陶芬"装甲师的海因里希军士。

71. Williams, Andrew, *D-Day to Berlin*, p289.

72. Hastings, Max, *Armageddon*, p97.

西线的最后一搏

阿登攻势是德国犯下的大错。就像 1943 年夏季的库尔斯克，德国国防军把好不容易积攒的兵力、技术装备、补给物资投入进攻，可结果如同涌向礁石的海水。他们在阿纳姆和国内工厂及征兵处创造的两个奇迹，就这样白白浪费了。谈到阿登攻势，战斗机飞行员约翰内斯·考夫曼指出："这场攻势失败了，我们扭转西线战局颓势的希望随之破灭。"

莫斯科实现了控制巴尔干地区和东欧的意图，注意力重新转向德国本土，东线的局势越来越紧张，成为当务之急。可东线缺乏增援，圣诞节前生产的装甲战车，只有五分之一交付东线，新组建的 55 个人民掷弹兵师，调往东线的不到一半，东线德军似乎沦为了备受德国国防白眼的穷亲戚。"秋雾行动"没能实现任何预定目标，仅仅争取到一些时间，时值隆冬，英美军队不太可能继续进攻。苏联人则不然，众所周知，他们最擅长冬季攻势。

柏林别无选择，必须结束阿登攻势，把所有可用兵力调往东线，抵御苏联红军必然发起的突击。罗尔夫－赫尔穆特·施罗德的看法无疑代表了大批德军官兵的心声："我们觉得美国佬不可能听任俄国人席卷整个欧洲，就算他们击败我们，也会转而对付俄国人，我们认为，必须全力阻止俄国人侵占我们的国家。"[1] 党卫队"警卫旗队"装甲师的汉斯·伯恩哈德对人民掷弹兵师战友的说法深表赞同："我们的动机很简单，必须在东线继续打下去，说什么都得把俄国人挡在国界外。"[2] 苏联红军肯定会报复，这种恐惧感沉甸甸地压在德国人心头："去苏联打过仗的人都知道，万一俄国人攻入德国会发生些什么……要是只有英国和法国，说不定我们早就停战了。"[3]

纳粹的宣传也在煽风点火，约瑟夫·戈培尔在《帝国报》等媒体上渲染了日后灾难来临的场面：

倘若德国人民放下武器，苏联人就会按照罗斯福、丘吉尔、斯大林达成的协议，占领整个东欧、东南欧和德国大部分地区。届时，铁幕会落下……铁幕后的国家必然惨遭荼毒。

至于阿登攻势结束后的态势，更看重军事问题的曼陀菲尔指出："此次进攻的结果，主要对俄国人有利。"

因此，德军残余的兵力应当再次调往东线，可他们没有这样做。历时三年多的鏖战，东线似乎成为德国军队的黑洞，吞噬了周围的一切，吸干了其他所有战区，现在好像伴随一团烟雾从作战议程上消失了。相反，西线成为每次会议和简报的重中之重。一次次军事会议频频召开，圣诞节过后，阿登山区的交战仍在继续之际，希特勒12月28日再次把高级将领召到鹰巢开会，他在会上宣布，虽然阿登战役尚未结束，但他打算在东南方120英里左右的阿尔萨斯-洛林地区再发动一场攻势：

> 此次进攻的目标很明确，就是歼灭敌军。这场行动无关声望，而是要找到敌军，击败、歼灭他们……完成这项任务，我们就能收复斯特拉斯堡，彻底歼灭阿尔萨斯-洛林地区之敌。

与会将领个个勋章满身，第21装甲师缺乏干劲的师长埃德加·福伊希廷格尔也在场。盟军登陆诺曼底前一天夜里，他不在师部，而是去巴黎寻欢作乐了，但声名狼藉的福伊希廷格尔幸运地保住了师长职务。此时他目瞪口呆地听着元首的训话：

> 一如既往，他发表了长篇大论，还强调我们打的是一场意识形态战争，打输的话，德意志民族就完了……他随后谈到阿登攻势，说这场战役"没有实现所有目标"，但"意想不到的"结果是削弱了我们当面的美国军队……他估计美军眼下的兵力只有4~5个师，所以打算投入8个德国师遂行进攻，一举歼灭这股敌军……希特勒结束训话时指出："我们的明确目标是在西线发动进攻，彻底解决问题。"

希特勒宣布了自己的决定，与会将领一片沉默。9月份被解除职务、现在官复原职的G集团军群司令约翰内斯·布拉斯科维茨震惊不已，他的下属汉斯·冯·奥布斯特费尔德步兵上将也惊呆了。奥布斯特费尔德原先在东线任军长，是个意志坚定的军人，但作战表现并不突出，现在荣升第1集团军司令。他奉命率领进攻，任务是歼灭盟军两个（而不是一个）集团军：亚历山大·帕奇的美国第7集团军、让·德拉特·德塔西尼的法国第1集团军。

一如既往，希特勒向一众将领保证，会投入大批军力来实现他给他们规定的目标，还把这场攻势命名为"北风行动"。就他承诺为此次进攻投入的兵力看，这场行动纯属痴人说梦。OKW 为奥布斯特费尔德现有力量调拨的主要援兵，是上莱茵总司令部，由党卫队头子、大屠杀罪犯海因里希·希姆莱指挥。希姆莱根本不懂军事，唯一一次听到杀人的枪声，还是 1941 年在明斯克亲自视察党卫队处决 100 个犹太人。卡尔·沃尔夫回忆道：

> 墓地已挖好，犹太人必须跳进去，脸朝下趴在里面。有时候，处决了一两排人后，剩下的不得不趴在死者身上，行刑者从墓穴边缘朝他们开枪。希姆莱此前从没见过处决犯人，出于好奇，他站在三角形墓穴边缘朝下方张望。探头之际，希姆莱倒霉透顶，某个头部中枪者的脑浆溅到他外套上，我觉得也溅到了他脸上，希姆莱脸色惨绿，他没晕倒，但一个劲儿地犯恶心，转过身来时摇摇晃晃，我赶紧上前扶住他，带他离开墓地。

希特勒结束了任务简报，众人在鹰巢吃午饭时，戴着单片眼镜的希姆莱表述了他对此次行动的信心，其实他对自己的任务一无所知。

实际上，西线陆军 17 个师的部分力量投入"北风行动"，包括党卫队第 6 "北方"山地师，该师从芬兰卡累利阿地区乘船南调，但大部分参战兵团先前逃离法国，目前仍在休整，例如汉斯·冯·卢克的第 21 装甲师，以及汉斯·林纳的党卫队第 17 "格茨·冯·贝利欣根"装甲掷弹兵师。

奥布斯特费尔德手头掌握的兵团，"格茨·冯·贝利欣根"装甲掷弹兵师很有代表性。该师 12 月初的兵力不到 4000 人，很快获得一批崭新的突击炮，外加大量几乎没受过训练的人民掷弹兵，总算恢复了编制力量，可该师的战斗力最多只能说普普通通。

话虽如此，但"北风行动"的主要目标，也就是歼灭美国第 7 集团军，可能不像众人想象的那么荒诞不经。为应对德军的阿登攻势，艾森豪威尔命令巴顿第 3 集团军中止梅斯地区的交战，转身向北打击德军翼侧。他还从第 7 集团军抽调了部分兵力，也派往北面，导致该集团军严重拉伸，目前据守的防线长达 70 英里。如果说有什么不同的话，那就是美军目前部署在该地区的兵力少于 12 月 16 日部署在阿登山区的兵力。

不过，埃德加·福伊希廷格尔还是顾虑重重："我们获得了补充兵，目前有 74

辆黑豹和四号坦克……但忽略了两件事，一是没有空中优势，二是无法匹敌美军强大的炮兵。"不过，关于前一个问题，赫尔曼·戈林自有锦囊妙计，他认为只要发起"底板行动"，就能为地面突击先行赢得制胜优势。

"底板行动"的理念很简单：重演德国军队 1940—1941 年先发制人的胜利，进攻开始前先把对手的空中力量消灭在地面上。当初在波兰和南斯拉夫，这套战术大获全胜，1941 年德国入侵苏联，这种打法也让德国军队差一点赢得胜利。现在轮到英国人和美国佬，帝国元帅觉得对方都是窝囊废。自德国空军为斯大林格勒守军空运补给的行动失败后，戈林就在希特勒的亲信小圈子里逐渐失宠，甚至不再出席元首召开的会议，除非希特勒点名让他参加，其他时候，他宁愿待在柏林东北面富丽堂皇的卡琳庄园，或是去东普鲁士罗明滕的狩猎小屋打发时间。现在为重新取悦元首，戈林建议对遍布法国、比利时、荷兰的盟军机场发起大规模拂晓突袭，在盟军飞机升空前彻底消灭对方。希特勒以前最青睐此类计划，现在却持怀疑态度："以大规模展开的方式消灭敌人，这种希望不切实际。"

德国人本打算在展开阿登攻势的同时发起"北风行动"，但恶劣的气候固然导致盟军空中力量滞留在地面，也迫使德国空军一再取消"底板行动"。戈林现在打算让空中突击与"北风行动"同时发起，进攻日期定于 1945 年元旦清晨，他觉得盟军前一晚举办了庆祝活动，此时肯定睡眼惺忪。"秋雾行动"的保密措施相当成功，戈林希望如法炮制，故而下达指令，不得把进攻详情告知空军各中队即将飞越的地面部队。最要命的是，禁令包括大批高射炮连，而大规模部署防空力量眼下成为德军防线的特点。

此时，德国空军的士气跌到谷底。德国工厂生产的飞机比以往任何时候都多，但严重缺乏训练的年轻飞行员驾驶的这些战机，不是在空中遭击落，就是因为缺乏油料或零配件停在地面上。大批盟军战斗机在德国上空巡弋，打击他们在空中或地面发现的一切目标。盟军一个个轰炸机编队规模庞大，获得严密保护，贸然迎战无异于送死，经验丰富的海因茨·克诺克上尉对此心知肚明：

美国佬没有罢手，他们今天猛烈空袭了明斯特。燃烧的市区上空，我刚打算驾机扑向一支"飞行堡垒"编队，几十架 P-47 战斗机就从上方朝我们冲来……我打了个连发，前方一架"雷电"中弹爆炸，我的僚机击落了第二架敌机，结果，大批敌机朝我们扑来，我们能做的就是赶紧跟对方脱离接触。

赫尔穆特·里克斯的出航就没这么幸运了。他现在改飞 Fw-190 战斗机，隶属第 301 战斗机联队，跟随中队长和另外两名战友起飞，赶去拦截盟军轰炸机编队。没等他们逼近盟军重型轰炸机编队，就遭到护航战斗机截击。里克斯和战友寡不敌众，毫无胜算。4 架德军战斗机都被击落，活下来的飞行员就里克斯一个。

有些飞行员甚至没能飞入空中。诺贝特·汉尼希一直在东线鏖战，1944 年 12 月，他的老上级、取得过 275 个击落战果的专家 ① 京特·拉尔请他指导某个 Me-410 "黄蜂"战斗机分队改飞 Fw-190。汉尼希赶到他们的基地，发现这群"黄蜂"飞行员原先的任务是打击不断前进的苏联红军部队，途中遭遇从西面而来的美军 P-51 野马战斗机。18 名德军飞行员只有 3 人死里逃生，都负了伤。汉尼希打电话给拉尔："他们遭到野马战斗机截击，几乎全军覆没……让生还者改飞单引擎战斗机，目前不太可能……他们根本无法胜任。"拉尔同意了，汉尼希重返东线。

长期以来，东线一直是德国空军最快乐的狩猎场，大批战斗机专家各显神通，几十名飞行员的击落战果累积到三位数，可现在，苏联人逐渐占据上风。汉尼希回到中队，跟老友赫尔穆特·韦特施泰因同住一间宿舍。

"'诺贝特，您觉得我们何时会输掉战争？'

"这个问题不难回答，可那些日子，这种话无异于动摇军心，哪怕提到'失败'两个字，都是破坏军纪和士气。"

为兑现戈林轻率的承诺，这些飞行员匆匆赶往西线，住进临时准备的宿舍，喝下几杯代用咖啡，再狼吞虎咽地吃上几盘地勤人员从当地农民家里搞到的食物。他们情绪低落，汉斯·特吕本巴赫上校回忆道："1944 年年末到 1945 年年初，上级下达了疯狂的命令，要求所有可投入的德国战斗机部队，打击欧洲各座机场的敌空中力量，一举歼灭对方。"⁴ 对这项任务顾虑重重的不光是飞行员，约翰·科格勒中校同老战友阿道夫·加兰谈起即将发动的进攻，加兰"对我大吐苦水，真让人心灰意冷"。

---

① 德国人几乎不用"王牌飞行员"这个词，更喜欢"专家"的称谓。

无论这些飞行员做何感想，计划已定，天色尚暗的清晨，分散在38座机场上的1000名德军飞行员钻入驾驶舱，启动了飞机引擎。起飞后，共计34个战斗机大队（其中19个大队飞的是Bf-109G型或K型）转身向西，飞往预先分配好的目标，颇具讽刺意味的是，不少目标原先是德国空军基地。他们接近己方防线，地面上的高射炮兵大吃一惊，匆匆奔向各自的武器，朝空中倾泻炮弹，他们一连几个月没见到这般规模的德国空军，更何况也没人通知他们德军战机要飞越上空，所以高射炮兵认为空中是盟军战机排成的庞大编队。

　　德军飞行员破口大骂，眼睁睁地看着几架战机中弹，拖着火焰坠向地面，赫伯特·伊勒费尔德的第1战斗机联队损失了4架飞机。这些战斗机大队继续飞行，9点20分左右到达目标。他们本该打击比利时境内和荷兰南部的12座英国空军基地、法国境内的4座美国陆航队基地，可惜导航出现偏差，他们实际到达的是4座美军基地、9座英军和英联邦军队基地、3座联合基地。有些盟军飞行中队猝不及防，皇家空军26架台风战斗机排列在艾恩德霍芬机场上，沦为德军战斗机的靶子，悉数损毁。但许多基地早有防范，不仅地面防御高度戒备，还给空中或准备起飞的己方战机发出了警报。

　　飞越己方高射炮走廊后，德军战斗机杂乱无章地飞抵目标，随即发起猛烈攻击，但自身也遭受了严重损失。投下炸弹，朝发现的一切目标扫射后，幸存的德军飞行员返航，结果再次遭遇己方高射炮更加猛烈的炮火。令人难以置信的是，戈林下了命令，返航的战机要是没击毁任何一架盟军飞机，就得重新加油，再次飞往西面执行打击任务。这些倒霉鬼必死无疑，因为此时的盟军战线就像被德国人用尖棍捅过的马蜂窝。

　　中午前后，战斗终于结束了。盟军300架飞机彻底损毁，另外190架受损，包括50架四引擎重型轰炸机，就连蒙哥马利的座机也烧成残骸。[5]损失固然很大，但盟国目前的军工产量惊人，只要几周就能彻底弥补损失的战机。这些损失大多发生在地面上，也就是说飞行员伤亡不大，一旦他们离开避弹所和窄壕，就有足够的飞机供生还者驾驶。

　　德军战斗机力量则不然。"底板行动"对他们来说是场彻头彻尾的灾难，起飞的战斗机，每三架就有一架遭击落，飞行员的伤亡相当惨重。约214名飞行员阵亡或失踪，还有几十人负伤。更糟糕的是，他们损失了好多经验丰富的资深飞行员，包括 3 名联队长、5 名大队长、不下 14 名中队长。

　　中队长约翰·科格勒就是其中之一，他跟随第 6 战斗机联队一同行动，飞往荷兰福克尔机场途中，他驾驶的 Fw-190 被德军高射炮火击落。科格勒跳伞，摇摇晃晃地飘向地面，被下方的盟军士兵俘虏。汉斯·特吕本巴赫对这场灾难深感痛心："德国空军剩下的战斗机损失大半，还牺牲了好多优秀的指挥官。我们本打算发动低空突袭，可我们好多战斗机飞行员死于己方高射炮火！"约翰内斯·考夫曼没参加此次进攻，而是在飞行编队指挥官培训班受训，他绝望地指出："加兰好不容易拼凑的作战力量，就这样浪费在代价高昂的低空突袭上，既没有长远利益，也无法给敌人构成任何严重威胁……'底板'行动给我们的战斗机兵种敲响了丧钟。"希特勒的空军副官尼古劳斯·冯·贝洛上校赞同考夫曼的看法："我们的一个个编队遭受了再也无法弥补的惨重损失，这是德国空军的最后一搏。"阿道夫·加兰言简意赅："我们耗尽了家底。"

　　德国空军的"底板行动"没起到什么作用，党卫队队员威廉·蒂克介绍了当时的情况："补给状况恶化到无以复加的地步。敌人的空中力量导致我方铁路、公路交通彻底中断。"这场攻势结束后，德军战斗机悉数调离西线，只留第 53 战斗机联队掩护整条战线，其他空中力量用于本土防御或派往东线。

　　至于"底板行动"支援的地面攻势，进攻时刻定于新年到来前一个钟头。实施猛烈的炮火准备后，部署在莫代尔河畔下孚日山的 8 个德国师攻往西南方，西格弗里德·拉斯普第 19 集团军从莱茵河西岸的科尔马尔朝上方攻击前进。没人指望拉斯普能取得多大进展，某位到访的军官向拉斯普的副官冯·阿姆斯贝格中校深表歉意，说自己喝多了，白发苍苍的老骑兵阿姆斯贝格说道："在我们这里这根本不算什么，因为将军每晚都喝得酩酊大醉。"但只要德军两股铁钳会合，就能包围一整个美国军和大批法国部队，重新夺回斯特拉斯堡。

　　德军的进攻起初取得些进展，猝不及防的美军混乱后撤。德军的初期进展甚至给盟军司令部造成一场小小的危机，加剧了法国人与美国人之间的矛盾。身高 6 英尺 5 英寸的戴高乐绰号"戴高个"，他总是过于看重法国的荣誉，尤其是英美军队目前几乎彻底解放了他的国家。他得知，面对德军"北风"攻势，艾森豪威尔打算暂时后撤，弃守斯特拉斯堡，自诩为法国救世主的戴高乐大发雷霆，派参谋长阿尔方斯·朱安向艾森豪威尔的副手提出抗议。双方的会晤很不融洽。和戴高乐一样，朱安盛气凌人，专横得令人无法忍受，他固执己见，要求不惜一切代价坚守斯特拉斯堡，声称这座城市丢失的话，会严重损害法国的声望。他甚至威胁，倘若不答应他的要求，法国军队就不再接受盟军最高统帅部指挥，法国人的感激之情到此为止。比德尔·史密斯怒火中烧，向艾森豪威尔汇报时称，要是朱安是美国人的话，他早就一拳揍到他脸上了！艾森豪威尔也罕见地大发雷霆，给戴高乐发了封措辞强硬的电报，告诉对方再出言不逊，"……法国军队就得不到弹药、补给或口粮，除非服从我的命令"。

幸好随后的战事发展让双方都用不着兑现各自的威胁。积雪深及腰部，各条冰冻的道路难以通行，"北风"攻势陷入麻烦，党卫队第 17 "格茨·冯·贝利欣根"装甲掷弹兵师某个士兵回忆道：

我们连冲击 382 高地……拂晓前后，进攻陷入停顿。我们没有重武器支援，只好在无遮无掩的山坡上趴了几个钟头。敌狙击手从翼侧射来的火力给我们造成很大伤亡。大约过了 4 个钟头，3 辆坦克到来，好歹让我们松了口气。美国佬撤离，我们犹豫不决地跟在他们后面……我方坦克在某座农场前方误入地雷场。我们一路攻到铁路路堤处的一道峡谷，敌人的火炮和迫击炮火力再次给我们造成严重伤亡。

G 集团军群的作战日志承认："这场进攻丧失了突击势头。"

西线德军期盼重振突击势头，汉斯·冯·卢克回忆道："'北风'行动没能取得进展……上级拟制了新计划。我们师和第 25 装甲掷弹兵师……奉命穿过马其诺防线，把敌人困在阿格诺洼地……最后一场激烈的交战就在我们面前。"冯·卢克获悉新计划当天，还得知师长福伊希廷格尔因 D 日前夕的所作所为和圣诞夜不在指挥部正接受调查，全师将士为保卫西墙浴血奋战之际，福伊希廷格尔却返回德国寻欢作乐。这个消息简直是最后一根稻草，彻底压垮了冯·卢克和师里其他军官：

我无言以对……我们都知道福伊希廷格尔喜欢奢侈享乐的生活……我们这群军官对他忠心不二，每次听到其他装甲师的朋友嘲笑他的领导风格和生活方式，我们总是替他辩解，可现在就连我都觉得，上级调查他的所作所为成了最后一根稻草。

冯·卢克的任务是突破昔日的马其诺防线，切断盟军与斯特拉斯堡的交通联络，但这场行动一开始就不顺："我请求上级提供标明掩体和其他工事确切位置的地图，他们说没有……还告诉我们，马其诺防线几乎无人据守，也没构成任何障碍。"可事实证明，德军作战规划者的想法纯属一厢情愿。

"没等我们到达第一批掩体，就遭遇敌人激烈抵抗，美军炮兵射来密集的炮火……我们刚辨认出第一座掩体，那里就朝我们射来猛烈的火力。"第 21 装甲师遭受了伤亡，还面临陷入停顿的危险，于是，两天后的 1 月 8 日再次发动进攻。"赫尔上尉率领 12 辆黑豹坦克，在掷弹兵和战斗工兵掩护下，迫使美军一座掩体投降，他们击毁 3 辆谢尔曼，还逮捕了许多俘虏，我方只损失 1 辆黑豹。猛烈的炮火随后袭来，赫尔折损 20 名掷弹兵和战斗工兵，不得不后撤。"

这场挫败没吓住德国人，他们打算发动夜袭："此时下着雪，冷得要命……我们不得不剪断铁丝网，排除地雷，我们只有少数工兵和几个十六七岁的年轻士兵执行这项任务。"不知道用了什么办法，这群士兵顺利完成作业："临近清晨 4 点，我们肃清了一条通道，离敌人的掩体仅 100 码。突击队匍匐在地，奋力向前爬去……他们爬到掩体周围，钢门关着，一名军士用枪托砸门……掩体内的美军官兵措手不及，很快就被打垮了。"

德军在马其诺防线上插入根小小的楔子，第 25 装甲掷弹兵师和第 21 装甲师几个战斗群竭力扩大突破口，就像维利·施普罗伊少校汇报的那样：

天刚亮，我率领工兵向前而去，我方重武器不停射击敌掩体射孔……战斗工兵把手榴弹投入射孔，其他人忙着剪断铁丝网，排除地雷。待我们冲到掩体后方的入口，掩体门开了，5 名军官和 117 个士兵打着白旗走了出来。4 名军官眼部负了重伤，显然是我们朝射孔射击造成的，团军医赶紧给他们治疗。

施普罗伊次日负了重伤，部下把他送离前线，他随后因作战表现突出获得骑士铁十字勋章。

德军这场进攻的其他地段，20 岁的山地猎兵约翰·福斯和党卫队第 6 "北方" 山地师的战友首次到达西线。

美国佬的炮兵已经给我们造成伤亡……当天下午，猛烈的炮火袭向我方集中地域。我们面对的新敌人，火炮和弹药资源似乎耗之不尽……他们不停轰击我方补给路线，赶往前线的途中，我们见到炮火造成的破坏：死去的马匹，炸毁的大车，还有个骡夫四肢摊开死在路中央……我们踏上林间小径，从一座掩体旁走过……旁边的尸体像柴火一样堆叠着。

"北方"山地师的姊妹兵团"格茨·冯·贝利欣根"装甲掷弹兵师对里姆林根村发起攻击，拿下村庄后，他们竭力发展胜利。美军果断展开猛烈的反冲击，不仅俘虏了该师师长汉斯·林纳，还给党卫队兵团造成严重损失。激烈的战斗在里姆林根周围肆虐之际，福斯和战友发现，西线的战斗跟他们先前对付苏联红军截然不同：

我只是透过望远镜看到了新对手。我们投入前线第一天，击退了敌人的试探，给他们造成伤亡。战斗还没结束，他们就派出几个医护兵和一辆救护车直接赶到战场搭救伤员，我简直不敢相信自己的眼睛，怎么会这样？东线绝不会有这种事。可在这里，交战双方似乎依然遵守某些战争规则。

的确如此，但战斗的激烈度并不因此而减弱，冯·卢克回忆道：

在里特肖芬，我们跟美国佬仅隔20码。有时候我们在二楼，他们在一楼，还有些时候相反……双方不停地使用火炮和火焰喷射器……我们抓获了美国第827装甲营[6]的俘虏，这个营几乎完全以黑人士兵组成。据俘虏交代，上级指示他们，德国人都是纳粹，只要发现哪栋房屋躲藏有德国人，他们就会开枪或者烧毁整栋房屋。

双方的战斗条件都很艰苦，这是欧洲多年来最冷的冬季，经常有暴风雪。就连先前在芬兰北部作战的约翰·福斯和战友也叫苦不迭："我们冻得瑟瑟发抖，双手深深插入防寒外套衣兜里，还用防水帐篷布裹好脑袋和肩膀，以免遭受席卷森林的雨夹雪侵袭。"

"北风行动"没取得任何进展，但跟阿登攻势一样，希特勒拒不取消进攻。相反，他1月15日离开鹰巢返回柏林，这一去就再也没离开首都。前线的战斗仍在继续，毫未减弱。"激战肆虐……敌人的榴弹炮朝我方阵地射来一轮轮炮弹……我们不敢想象战友的伤亡，跟俄国人交战期间，我们从没经历过这般规模的炮击。"在阿尔萨斯陷入困境的武装党卫队兵团不止"北方"山地师一个，第1集团军关于党卫队第17"格茨·冯·贝利欣根"装甲掷弹兵师的报告明确阐述了这一点：

> 补充兵素质堪忧，师属各部队协同欠佳……来自俄国的大批德裔加剧了这个问题。经历了几乎毫不间断的交战，全师疲惫不堪……两个实力虚弱的装甲掷弹兵团，目前的兵力只有3000人左右……弹药不足，油料供应无法满足作战需求。全师缺乏足够的车辆，根本算不上装甲掷弹兵师。

若说有什么不实之处的话，那就是这份悲观的报告避重就轻，没有讲明该师真实的状况：三天后，"格茨·冯·贝利欣根"装甲掷弹兵师某掷弹兵营战斗兵力只剩11名军士和32个士兵，所有军官都阵亡了。

冯·卢克此时仍在里特肖芬从事激烈的战斗。"团军医气冲冲地找我诉苦：'地下室里有50个伤员急需救治，我没有吗啡，绷带也所剩无几。另一间地下室里还有40个无法安葬的死者……我还得尽力救治平民百姓。'"冯·卢克的部队此时拉伸到极限，他对眼下的状况无能为力："我的勤务官不得不把弹药箱送到掷弹兵身旁，师部其他人员也忙开了……死者倒在各条街道上，他们当中有好多平民……牲畜的尸体散发出阵阵恶臭，污染了空气。"

约翰·福斯的山地兵团包围了美军第157步兵团一个营："这片恶劣的战场位于山顶，美军营陷入包围，我们把他们逼入越来越小的合围圈。"这股美军最终投降：

> 我们团发起进攻后第五天，美军营投降了。那天早上，他们最后一次企图突围，结果遭受了更多伤亡……经我们团长呼吁，对方终于放下武器……他们损失很大，原先的5个连，只剩450来人被俘，大多数人负了伤。

德军士兵押着俘虏沿另一条路线走向战俘营，美国人打得很英勇，福斯和战友没能向活着的美军官兵表达敬意，对此深感懊恼："山后的战友排成'仪仗队'，目送美军俘虏通过……我们的指挥官姿态很高，给每个俘虏发了盒思嘉乐巧克力[7]。"

此时，就连纳粹独裁者也知道，"北风行动"无法赢得更多战果，1月15日终于取消了进攻。

就伤亡人数而言，交战双方的损失相差无几，西线德军折损2万多人，美国和法国军队的伤亡总数也低不到哪里去。无论是当时还是现在，历史学家都没对"北风行动"多加关注，因为阿登山区的战事吸引了所有人的目光。但对参与其中的将士而言，他们在极度恶劣的环境下打了场艰巨的战役，冻伤和战壕足造成的减员，跟子弹和弹片带来的伤亡不相上下。汉斯·冯·卢克是个经验丰富的老兵，自1939年起参加过德国军队每一场重大战役，他觉得"北风行动"堪称"西线最艰巨、代价最高昂的战役"。

约翰·福斯一直在东线服役，德国危险的处境令他深感震惊："昼间，部队几乎无法运动……我们见到宣传部门大肆吹嘘的'德国堡垒'，可这座堡垒没有屋顶，彻底暴露在盟军轰炸机眼皮底下。"不过，他很高兴见到自己的朋友海因里希还活着："他的副射手阵亡了，他们当时把美国佬挡在机枪阵地30米外，副射手颈部中弹，子弹射断了他的颈动脉……我找医护兵看了看我的脚，他说我只有两根脚趾冻伤，真幸运！"福斯的另一个战友宾是阿尔萨斯人，现在终于深刻认识到，他们目前在德国昔日的领土上作战，至少以前是。

福斯："在这种情况下回到故乡，您肯定觉得很滑稽，您老家在哪里？"

宾："离这里大约25公里……是个小村庄。"

宾随后谈起不少德军士兵面临的情况，他们正同法国军队交战："要是法国人逮住我的话，肯定会以叛国罪就地枪毙我。"两个月后，他在战斗中阵亡了。

西线德军在阿尔萨斯没有战败，这场战役更像平局，而且他们也没打算彻底放弃，正如某个德军士兵明确指出的那样："非要问为什么的话，那就是忠诚！我们当初在拉普兰、伏尔加河、北非鏖战，难道是为了在敌人即将侵入德国的时刻放下武器投降吗？"

注解

1. Hastings, Max, *Armageddon*, p189。这番话出自第 18 人民掷弹兵师的罗尔夫 - 赫尔穆特·施罗德少尉。

2. Williams, Andrew, *D-Day to Berlin*, p297。这番话出自党卫队一级突击队中队长汉斯·伯恩哈德。

3. 本书作者采访约翰 - 阿道夫·冯·基尔曼泽格伯爵。

4. Eriksson, Patrick G., *Alarmstart South and Final Defeat*, p215.

5. "底板行动"中，盟军和德军的确切损失数存有争议。有人认为盟军损毁的战机多达 350 架；安东尼·比弗给出的数字较低——167 架彻底损毁，111 架受损，迈克尔·雷诺兹沿用了这些数字；迈克·斯皮克认为盟军损失了 200 架战机。

6. 实际上是第 827 坦克歼击营。该营缺乏训练，装备不足，组建伊始就存在军纪问题。虽说部分官兵当年 1 月打得不错，但也发生过酒后寻衅事件，某个军官枪杀了一名部下，自己也被射杀。

7. 思嘉乐是德国黑巧克力品牌，这种苦甜口味的巧克力含有咖啡因和可乐果，过去和现在都深受欢迎。

东线土崩瓦解

第七章

有件事是众人都赞同的，我们可不想让俄国人统治我们的国家，毕竟我们都见识过"苏维埃天堂"！

这番话出自党卫队"帝国"装甲师某位军官，很可能说出了所有德军将士的心声，当然也包括党卫队"骷髅"装甲师的军士安德烈亚斯·弗莱舍尔："我们必须挡住俄国人，仅此而已，没什么比这更重要的！"他的战友赫尔曼·范盖齐格姆是比利时佛拉芒志愿者，也是个狂热的天主教徒，看法大致相同："他们一直告诉我们，要么选择罗马，要么选择莫斯科，这就是我们这么多人自愿入伍的原因，因为我们选择了罗马和欧洲。现在俄国人来了，要是不挡住他们，他们会一路攻到佛兰德斯。"佛拉芒民族主义者德里·库朗也有同感："我们尊重伊万，和我们一样，他们也是顽强的斗士，很难阻挡，可一想到任由他们攻入欧洲会发生什么，我们就不寒而栗。"荷兰志愿者扬·蒙克倒不是天主教徒，可他觉得东方的威胁迫在眉睫："在俄国打过仗的军人，现在只想阻止俄国人攻入欧洲，我们都知道他们是什么人。"

他们是什么人呢？第3山地师绰号"泽普"的狙击手约瑟夫·阿勒贝格尔自1943年夏季起就在东线作战，1944年深秋，他跟随部队退入匈牙利境内，据他回忆："俄国军人对平民百姓干出极其残暴的犯罪行径，此类事件很多，另外，许多军人也备受折磨，经常能见到他们的尸体。"[1]

人性的卑劣暴露无遗，但东线德军官兵的品行也好不到哪里去，有个德国军人跟狱友谈起他和战友在苏联如何对待当地妇女，秘密录音录下他的话："我乘卡车跑了好多地方，到处都见到被迫从事劳役的女人……她们奉命修路，都是非常可爱的姑娘。我们经过时，直接把她们拽进装甲车，强奸后再把她们扔出去，她们破口大骂！"[2]这就是苏德战争的残酷现实，野蛮又可怕。德军官兵现在发现，这种恐怖降临到了自己的祖国。

某些德军官兵的祖国已沦陷，例如1943年加入武装党卫队的拉脱维亚人明陶茨·布洛斯费尔德斯。他1944年1月负伤，归队后得到了配发的"新"武器："轻机枪是捷克斯洛伐克制造的弹匣式英国布伦机枪，我们还获得捷克造冲锋枪，以及装在步枪上的榴弹发射器，都不是新货。"苏联红军很快攻入这个波罗的海小国，布洛斯费尔德斯知道自己无法回家了，但他眼下考虑的倒不是这个问题：

我们身上都有虱子，所以打算彻底清洗一番。我们往猪油里掺入水银，再把膏状物抹到身上。虱子立马跳离我们的衣物，可到了晚上，我们一个个都觉得不舒服，可能是水银中毒……指挥官找我们训话，提醒我们盗卖军用物资的后果。[3]

布洛斯费尔德斯这群士兵受到军纪惩处的威胁时，另一些德军士兵，例如古斯塔夫·帕尔姆，正以不太传统的方式继续战斗："为振奋精神，军士送来些特殊的饮品……还看着我们喝下去。掺了镇静剂的饮品虽然减缓了我们的焦虑，但也让我头昏脑涨，视野缩窄……我们这小群服了镇静剂的士兵，打开武器保险，做好了出发的准备。"帕尔姆很快发现药物的作用很有限："我的钢盔飞了……我觉得脸颊被狠狠击中，鲜血淌到冲锋枪上，很快把冲锋枪彻底染红了……随后又是一声枪响，子弹击中我左大腿。"帕尔姆活了下来，后来再次投入战斗。

"警卫旗队"装甲师的老兵埃尔温·巴特曼总结了自己新年时的想法：

英美军队粉碎了我们在阿登山区的攻势，日复一日，他们离莱茵河越来越近。逃离东普鲁士的难民讲述了他们目睹的强奸、残酷肢解事件，这些吓人的传闻犹如野火般蔓延开来。盟军轰炸机每天光临柏林上空。看来第三帝国要完蛋了。

巴特曼说的难民，既有德国东部省份"土生土长的"德国人，也就是所谓的"帝国德意志人"，也有境外的德裔，他们来自分布在东欧和东南欧的6个境外德裔社区。战前，希特勒经常用这些德裔为自己的领土主张和向东扩张的主张辩解，迄今为止的战争期间，武装党卫队征召了大批德裔。战事对纳粹不利后，德国采用征兵制，随后是强制征召。

匈牙利庞大的德裔社区是最早耗尽男性居民的社区之一。例如，多瑙河流域的斯瓦比亚人是德国定居者的后裔，早在公元12世纪，匈牙利王室就邀请德国人去多瑙河河谷安身立命。这些德裔自称"施沃韦人"，战前人数多达200万。德国入侵苏联后，数千人自愿入伍，但德国1944年8月采用征兵制，17~50岁的所有男性都得入伍。8万名"施沃韦人"应征入伍，还组建了两个全新的武装党卫队师：党卫队第18"霍斯特·韦塞尔"志愿者装甲掷弹兵师、党卫队第22"玛丽亚·特蕾西娅"志愿者骑兵师。

随后轮到巴纳特德裔社区，那里也叫巴奇卡，位于多瑙河与蒂萨河之间。成千上万人来到各征兵办，党卫队第 31 志愿者掷弹兵师应运而生，在美国受过教育的勃兰登堡人古斯塔夫·隆巴德任师长，他是"警卫旗队"师军官约亨·派佩尔的好友。随着苏联红军步步进逼，西线几近崩溃，新兵到达部队时发现部队里一片混乱也就不足为奇了："我自愿加入匈牙利本土防卫军……在塞格德一支野战炮兵部队服役。可没过几天，匈牙利人把我们这些德裔挑出来，打发我们回家，我们随后在家乡被召入武装党卫队……我们获得了军装，刺了血型文身，宣誓后被分配到各部队。"

约瑟夫·格拉特沃尔也是个志愿者：

9 月 14 日我在包姚入伍……被分配到步兵连任连副官，连长是二级突击队中队长阿尔弗雷德·贝格尔……他是苏台德区德国人，人很好，先前跟随党卫队第 6 "北方"山地师在芬兰作战……我们的几名军士其实是候补士官，都是德裔克罗地亚人。他们凑在一起的时候说克罗地亚语，都是些粗鲁的家伙。

党卫队分队长本纳特回忆起新兵引发的问题，觉得他们根本不像精英中的精英：

有些新兵腰围粗壮，适合他们身材的军装和皮带严重短缺，所以只好把两条皮带拼成一条。由于军装不足，好多人只能穿着大衣，天热的时候很难受。运送新军装的火车遭遇敌机空袭，载有军帽的汽车中弹炸毁，所以我方士兵不执勤的时候也得戴着钢盔。军靴供不应求，有些新兵只好穿着拖鞋走来走去，这是当地居民喜欢穿的鞋子。[4]

新兵团几乎没时间训练，技术装备也不足，很难打造成具有战斗力的作战力量。随着苏联红军不断推进，德国人被迫放弃巴奇卡地区，应征入伍的德裔突然失去了自己的故乡，他们的家人不是沦为难民，就是留在原地，准备承受苏联红军的风暴，难怪该师 11 月刚刚投入战斗就出了岔子。某个掷弹兵回忆道：

情况岌岌可危……弹药严重不济，我们的机枪只有 200 发子弹，所以上级下达了命令，必须等俄国人进入 50 米内才能开火……苏联红军战机投掷燃烧弹……我们只好取道吉卜赛人社区溜出镇子，这才逃脱了陷入包围的厄运。但连里不少弟兄留了下来，好多是我的同乡。

到当月月底，该师已不复存在。

历史悠久的德裔社区遭受威胁，目睹过纳粹暴行的苏联红军，此时离德国本土越来越近。阿尔弗雷德·迪维施回到家里，发现前进中的苏联红军破坏了一切，终于明白眼下的情况究竟意味着什么。有点价值的东西几乎都被劫掠一空，剩下的家具也被捣毁，士兵遗留的排泄物随处可见。损毁的钢琴旁，他在乐谱里找到某位苏联红军军官留下的便条："别从这里遭受的破坏得出苏联人民生性邪恶、没有文化的结论，此处发生的一切都是出于报复。"[5]

迪维施加入难民大潮逃往西面，这片土地很快空无一人。难民潮人数众多，中欧和东欧德裔超过1000万，捷克斯洛伐克350万，波兰100多万，罗马尼亚80万，南斯拉夫70万，波罗的海诸国有近25万。斯大林、罗斯福、丘吉尔三巨头决定，战争结束后，奥得河东面的德国领土不复存在，划入波兰境内，作为波兰部分领土割让给苏联的补偿，这项决定造成欧洲居民千年来规模最大的迁徙。东部地区1600万德国人注定要沦为难民。当地的纳粹官员经常拒不批准他们逃往西面，随着苏联红军越来越近，一心自保的官员带上能携带的赃物逃之夭夭，抛弃了当地居民。

难民终于踏上各条道路，但依然面临巨大的危险。德国空军战斗机飞行员诺贝特·汉尼希护送一队斯图卡俯冲轰炸机，准备在东普鲁士—立陶宛边境处的贡宾嫩附近对苏联坦克纵队发起打击，他目睹了以下情形：

苏联坦克紧急规避，径直冲入拥堵在路上的难民队伍，转动的履带扬起阵阵雪花。恐慌爆发开来，马匹四散奔逃，大车倾覆，难民逃入旷野。一架架斯图卡无能为力地盘旋在空中，因为敌坦克以难民充当人肉盾牌，这些战车碾过人畜，鲜血染红了雪地……强行攻击的话，只会加剧地面上的大屠杀，我们只好取消进攻。

另一些目击者描述了可怜的难民逃离上西里西亚的情形："倒在路上的难民队伍足有几公里长，不仅遭到火力打击，还被坦克压扁在一条条沟渠里。"[6]古斯塔夫·帕尔姆也见到令人心碎的场面：

弹片钻入小孩子的身体，把他们炸成碎片，妇女的衣服上满是血迹，马匹倒在血泊里奄奄一息，这些场面可怕至极。老百姓站在烧毁的房屋废墟里，一个个衣衫褴褛……恐慌无处不在，破损的手推车、死去的牲畜、哭喊的孩子、痛苦呜咽的父母……我多次见过残废和阵亡的军人，神经早就麻木了，可看见满身血迹的孩子趴在死去的母亲身上痛哭完全是另一回事，那种撕心裂肺的痛苦经历，直到今天依然记忆犹新。

维尔纳·布洛克也有同感：

各条道路挤满难民，他们推着或拉着小车，幸运儿带着马匹和马车，他们的财物高高地堆在车上。我们不得不喊他们让开，好让我们通过，您知道，虎式坦克很宽大，占用的空间不小，难民会恳求我们捎上他们。我记得有个妇女抱着年幼的孩子，哀求我们带上他们，或者把孩子送到安全处，可我们当然不能答应。我们仍在战斗，没法照料孩子。这一幕看得人难受。我们后来没再谈论此事，自欺欺人地假装没发生过这件事。

到战争结束，大约 800 万德国人已逃离东部地区，在此过程中，约 60 万人死于非命，另外 100 万人"失踪，推定已死亡"。战争结束后，又有 800 万德国人或德裔步幸存者后尘，新成立的各个政府视他们为通敌者和叛徒，把他们强行驱逐出境。

难民逃往德国，可德国遭受的破坏越来越严重，战火烧毁了整个国家和社会的结构。到 1944 年 9 月，英美两国朝德国投掷的炸弹达 60 万吨左右，炸死 10 多万人，伤者是这个数字的好几倍，还导致 300 万人无家可归。英美两国目前生产的轰炸机，远远多于实力严重受损的德国空军有可能击落的数量，哈里斯的战略轰炸机增加到 1500 架左右，而美国陆航队的轰炸机和护航战斗机多达 7000 架，简直令人难以置信。

从现在起，英美两国的轰炸强度显著增加，战争期间投掷的总吨位，最后 7 个月占了 60%，达到惊人的 80 万吨，又炸死 25 万人，导致另外 400 万人流离失所。卡琳·布施当时还是个女学生："9 点半左右，我坐在那里给朋友缝书包，忽然听见隆隆的轰鸣……地狱之门敞开了，真吓人，太可怕了。"轰炸结束后，有颗炸弹没爆炸，众人被迫离开防空洞，布施朝安全处跑去：

防空洞外，狂风裹挟烈焰朝我袭来，看上去就像个熊熊燃烧的大烤炉。我看见我的孪生弟弟捂着眼睛坐了下来，他什么也看不见了……高温导致他双目失明，一只眼睛后来恢复了视力，但另一只再也没好……到处是尸体，许多人戴的防毒面具融化了……我们赶紧返回先前避难的防空洞。地下室里，我看见一堆人形灰烬……我不知道是谁，可我随后看见灰烬里有对耳环。我认出这对耳环，是妈妈的。

就算幸免于难，日子也过得苦不堪言。运输系统严重中断，尤其是铁路，煤炭堆在矿井口，居民却在没有取暖设施的家里挨冻。眼下几乎买不到衣物，所以市民穿的衬衫、裤子、鞋子、外套破旧不堪，还缝了补丁。夜间空袭警报响起，疲惫、衣衫不整的大批居民匆匆逃往防空洞过夜，天天如此。与衣物和夜间的好觉相比，更稀缺的是食物：面包配给量减了一半多，降到 900 克；肉类减了三分之二，现在只有 137 克；油脂更是少得可怜，只有 75 克。黑市交易一时间异常火爆。德国民众越来越瘦，城里人尤为明显。

轰炸的影响有目共睹，可能希特勒除外，因为他根本不关注。盟军的空中打击无疑严重破坏了纳粹的战争努力，还迫使德国军队采取了一些原先根本不会考虑的措施，他们调集大批资源，组建、部署了几千个高射炮连，战斗机部队的首要任务是保卫帝国领空，这仅仅是两个例子。不过，盟军的轰炸战役究竟取得多少成果，一直存在很大争议，即便在战争期间也是如此。但这个问题没有削弱盟军飞行员的勇气，完全没有，成千上万的年轻人投身其中，许多人甚至献出了生命。重要的是反思这场轰炸战役的影响，尤其是给平民百姓造成的苦难。以德国潜艇工业为例，到 1944 年，德国海军已彻底输掉大西洋战役，他们的水面舰艇不是被击沉，就是被困在挪威。盟军大力改进战术和装备，挫败了德国潜艇的威胁，还把卡尔·邓尼茨的"狼群"精英送入海底。

邓尼茨认为，重振德国国运的关键是技术。众所周知，潜艇浮出水面时的风险最大，可潜艇必须定期浮出水面，这样才能排出汽轮机的废气。盟军雷达一旦发现敌潜艇，立马就会派出水面舰艇或飞机，不等潜艇潜入安全深度就把它们炸沉。德国人终于有了解决之道：水下通气管。这个设备满足了潜艇的需求，潜艇待在水下可以升起通气管，探出水面排出艇内废气，同时在海浪下确保安全，通气管形成的雷达信号很小，根本无法确定位置。

德国人一系列吨位更大、航速更快的潜艇都配备了通气管，这些潜艇潜伏在水下，一旦搜寻到盟国船只，就以新一代声自导鱼雷发起袭击，这种鱼雷能自行袭向螺旋桨发出的噪音。所以，德国潜艇只要逼近对方的护航船队，呈扇状发射几枚鱼雷，鱼雷就能自动搜寻猎物，把它炸成碎片。新式潜艇被命名为 XXI 型和 XXIII 型，1944 年中期，德国海军的订单是制造 360 艘 XXI 型、208 艘 XXIII 型。

德国海军潜艇部队的主力是 VII 型，总共制造了 709 艘，新旧潜艇的性能差异很大。例如，VII 型潜艇水下航速 7 节左右，根本无法潜航追击护航船队，XXI 型潜艇的水下航速达到 17 节，而 XXIII 型达到令人难以置信的 25 节以上。只要大量生产，这些潜艇仍能在 1944 年年末和 1945 年年初给盟国的战争努力造成巨大破坏。不过，盟军有个优势，德国只剩几座船厂能建造潜艇，一艘标准的潜艇要 12 个月才能完工（当然，跟战争初期的 20 个月相比，建造速度已经大幅度提高），因此，英美空中力量可以用轰炸的方式破坏对方建造潜艇。可是，盟军轰炸战役 1944 年到达顶点，德国还是建造了 234 艘潜艇，只比 1942 年轰炸战役初期阶段少 4 艘。实际上，德国人 1944 年 12 月实现了有史以来最高的月产量，不下 31 艘潜艇驶下装配线。[7] 有个年轻的造船厂工人回忆起当时的情形：

> 我们住在边境附近，靠近［丹麦的］克里斯蒂安斯费尔德，我们这些德国少数民族的年轻人奉命加入某个青年组织，例如希特勒青年团，反正都差不多。我们得知他们每个周六都要集会，可我哥哥和我都觉得，他们不过是聚在一起，大声发表些演讲罢了。1941 年我 15 岁，在德国弗伦斯堡找了份活儿，当了铁匠学徒。我在那里的造船厂干活，船厂替德国海军建造潜艇。那些潜艇窄窄的，内部空间太逼仄，我不爱待在里面，一点也不喜欢……没错，我们遭到轰炸，但次数不多，主要是烦人。空袭警报响起，我们隐蔽到防空洞里，空袭结束后再出来。有时候我们看见几个弹坑，或是一栋中弹的房屋，但不多。1943 年，我自愿加入了武装党卫队，我可不想乘潜艇出海。

大规模轰炸给德国潜艇工业造成的影响，可能没达到盟军规划者的预期，但对德国城市的破坏很严重，德国国内的大批难民就是证明。逃离东部地区的难民大多投亲靠友，最重要的是想办法找到住处，可即便在德国内地，纳粹官僚也没放过他们，把他们十几岁的儿子征入军队，征兵年龄再次降低，1928 年出生的小伙也得应征入伍。按照 3 月 5 日颁发的一道指令，征兵年龄马上要降到 1929 年。

这些年轻人很快会发现，随着 1945 年型师的组建，他们加入的是另一支重建的军队。新兵团的编制比原先更小，每个兵团的德国兵减少了约 500 人，从原先的 11211 人降到 10728 人，希维人〔希维人（Hiwis）是 Hilfswillige（志愿者）的简称，主要是自愿为德国军队帮忙的苏联战俘〕的数量保持不变，依然是 600 来人。实际上，尽管编制缩减，可大多数师还是很难达到降低的兵力数。

此时，德国周围的绞索不断收紧。德国军队放弃了希腊，以及直到克罗地亚首府萨格勒布的南斯拉夫大部分地区。匈牙利东部也沦陷了，到圣诞节前一天，布达佩斯陷入围攻。虽说这种状况危及奥地利东部边界，但真正的威胁出现在北面 300 多英里外波兰境内的维斯瓦河畔。

维斯瓦河以西地区是绵延起伏的德国北部平原，有不少富饶的农场和繁华的城镇，奥得河前方没有任何重要的天然屏障，离柏林仅隔 45 英里。这段战线沉寂了 3 个月。苏联红军先前把作战重点转向南面，解放了东欧大部分地区和巴尔干。希特勒的目光紧盯着西线和阿登山区之际，苏联人着手组织了一股能突破德军防线，一路攻往奥得河的突击力量。

1945 年 1 月初，莫斯科集中不下 160 个师，准备发动进攻。这股军力近 225 万人，配有 7000 辆坦克和 14000 门火炮，还获得 5000 架战机支援，很快要砸向约瑟夫·哈佩大将 A 集团军群的 45 万官兵。哈佩麾下各师寡不敌众，只能拼凑出 4000 多门火炮、不到 1200 辆战车，东线德军 17 个装甲师，只有 5 个部署在维斯瓦河防线。

苏联红军即将发动进攻，接二连三的警报发给希特勒，可他拒不相信，宁愿沉溺于自己的幻想。但海因茨·古德里安对危急的局势心知肚明，他是德国陆军总参谋长，负责就东线战事向希特勒提出建议：

我们估计俄国人会在 1945 年 1 月 12 日发动进攻。对方的步兵优势达到 11 : 1，坦克优势达到 7 : 1，火炮优势高达 20 : 1。总的说来，敌人的地面力量占有 15 倍优势，空中力量的优势至少达到 20 倍，这种评估毫不夸张。我当然没有低估德军官兵的战斗力，他们都是出色的军人，能击败 5 倍优势之敌的冲击，这一点毫无疑问。如果指挥得当，他们完全能以出色的素质抵消数量劣势，击退敌人的进攻。但经历了 5 年的艰巨斗争，敌人的优势不断扩大，我们的补给和武器装备越来越少，获胜的希望极为渺茫，德军官兵肩负沉重的压力。[8]

希特勒没有重视古德里安的报告，反而气冲冲地怒斥道："这是自成吉思汗以来最大的虚张声势,这种无聊的情报是谁弄来的?"古德里安在回忆录里写道:"……简直就是鸵鸟政策和鸵鸟战略!"拟制敌情报告的是东线外军处处长赖因哈德·盖伦，虽说苏联红军随后发动的攻势在很大程度上证明了盖伦的分析判断正确无误，但实际情况远比某些历史学家的战后研究复杂得多。

许多人认为，希特勒情绪失控,明确证明他的所作所为已丧失理智,他固执己见,除了自己的幻想，拒不相信一切,这种观点不无道理。但从另一个角度看，盖伦和东线外军处战争期间的表现也值得商榷，至少可以说乏善可陈，实际上，德国人在东线展开的情报工作，从一开始就大错特错。事实证明，战争伊始他们严重低估了苏联红军的兵力，时任德国陆军总参谋长的弗朗茨·哈尔德 1941 年在日记里写道:"我们起初估计敌人有 200 个师……可现在已经数出 360 个师……只要我们粉碎对方一打师，俄国人又会投入另外一打师。"之后，东线外军处没能探明斯大林从西伯利亚调来远东军队，当年 12 月在莫斯科门前发动反攻，这场反攻是"巴巴罗萨"战役彻底失败的标志。1942 年 11 月，东线外军处没发现苏联红军即将在斯大林格勒发动反攻，1943 年夏季，他们严重低估了苏联红军在库尔斯克部署的防御，1944 年又声称，苏联红军夏季攻势的目标是乌克兰，而不是白俄罗斯。几乎找不到证据表明，德军情报部门在苏德战争期间任何关键节点做出过准确的判断。鉴于这种情况，不难理解希特勒为何拒不接受古德里安的建议。不无讽刺的是，东线官兵肩负沉重的压力，这句话倒是准确的。

实际上，苏联红军 1 月 12 日早上充分发挥了 20：1 的火炮优势，他们发动进攻，猛烈的炮火准备持续了一个多钟头，违反军纪被判有罪的官兵组成一个个惩戒营，随后展开突击。这些可怜的家伙纯属炮灰，他们排成一波波人潮冲向德军防御火力，畏缩不前或后退者会被就地处决。有个匈牙利军官在本国境内目睹了苏联红军这场进攻，他后来描述了当时的情形：

俄国人所谓的惩戒营攻向我方阵地……没过多久，我们击退敌人的冲击，对方伤亡惨重。数百个死伤者倒在我们阵地前方。我们听见有人喊叫上帝，也有人大声呼救，但叫喊声渐渐减弱。我方担架员想把负伤的俄国人抬回来，可每次都遭到机枪火力招呼，只好任由那些伤员死去，我们没法救他们。

希特勒固执己见，所以德军主防线的位置离前哨线太近，他们以为苏联红军的进攻就是主要突击，迅速从主防线前调兵力，结果遭到苏联炮兵猛烈打击，炮击又持续了两个钟头。德军炮兵和步兵部队伤亡很大，60% 的炮兵、25% 的步兵非死即伤。保罗·朔伊尔普夫卢格中将指挥经验丰富的第 68 步兵师，师里某位营长被苏联人的炮火打得晕头转向："我率领兵力不足的营投入战斗……敌炮火准备的硝烟散尽后，我手头尚具战斗力的士兵只剩一个排。"有人向另一名军官询问前线情况，他情绪激动地吼道："前线！前线！全完了！我的连就剩我一个，其他人都死了！整个团没了，我钻入树林才捡了条命……伊万用不了几个钟头就会攻到这里！"

"北风行动"和阿登山区的交战仍在继续之际，德国军队的预备力量几乎空空如也，他们绞尽脑汁，想找些援兵派往破裂的东线，最后总算拼凑了 2 个装甲师和 4 个步兵师，把他们匆匆投入东线漩涡，可惜收效甚微。希特勒故伎重施，大笔一挥设立了若干要塞，命令这些要塞充当防波堤，抵御苏联红军的猛烈冲击。这些要塞包括布雷斯劳（今天的弗罗茨瓦夫）、但泽、戈滕哈芬（今天的格丁尼亚）、斯德丁（今天的什切青）、斯维内明德（今天的希维诺乌伊希切）、科尔贝格（今天的科沃布热格）、屈斯特林（今天的奥得河畔科斯琴）、波森（今天的波兹南），另外还有奥得河畔法兰克福（今天依然是德国城市，位于德波边界）。

这种战术 1941 年年底到 1942 年年初的冬季在莫斯科门前确实很管用，中央集团军群当时差点土崩瓦解，可现在是三年后，苏联红军脱胎换骨，东线德军也无法与昔日相提并论。希特勒的要塞令，现在只是把德军部队固定在原地，剥夺了他们的机动性，而机动性本来也许能让他们免遭覆灭的厄运。布鲁诺·弗里森是德裔加拿大人，当年 1 月在四号坦克歼击车上当炮手："普鲁士的冬季很冷，是那种东方的寒冷，坦克歼击车内没有取暖设施……我们的宿舍也很冷，没有床垫，可能铺了点稻草，外套充当毯子，几个月来，我冻得上唇起了疱疹。"

弗里森跟随部队 1 月 15 日投入战斗，在比绍夫斯维德尔附近发起反冲击。"我们的坦克歼击车在支路拐弯时，我惊愕地看见个苏联士兵斜斜地跑过积雪覆盖的道路……他的肩头扛着发炮弹，我们是不是接近了敌人的反坦克炮阵地？……我们匆忙退却。"弗里森是个训练有素的车组成员，当初在隆美尔指挥的第 7 装甲师服役，该师绰号"幽灵师"。德军改道而行，很快摸到俄国人翼侧，"一举干掉对方两门 76.2 毫米反坦克炮和炮组人员"。他们前出到下一个村庄，弗里森和战友面临另一场挑战：

我们遇到的不是反坦克炮，而是士兵，至少 20 多人伫立在周围……我们命令他们双手抱头，站在村内最大的木屋前……这帮家伙不会糊涂到以为能比我们的 Mg-42 机枪子弹跑得更快……他们很走运，居然得到人道对待，因为此时交战双方都不愿意抓俘虏。[9]

次日，弗里森和部队遭遇苏联红军纵队："我们的炮火干掉 2 辆 T-34/85，我们的 Mg-42 机枪发射了大量曳光弹，迫使俄国人爬出两辆遭受打击的卡车。"他们随后与苏联一辆 SU-85 坦克歼击车迎头相遇：

我赶紧呼叫车长施塔克中士……他迅速攀上战车……我估算了双方的距离，600 米……我们得使用穿甲弹……要是第一发炮弹正中靶心的话，那就太好了……我扣动板机，点燃了后膛内炮弹的电引信……我立即看见 SU-85 正面的倾斜装甲板发出一道闪光，表明炮弹命中了。我赶紧射出第二发炮弹，再次命中……敌战车似乎没有起火，可能某些车组人员还活着。柴油燃烧的烟雾终于腾起，证明敌战车遭摧毁。

1945 年 1 月，这种战果不足以挽救 A 集团军群的颓势，没用几天，苏联红军就在德国人的防线上撕开个 350 英里宽的缺口。几个坦克集团军隆隆向前发展胜利，开始攻往奥得河。另外几个集团军级规模的军团向北攻往波罗的海，一举截断几十支德军部队，以及沿海地带包括但泽、科尔贝格、柯尼斯堡（今天俄罗斯的加里宁格勒）在内的若干城镇。党卫队第 33 "查理曼大帝"掷弹兵师在科尔贝格遭隔断，小队长安德烈·培尔是个法国志愿者，当时在该师服役：

敌火炮、火箭炮、战机的猛烈打击令我深感震撼，不止这些，还有大批步兵，他们爬上屋顶，动作敏捷得像玩杂技，手里的自动武器猛烈开火，根本不在乎弹药消耗，他们的狙击手准头很好，而且难以发现……我们陷入困境，可还是殊死抵抗，先是逐屋逐房地争夺，接着从一片废墟打到下一片废墟，最后依托一个个地窖而战，夜以继日，毫无喘息之机。[10]

弗里森车组的战车出了事故，炮架损毁，他们换了辆四号坦克歼击车，在莱森村附近设伏。4 辆 T-34/85 和 2 辆 "斯大林" II 型坦克进入视野。

车长施塔克中士："瞅准时机给为首的敌坦克致命一击，自由射击！"

炮手弗里森："我已瞄准第一辆 T-34，提前量校正……开炮！"

施塔克："直接命中炮塔下部！下个目标，干掉第一辆'斯大林'……朝炮塔正下方的战斗室开炮！"

弗里森："保持 6 点方位，开炮！"

施塔克："直接命中战斗室！敌坦克冒烟了！"

他们迅速干掉另外两辆坦克，获胜后向西而行。很不幸，他们和己方另外两辆战车误入地雷场。虽说只炸断了履带，可车组人员别无选择，只好弃车，他们炸毁了宝贵的坦克歼击车，随后步行出发。"每个炮手都等待车组其他成员跑到远离地雷场的灌木丛，这才拉动 1 公斤炸药包的引信，然后迅速跑开。"[11]

苏联红军不仅向西攻往奥得河，向北攻往波罗的海，还斜向攻往西南方和至关重要的西里西亚地区。如果说鲁尔区是德国工业皇冠上的光明之山钻石，那么西里西亚就是它的库里南巨钻。自 16 世纪起，这片地区就归哈布斯堡王朝所有，200 年来一直是普鲁士领土。此地早早受到工业革命影响，首批熔炉点燃后，西里西亚丰富的矿产资源成为德国经济实力的基石。到 1944 年，这里每年出产 9500 万吨煤炭、240 万吨钢铁、德国三分之二的锌，对制造黄铜炮弹、子弹壳至关重要。德军著名而又令人生畏的 88 毫米高射炮，大多出自卡托维茨（今天的卡托维兹）的联合铸造厂，就连德军官兵佩戴的铁十字勋章，也是在格莱维茨（今天的格利维采）制造的。西里西亚对德国太过重要，施佩尔直言不讳地告诉希特勒，丢失这片地区的话，德国无法把战争继续下去。

希特勒的反应可能不像施佩尔希望的那么强烈。他最后一次向全国人民发表了广播讲话，但没有像以往那样说些激动人心的话，听众的心态也和过去不同，赢得胜利的承诺听得太多，现在没人相信了。年轻的梅塔·马尔施曼回忆道："他的声音很刺耳，听上去充满绝望。"所剩无几的人力资源被搜刮一空，东线老兵京特·科朔雷克伤愈后奉命去西里西亚格罗特考镇（今天的格罗德库夫）训练新兵，他反感地回忆道："我们连受训的乌合之众，既有年长的东欧德裔，大多是一家之主，也有舰艇损失后剩余的海军人员，他们重新接受训练，充当装甲掷弹兵。"[12]

古德里安孤注一掷，企图加强实力虚弱的东线德军，他按下紧急按钮，1月14日下令沿整条东线征召、动员人民冲锋队。人民冲锋队堪称德国版的英国地方军。希特勒 1944 年 9 月 25 日颁布法令，宣布正式组建人民冲锋队，据说这支本土防卫力量满怀纳粹的热情，能让胆敢侵犯德国神圣领土的一切敌人深感畏惧，反正是这么宣传的。德国 16~60 岁的所有男性，只要没有犯罪记录，目前还没参军入伍的，都在征召之列。柏林方面估计，符合征召条件的男人和男孩多达 600 万，这些人随后细分成 4 个等级。

第一个等级有 100 多万，年龄从 20 岁到 60 岁不等，目前从事的工作对战争不太重要，而且身体健康，1945 年年初，这种标准其实非常粗略。这些人编入 1850 个独立营，在家乡以外的地方服役。

第二个等级人数近 300 万，年龄也在 20~60 岁，但都是因从事与战争息息相关的工作而免服兵役的人，入伍后只在家乡服役。

第三个等级是 60 万 15~16 岁的小伙，他们在所谓的军事训练营受过军训。佛拉芒人朱利安·赫滕韦格就是这群小伙中的一员，盟军到来前，他们全家逃离了比利时：

路德维希斯多夫的纳粹党领导人温嫩贝格尔先生把我召入希特勒青年团。当初在佛兰德斯，我就没加入过佛拉芒希特勒青年团，温嫩贝格尔先生突然在文件上把我的年龄从 12 岁改成 15 岁！当然，我当时并不介意，而是和其他人一样，很高兴能当上"军人"，再说我们也没有太多选择。我得到希特勒青年团的黑色制服和帽子，这些衣物的尺码都太大了。父母没多说什么，只是送我出发，看着我赶赴前线。我们起初的任务是帮着把邮件和弹药运往前线。某天我接到命令，跟一名国防军士兵赶上马车，把弹药送到前线。我和他并排坐在踏板上，途中突然遭遇火力打击，鲜血溅到我身上，我起初以为自己中弹了，随后发现中弹的是身旁的士兵，是他的血，他负了致命伤。他那头德国牧羊犬"瓦尔迪"总是伴随他左右，就蹲在我们身后，也中弹毙命。我一秒钟都没犹豫，扑向马匹间的大车牵引杆，驾驭大车全速向前，就算子弹飞来，但愿击中马匹而不是我，可不知怎么回事，我和马匹安然无恙地逃脱了。到达森林里的前线，我赶紧把刚刚发生的事情告知等候弹药的士兵，他们立即派巡逻队去搜寻敌狙击手。我驾着大车返回，途中遇到巡逻队，他们告诉我，他们找到了敌狙击手，已经把他干掉了。我们后来前往波森，我记得在那里待了4周左右，接受了些训练，主要是学习如何操作武器和各种爆炸物，例如手榴弹、地雷、磁性地雷、"铁拳"等等。我们从那里奉命赶往布雷斯劳前线，途中遭遇了敌坦克。年长的士兵很聪明，把这些危险的活儿交给我们，我们这帮孩子太自以为是了。[13]

第四个等级是140万不适合现役的成年人，既然成千上万视力不佳、患有严重听力障碍和肠胃疾病，甚至丢了条腿的人都上了前线，那么纳粹正式认定的不适合现役者，病情有多严重也就不难想象了。

总之，人民冲锋队正式成立，兵力之多令人咋舌，共计10180个营。不用说，德国1945年隆冬根本没有能力武装、装备、训练、部署这么庞大的力量。马丁·鲍曼亲自担任人民冲锋队的主要组织者，可还是无力改善局面。鲍曼纯属纳粹党的产物，从没服过现役，他展现出的唯一天赋，是作为幕后操纵者和政治斗士玩弄的手段，根本不具备激励、领导德国展开最后抵抗所需的素质。阿登战役结束后，装甲教导师的奥托·亨宁休假，回到吕贝克的家里，目睹了国内的状况：

周日我看见一支军乐队在行军，一群士兵，身后跟着好多平民，有的戴着钢盔，还有的挎着枪……我问旁观者："他们是什么人？"他告诉我："是保卫祖国的人民冲锋队。"回家后，我向父亲打听人民冲锋队，他对我说了相关情况，他也加入了，是二线人员。第一次世界大战期间，父亲丢了只脚……可他固执地认为，"二线人员"是人民冲锋队最重要的组成部分，因为像他这样的人没办法逃跑。[14]

老亨宁的看法很有意思，就是听上去太悲惨了。

50岁的商人赫尔曼·福斯也接到动员令："他们把我召入人民冲锋队……不加

入不行……还让我指挥一个连（福斯第一次世界大战期间当过军官），在措森周围监督防御工事修建工作，那三周过得苦不堪言。"[15]

西里西亚地区的人民冲锋队奉命列队游行，此时天寒地冻，大多数人入伍时没带上足够的御寒衣物，他们也不想毁了自己唯一的好冬装，所以整个服役期间冻得瑟瑟发抖。军队仓库没拨发任何物资，只给他们发了个袖章，上书"人民冲锋队"几个字。第一次世界大战期间当过中士的格奥尔格·贝德纳雷克在拉蒂博尔（今天的拉齐布日）再次应征入伍：

> 一切进行得很快，无论你有没有受过使用武器的训练，他们根本不问……以前当过兵，有军衔的人必须主动汇报情况……他们把两颗星标塞入我手里，让我当排长……我们乘火车进入辰斯托豪地区……那里有个上尉绝望至极，他根本没有武器，也没有弹药分发给我们，于是建议道："你们最好还是回家吧！"

这个建议很好，但贝德纳雷克和他的人随后部署到卢布洛维茨："我们在最后一刻挖掘了散兵坑和战壕，还获得步枪、铁拳、手榴弹、机枪、迫击炮，但不是所有人民冲锋队队员都有武器，他们只有几具铁拳，大部分步枪破旧不堪，是意大利货，每支步枪只配发几颗子弹。"[16]

鲁道夫·普拉奇博士此时在西里西亚地区的罗森贝格，就在贝德纳雷克他们北面 70 英里左右。他以前是德国国防军少校，1943 年因身体欠佳退役，现在再次被列为"适合现役"，还出任当地人民冲锋队指挥官：

> 我们组建了 5 个人民冲锋队营，根本没经过体检……许多人民冲锋队队员偷偷逃回家里，要么就是加入向西跋涉的难民潮……我穿着少校军装，其他人都着便装，再戴个人民冲锋队袖章……大多数人根本没受过训练，有些人倒是受过训练，可从 1918 年起就没再当过兵。

据普拉奇说，他的部下站在那里，"穿着薄薄的西装，没有大衣，鞋子也不合适，有些人甚至没有保暖内衣"。气温降到零下 15 度，但恶劣的天气至少有利于人民冲锋队，就像苏联红军炮击期间普拉奇见到的那样："炮弹落在 3~5 米外，但积雪彻底吞噬了纷飞的弹片。"[17]的确是意外的好运，西格弗里德·布赫尔少尉证实，火炮是前线最凶残的杀手，布赫尔和上司维利·许尔克上尉站在门口，突然听见：

> ……细微的嗡嗡声，犹如蚊子发出的声音，仅此而已，然而，许尔克突然倒下了……一块薄薄的弹片割断了他胳膊上的动脉。喷涌的鲜血溅上他的胳膊和胸膛，他失血过多休克了……从外表看不出什么，但钻入体内的弹片导致他血流不止而死。

西里西亚的德国军队仍有能力痛击苏联红军，第8装甲师的西格弗里德·拜尔记得，他和另外几个四号坦克歼击车车组在布拉登镇附近遭遇20辆苏联坦克："自由射击！从三个方向射出的炮弹立即命中几辆敌坦克，把它们炸得粉碎。这场交火只持续了几秒钟，我们干掉了越过山丘的所有目标……整片战场上到处都是战车残骸，炸飞的炮塔，炸碎的炮管、发动机、油底壳随处可见。"苏联红军再次发动进攻，结果还是一样，可他们没有轻易放弃："临近下午3点，他们发起第三次冲击……造成一个庞大的杀戮场。"[18]

拜尔师里的约布斯特·冯·洛索少校乘坐四号坦克，在劳班（今天的卢班）附近遇到一辆庞大的"约瑟夫·斯大林"II型坦克："炮弹直接命中，炸断了'斯大林'坦克的履带，敌坦克失控，滚入草地停了下来……由于没有及时转向，炮塔脱离车身。最后，我们朝油底壳同一位置开的第十五炮终于穿透，引燃了这辆'斯大林'坦克。"

洛索的好运没能保持多久。当天晚些时候，他跟上司库尔特·冯·艾内姆商讨战况时，注意到"敌人的炮火异常猛烈，弹片在空中纷飞"。几分钟后，一发炮弹击中他俩，炸碎了洛索的下颌骨，弹片撕裂了艾内姆的右臂和右小腿，幸亏部下及时疏散了两位军官。拜尔的好运似乎也耗尽了，他不得不跳下宝贵的坦克歼击车，设法对付一群苏联坦克：

> 我端起"铁拳"瞄准最靠近的敌坦克，随即扣动扳机，臭弹！根本没击发！我赶紧换了具"铁拳"，又是臭弹！第三具"铁拳"还是臭弹，火药没击发，榴弹没能射出……我把两具"铁拳"夹在腋下，跟随一名军士向前爬去，他以火力掩护我爬到距离敌坦克40~50米内。我猛地站起身，瞄准，扣动扳机，又是发臭弹！我赶紧换上另一具"铁拳"，扣动扳机，还是臭弹！30分钟内，5具"铁拳"都没打响，

是有人蓄意破坏吗？[19]

无论是不是蓄意破坏，德国人都无法守住西里西亚，他们的防线开始破裂。格奥尔格·博赫曼的党卫队第18"霍斯特·韦塞尔"志愿者装甲掷弹兵师里，有个德裔掷弹兵回忆起当时的激战：

地面冻得结结实实，步兵的作战行动大多伤亡惨重，因为俄国狙击手很厉害……昼间对小埃尔古特村的进攻以失败告终，阵亡80人，我们连接到命令，发起夜袭，一举夺回村庄……全师的损失高得惊人……经历了4周鏖战，我方兵力只剩原先的一小部分。我们几乎没有重武器或坦克，油料和弹药经常不足。我们的部分损失是大批逃兵造成的，俄国人充分利用了这些人，用大喇叭广播，或是撒传单，点出这些人的名字，还宣称他们已踏上回家的路途。

有些人民冲锋队队员也想逃跑，回家跟家人团聚，维利巴尔德·科勒就是其中的一个，他回忆道："待在人民冲锋队的岗哨上，经常能听见行刑队开枪时子弹射中砖墙的声音。逃兵被逮住的话，就得躺到摊开的垫子上，几秒钟后就会被枪毙，随后有人把尸体拖出去掩埋。"部分人民冲锋队部队打得很好，甚至有4名英勇善战的队员获得骑士铁十字勋章，第25/82人民冲锋队营营长恩斯特·蒂布尔齐就是其中之一，当年2月保卫柯尼斯堡要塞期间，他单枪匹马干掉5辆T-34坦克。但总的说来，组建人民冲锋队的想法纯属胡闹，阵亡、被俘的队员可能多达17.5万，大部分损失发生在东线，几乎没取得什么战果。

海因茨·古德里安也是普鲁士人，他总结了这一切的背后原因，很能代表德国东部省份大批同胞的心声，他的话不无道理："我们这些普鲁士人对故乡面临的危险心急如焚，那里是我们辛勤劳作的成果，是西方基督教文化几个世纪的结晶，我们热爱的那片故土，安葬着我们的祖先。我们知道，俄国人获胜的话，我们就会失去那片土地。"

苏联红军迅猛攻入德国东部地区，希特勒终于同意从失败的阿登、阿尔萨斯攻势撤出部队，把他们派往东面的匈牙利。匈牙利？东普鲁士、西里西亚、波美拉尼亚面临沦陷的危险，为什么要把德军寥寥几个兵团派往匈牙利？战争结束后，威廉·凯特尔因战争罪行被判处绞刑，受审期间他回答了这个令人困惑的问题："元首非常看重维也纳和奥地利的安危……宁可柏林沦陷，也不愿失去匈牙利的石油和奥地利。"海因茨·古德里安赞同凯特尔对希特勒所思所想的分析：

德国大多数炼油厂遭遇灭顶之灾，迫使德国领导层只能依赖奥地利齐斯特斯多夫和匈牙利巴拉顿湖的油田。这多少解释了希特勒原本令人费解的决定，他把西线腾出的大部分兵力调往匈牙利西部，目的是保住那里的原油生产和炼油厂，否则，我们的装甲兵和空军就再也动弹不得了。[20]

布达佩斯自圣诞节前一天起就陷入重围，守军遭到围攻，德军防线备受重压，卷入其中的赫尔穆特·弗里德里希上尉回忆道："我的营不得不据守宽度超过 12 公里的防御地段……几个连的战斗兵力严重减员，每个连只剩 12~15 人。"但奉命增援弗里德里希及其战友的某些部队情况也好不到哪里去，有个德军士兵证实："我们获得了补充兵，每个连有 50 多个军士和士兵，都是空军人员……可他们没有任何步兵作战经验。"还有个德国兵称："更多补充兵开抵……这回都是 17~35 岁的多瑙河斯瓦比亚人……他们第一次离开家乡，所以情绪很低落。"[21]

著名的党卫队"希特勒青年团"装甲师也开赴匈牙利，赶去增援实力严重受损的德国军队，可就连他们的表现也不尽如人意，胡贝特·迈尔亲眼见到："补充兵在铁路终点站加入各部队，有些是从军医院返回的伤员，还有海军、空军人员，他们没充分受过地面战斗训练。"[22]"希特勒青年团"装甲师的老大哥"警卫旗队"装甲师一同开赴匈牙利，二级小队长汉斯－格哈德·施塔克回忆道：

阿登战役结束后，我们被调往东线，乘火车开赴匈牙利。所有运输工作不断遭到盟军战斗轰炸机滋扰，我们不得不从火车上疏散，这种情况一连发生了 4 次……有一次我醒来后发现，火车停了，车上空无一人……我睡的车厢地板上，布满 20 毫米机炮炮弹留下的弹孔。我太累了，整个空袭期间一直呼呼大睡。[23]

开赴匈牙利、疲惫不堪的兵团不光是武装党卫队，第 344 步兵师同样如此，该师的库尔特·福格特向接待他们的冯·维特斯豪森上校报到时注意到："他惊愕不已，因为他见到的是个筋疲力尽的师，而不是做好战斗准备的新锐兵团。"

布达佩斯城内，苏联红军提出投降条款，要求守军放下武器。担任城防司令的党卫队全国副总指挥卡尔·普费弗－维尔登布鲁赫是个警察，没什么作战经验，根本不适合领导这座欧洲大都市的防务，他很乐意推脱责任，听从柏林的命令。所以，苏联谈判代表团提出投降条款，普费弗－维尔登布鲁赫含糊其辞，说要等待上级的命令，随后打发对方离开。约瑟夫·巴德尔护送苏联红军军使返回他们的战线，巴德尔是党卫队第 8 "弗洛里安·盖尔"骑兵师的军士，该师官兵大多是德裔：

上级命令我把苏联红军谈判代表送到中间地带，也就是我先前接他们的地方。我们越走越近，俄国人的炮火越来越猛烈……我建议苏联红军上尉（他的德语很流利），最好等炮击停止再往前走……可上尉说他接到严格的命令，必须尽快返回……于是我摘掉他们的眼罩，说我可不想送死，肯定不会再往前走了……我得强调，我们这里没人开枪动炮……几个苏联红军谈判代表开始穿越中间地带，刚走出去 50米左右，侧面袭来一发炮弹……待我抬头张望，只看见两个苏联军人，第三个一动不动地倒在路上。

德国和匈牙利守军的抵抗、普费弗－维尔登布鲁赫怯懦的领导，都无法阻挡苏联红军，投降呼吁遭回绝后没多久，他们就逼近了佩斯 ①。双方展开角逐，守军企图渡过多瑙河，逃到相对安全的布达。有个德国兵回忆起当时的混乱场面：

步兵弃守佩斯，利用多瑙河上仅剩的两座桥梁向西逃窜。他们只顾逃命，根本不在乎猛烈的炮火。疏散几座桥梁的命令造成恐慌……大批汽车、卡车、盖着防水布的农用大车、受惊的马匹、奔逃的难民、恸哭的女人、牵着哭泣的孩子的母亲，还有好多好多伤员，匆匆逃往布达，一时间拥堵不堪。

当时置身桥上的某个德国兵回忆道："我们冒着密集的炮火仓促逃命……桥梁

---

① 多瑙河把布达佩斯一分为二，西岸是布达，东岸是佩斯。

炸毁时，不少人还在桥上。"赫尔穆特·施赖伯是个德裔匈牙利人，当时在骑兵部队服役："从盖勒特山上望去，我看见多瑙河上的桥梁炸毁的情形……我们的炮弹即将耗尽……可怜的马匹不是饿死了，就是死于炮击或轰炸，但至少能让饥肠辘辘的平民受益，他们很快会围上来割马肉。"

守军坚守布达之际，开抵匈牙利的大部分德国援兵企图赶到该城解围，党卫队"骷髅"装甲师的安德烈亚斯·弗莱舍尔记得：

我那时候在"特奥多尔·艾克"团第 3 营第 3 连。当然，"骷髅"师是个装甲兵团，我告诉您，这是个了不起的精锐师，人人都想加入，跟最优秀的人一同服役，自己也成为最优秀的军人。就这样，我们登上火车，一路赶往匈牙利布达佩斯。我们跟某个陆军师一同出发。到达目的地，我遇到我弟弟，他从布达佩斯逃了出来，他告诉我，他们不得不分成小股突围，这是唯一的机会。与他重逢当然很愉快，可惜我们没时间多聊，前线的情况就是这样。我们随后出发，从一处赶往另一处，我们不得不更改徽标，遮掩军装上的党卫队标志，您得知道，这是为了迷惑俄国人，让他们搞不清我们在哪里，也不知道我们在做什么。当时我们带了很多口粮，通常说来，我们知道即将投入战斗的话，会带上足够维持两三天的口粮，可这次我们带得更多，也许上级觉得我们会遇到补给问题，我不太清楚。我们兵力不足，我的班应该有12人，但从没超过6~7人，您知道，战争那个阶段我们得不到太多补充兵。实际上，随着时间推移，我们获得的补充兵越来越少，就算派来些新兵，训练程度也远比不上我们，大多数补充兵几乎没受过训练。有个小伙分到我们班，他太年轻了，根本没有战斗经验，我觉得让他上前线简直就是让他去送死，所以我不得不给他好好上了一课，想让他活下去。苏联红军狙击手非常厉害，我们周围就潜伏着一个，我提醒过部下"别站起身，别抬头"，可这个年轻小伙肯定会忘记我的警告，于是我摘下钢盔，让某个部下用木棍顶着钢盔伸出去，与此同时，我透过步枪准星仔细搜寻俄国人的战线。敌狙击手开枪了，击中我的钢盔，可我一时之间没发现他在何处。他随后犯了个错误，企图变更位置，我一枪结果了他。我们再没挨他的枪子儿。次日我们攻往布达佩斯，击毁俄国人 250 辆坦克！我们有虎式、黑豹坦克，还有些旧款四号坦克，打击的是苏联红军近卫兵团，他们很棒，尽管比不上我们，但还是很优秀。

党卫队"警卫旗队"装甲师此时也在匈牙利。"5辆虎王驶过山丘，真壮观！刚刚出现，他们就遭到敌人反坦克炮火打击。我们看见一发发炮弹在虎王坦克的正面装甲板被弹飞，俄国人肯定大吃一惊，尤其是这群虎王逐一击毁了他们的反坦克炮。"

党卫队"维京"装甲师跟随两个姊妹师一同投入战斗，伊瓦尔·科内柳森也在其中：

我们接到命令，收拾装备开赴匈牙利，俄国人正在那里围攻布达佩斯。我们的任务是击退敌人，我们在一家砖厂周围遂行了相当激烈的交战……我们最大的困难是汽油、柴油不足，每次只能给一辆坦克加满油，然后以这辆坦克拖曳一长串其他车辆，这种状况如何从事战斗呢？

弗莱舍尔在战斗中负了伤：

那时候我在匈牙利负了伤，是第二次负伤。当时我们进攻遇到的首个城镇，那里有一片地雷场，埋的都是木盒地雷，所以探雷器很难发现。我们的坦克只好沿道路行驶，尽量避开地雷，可这样一来，俄国人就能从侧面击中我方坦克，这是击毁坦克的好办法，因为坦克的侧面装甲较薄。不管怎么说，一辆虎式坦克中弹，车长设法逃出战斗舱，我们上前拽住他，把他拖了回来。机枪火力极为猛烈，就像空中飞舞的雪花。一发炮弹击中我身边的坦克，发出剧烈的撞击声，离我很近。另一发炮弹落在身后，弹片击中我右肩。不过，骨头没断，只是狠狠挨了一下。我搭便车返回小小的急救站，同行的伙计留着小胡子，就是希特勒那种小胡子，当时很流行。军医检查了我的伤势，说我很幸运，弹片没钻入肺部。我躺在急救站，就像我说的那样，这里很小，只有两张病床，除了我，还有另一个伙计躺在旁边。他突然问我："喂，您认出我来了吗？知道我是谁吗？"起初我真没认出他是谁，他浑身烧伤，裹着绷带，但我很快反应过来，是我们救回来的那个虎式坦克车长。他双腿伤势严重，担心医生会给他截肢，不停地哀求"别截掉我的腿，别截掉我的腿"，就这样一遍遍重复。次日，医护人员透露，要把我们送到后方，那里有个规模更大的战地医院，就设在火车上。他们把我们送上火车，坦克车长跟我待在同一节车厢。我们在铁路线上等待时，我睡着了。待我醒来，发觉情况不对劲。我推开车门，虎式坦克车长问怎么了，我对他说道："别吱声，您听到了吗，是俄国人的炮火！"他说道："您疯了，您怎么知道的？"我告诉他："错不了，以前我听过好多次，肯定是俄国人的炮火！"我随后说道，要是20分钟内没有另一列火车来把我们接走的话，我就离开这地方。火车果然没来，我跳下车厢离开了。我后来才得知究竟出了什么事，有个匈牙利将军率领全师投降俄国人，给防线造成个大缺口，俄国人长驱直入，所以他们当时离那列火车非常近。幸运的是，火车最后还是开走了。

　　德军解布达佩斯之围的企图失败了，弗莱舍尔的伤势很快痊愈，于是返回师里。"结果我第三次负伤，一颗子弹击中我左脸和左耳，跟您说实话，疼得要命，我满脸是血，什么都看不见。"半数以上的德军官兵至少在战斗中负过一次伤，但在前线负伤3次或3次以上的只有6%，弗莱舍尔就是其中之一。

　　18岁的骑兵赫尔穆特·施赖伯也在保卫布达佩斯的战斗中负了伤：

　　我在逐屋逐房的巷战中负伤。先是头部中弹，幸亏子弹没射穿钢盔，10分钟后，又一颗子弹击中我，卡在右锁骨下。有个战友带我去急救站，急救站设在城堡下方的地下通道里……几间地下室满是重伤员，他们躺在地上，根本没有病床，他们身上裹着报纸，因为绷带用完了。

　　城区沦为废墟，情况极为紧迫，党卫队一级突击队中队长扬克写道："敌人不断发起冲击……我师实力太弱，无法及时展开反冲击……损失惨重……伤员的口粮是15克豆类、半片面包，不仅少得可怜，而且再过两天连这种口粮也供应不上了。"

　　2月11日傍晚，布达残存的守军企图突围。赫尔穆特·施赖伯负了伤，没跟他们一同行动。"上级下达了命令，所有能行走的伤员到城堡地窖集合……消息传播开来，说那些仍能战斗的官兵打算突出重围。许多还能行走的伤员也加入突围队伍。"德军突围部队分成三波，夜色中动身出发，他们孤注一掷，宁可战死也不愿落入俄国人手里。赫尔穆特·弗里德里希也在突围队伍里：

　　从四面八方而来的步兵向北拥去。又一轮迫击炮火袭来，所有人隐蔽在门口。

喊叫声此起彼伏，许多战友彼此失去联系……指挥官眼睁睁地看着突围行动沦为疯狂的奔逃，自己却无能为力，无疑是件痛苦的事。出于自我保护的本能，许多人的所作所为犹如绝望的动物……左右两侧的人疯狂推搡，都想尽快突出重围。他们向前挤去，像动物那样推推搡搡，连踢带打。

尽管混乱不堪，但凭借突然性，第一波次许多官兵顺利逃出城区。但突围行动惊动了俄国人，他们决心阻止守军的后续突围。第二个突围波次遭到迎头痛击，第13装甲师的恩斯特·施魏策尔回忆道：

我们向西前进了300~400米，遇到一大群官兵，隐蔽在长长的谷仓式建筑后……俄国人的机枪和反坦克炮火力从两侧封锁了广场……伤者和死者随处可见。我们脚下倒着十几具尸体，他们刚刚挤出建筑就阵亡了……身后的人不断往前拥，迫使我们进入敌火力网。为保全性命，我们毫不犹豫地冲向广场对面。子弹从身旁呼啸而过……有个党卫队军官踉踉跄跄地跑入广场，宣称"我负伤了，我得结束这一切"……说罢举枪自尽。

自杀的不止他一个。驻守布达佩斯的两个党卫队师，师长约阿希姆·鲁莫尔和奥古斯特·策恩德尔也自杀身亡，手榴弹炸飞了策恩德尔的右腿，求生无望，他决定自行了断。参与突围的守军官兵约有2.8万，大多数人没能逃脱，正如赫尔穆特·施赖伯目睹的那样："没过多久，好多人失望而归，突围行动基本上失败了。"

当然也有幸运儿，党卫队一级突击队中队长约阿希姆·博斯费尔德就是其中之一："一片隆起的草地通往德军阵地，我们清楚地看见草地上的小灰点，都是德军官兵……苏联红军狙击手逐一射杀逃脱者。"布达2月13日陷落，只有700名守军设法逃到德军防线，恩斯特·施魏策尔也在其中："我的脚疼得厉害，只好脱掉军靴……手足并用，朝第一排房屋爬去。最前方的战友兴高采烈地跑回来报告，那排房屋是德军兵营，我们总算捡了条命！"许多人没能逃出城区，等待他们的下场可能会很惨：

苏联军官问我们当中谁是俄罗斯人……大约15~20人上前一步。他们当中可能有几个希维人，但大多是加入武装党卫队的德裔俄罗斯人。就在我们面前，苏联人把他们揍倒在地，连踢带打，用这些党卫队队员身上的佩剑把他们捅得遍体鳞伤，最后用冲锋枪把他们全毙了。

施赖伯目睹了同样的场面："2月12日，俄国人把我们押出地下室，随后发生的事情简直是噩梦。他们当场射杀了无法行走的伤员……押着我们，取道罗马尼亚和黑海前往敖德萨。"

在此期间，三巨头召开雅尔塔会议，斯大林告诉罗斯福和丘吉尔，苏联红军三周内取得300英里进展，攻占了东普鲁士和西里西亚，很快会拿下波美拉尼亚。他还宣布自己有180个师，当面之敌只有80个师，苏联人离布拉格120英里，离维也纳80英里，与柏林仅隔45英里。但他没告诉丘吉尔和罗斯福，胜利的代价高得吓人，苏联红军伤亡30万左右[24]，是美军在阿登战役期间伤亡人数的3倍。

尽管如此，正如阿尔弗雷德·约德尔承认的那样："第5、第6装甲集团军投入阿登山区，为俄国人的攻势铺平了道路。"德国军队再次匆匆做出应对，随着英美军队停滞不前，东线成为德军重中之重。当年2月，1675辆全新或修复的坦克被运往东线对付苏联红军，西线只获得67辆战车。

注解

1. Wacker, Albrecht, *Sniper on the Eastern Front*, p143.

2. Neitzel, Sönke and Welzer, Harald, *Soldaten*, p5。战俘米勒的录音。

3. Blosfelds, Lisa (ed), *Stormtrooper on the Eastern Front*, p157.

4. Pencz, Rudolf, *For the Homeland!* p10.

5. Gunter, Georg, *Last Laurels*, p255.

6. 同上，p76。

7. Carruthers, Bob (ed), *The U-Boat War in the Atlantic*, p198.

8. Guderian, Heinz, *Panzer Leader*, p382.

9. Friesen, Bruno, *Panzer Gunner*, p148。布鲁诺·弗里森出生于安大略省基奇纳，父母是德国人，1939 年战争
    爆发前把他送回德国，学习祖国的各种知识。他 1942 年年底应征入伍，1944 年 9 月在立陶宛作战期间获得
    二级铁十字勋章和银质坦克突击勋章。尽管他的回忆录名为《坦克炮手》，但他最初接受的训练是当驾驶员，
    而不是炮手。

10. 本书作者采访安德烈·培尔。1943 年，16 岁的培尔自愿加入了武装党卫队。

11. Friesen, Bruno, *Panzer Gunner*, p174.

12. Korschorrek, Günter, *Blood Red Snow*, p290.

13. 本书作者采访朱利安·赫滕韦格。

14. Williams, Andrew, *D-Day to Berlin*, p298.

15. Hagen, Louis, Ein Volk, *Ein Reich*, p113。采访赫尔曼·福斯。

16. Gunter, Georg, *Last Laurels*, p106.

17. 同上，p66。

18. 同上，p242。

19. 同上，p139。

20. Guderian, Heinz, *Panzer Leader*, p417.

21. Reynolds, Michael, *Men of Steel*, p210.

22. Meyer, Kurt, *Grenadiers*, p337.

23. Williamson, Gordon, *Loyalty is my Honour*, p101。采访汉斯 - 格哈德·施塔克。

24. 与苏联在苏德战争中的伤亡数一样，苏联红军在这些战役中究竟损失多少人，很难得出准确数字，主要因
    为莫斯科希望淡化伤亡数。阿特金森引用的数字是 40 万人阵亡、负伤、失踪，而黑斯廷斯认为是 20 万人，
    所以我采用了中间数。

意大利——到达靴顶

意大利战线一度是盟军战争努力的宠儿，可随着罗马陷落，盟军两天后登陆诺曼底，意大利战区沦为隔了两代的穷亲戚，备受冷落，与法国战场完全无法同日而语。秋季到来，盟国远征军最高统帅部的规划者告诉艾森豪威尔，到 1945 年年初，他在德国边境有 91 个盟军师，面对德国 90 个师，意大利的 24 个盟军师与 27 个德国师对阵，也就是说，盟军在两个战区都不具备决定性优势。他们建议从一条战线腾出兵力加强另一条战线，问题是削弱哪条战线呢？

地中海战区盟军总司令哈罗德·亚历山大没能赢得这场争论，因为阿尔卑斯山是个巨大的障碍，可能会把盟军拖延好几个月。这就意味着他要失去麾下最优秀的兵团和大部分补给配额，难怪他极力反对。丘吉尔更喜欢亚历山大，而不是蒙哥马利，亚历山大很讨喜，他的话也很有说服力，他提出充分的理由，最后只交出意大利境内 3 个师、希腊境内 2 个师。从意大利抽调的 3 个师，2 个是加拿大师，虽说都是经验丰富的兵团，但渥太华早已明确提出，他们想把所有加拿大兵团集中到法国，统归哈里·克里勒指挥，所以 2 个加拿大师不管怎么说都是要调走的。

话虽如此，但交战双方的兵力对比还是旗鼓相当，因为柏林方面决定从意大利战区抽出 3 个师调往北面。亚历山大想方设法给意大利战线增加兵力，目光最终落在各种各样的部队身上。他效法戴高乐，给当地数千名意大利游击队队员穿上盟军军装，还以近期俘虏的波兰人编了 2 个旅，这些波兰人是德国军队强行征召的，罗马临时政府腾出 5 个新组建的非法西斯分子团，英国政府提供了 1 个犹太旅，从中东运来，另外，近 2.6 万人的巴西远征军也赶来支援亚历山大。昔日的敌人注意到盟军部署在意大利的多国部队，意大利法西斯军人安东尼奥·库恰蒂指出："这里有波兰人、印度人、新西兰人，可我们之间没有仇恨……只要上级不下令开火，我们就是好朋友。"[1]

部署在意大利境内的德国军队没有任何优先权，各个方面都排在最后，他们对此心知肚明。德国工厂当年秋季生产的各种车辆，悉数交付东线和西线，没南线的分儿，迫使意大利境内的德军官兵强行征用当地居民的民用汽车、大巴车、卡车，这种做法很难赢得意大利民众支持，只会破坏双方的关系。可就连这些举措很快也变得毫无意义，因为罗马尼亚油田丢失后，德国从匈牙利和奥地利油井搞到的少量油料，根本不可能翻越阿尔卑斯山运来。山脚下倒是有几口小油井，每天勉强能出产 1000 升汽油，但纯属杯水车薪。因此，德国人除了把尽可能多的车辆改装成烧木柴或沼气，还以马匹和牛充当主要挽畜，德国军队又回到类似中世纪的运输方式。

德国当年秋季新组建的55个人民掷弹兵师，只有1个调到意大利，也就是阿尔弗雷德－赫尔曼·赖因哈特中将的第98人民掷弹兵师。来自路德维希施塔特的弗里德里希·比希纳此时也在赖因哈特麾下。比希纳训练期间表现出色，上级推荐他去见习军官培训班。"我得知自己马上要去意大利，不由得深感意外，培训班40个同学，只有我们3个去意大利，其他人都被派往西线或东线。"[2]

二级下士弗朗茨·马森也对自己被调往意大利感到意外。他1943年夏季在库尔斯克负伤，伤愈后接到调令，前往哥特防线，加入哈里·霍佩中将的第278步兵师："上级推荐我当军官，可我只是个面包师的儿子，没资格，所以他们擢升我为二级下士，派我去意大利。"马森的首任指挥官是德国空军战斗机飞行员，转入步兵部队，但没受过相应的训练，也没有任何战斗经验，没过多久就阵亡了，马森接替了他的职务。他后来见到满身勋章的霍佩将军，霍佩问他有没有成家，他说早就结婚了，还有个儿子，霍佩将军又问道："您为何而战呢？"

我给出标准但纯属废话的回答："为元首和祖国而战！"

霍佩将军嗤之以鼻："屁话！您是为您的家园和家人而战……弹药打光了，您就得扑上去掐死英国佬！"[3]

康复后调往南线的不止弗朗茨·马森一个。斯大林格勒战役的许多生还者，伤愈后也被派往意大利，第29摩托化步兵师的安德烈亚斯·恩格尔中士也在其中，1942年12月，他被红军战斗轰炸机射中大腿，另外还有约阿希姆·福伊里希少尉，当初因为腿上挨了块弹片飞出包围圈。就连意大利战线的全面指挥工作，也不在柏林优先考虑范畴内。当年10月，"微笑的阿尔贝特"乘坐没开车灯的指挥车出行，与一辆火炮牵引车相撞，凯塞林元帅颅骨骨折，身受重伤。部下赶紧把他送到医院急救，他"丧失了战斗力"，一直休养到次年1月，但这段时间依然指挥意大利境内所有轴心国军队。

意大利战区的战事非常艰巨，德国兵赫伯特·霍勒瓦称："那里地形复杂，盟军的战斗轰炸机非常厉害，你根本没办法在路上行进，哪怕你骑自行车，他们也会俯冲而下朝你开火！直到今天我也不明白，他们当时为什么没取得更大的战果。"

德军火力不济，兵力经常也寡不敌众，但天气给他们帮了大忙，暴雨和酷寒一次次让道路沦为泥沼，导致盟军战机无法起飞。弗朗茨·马森对此毫无感激之情，他在写给妻子莉泽尔的信里明确指出：

昨天过得糟透了，我觉得自己就像待在独木舟上。散兵坑里的水深及膝盖，我们不得不用烹饪锅把水舀出去，污水简直像液体肥料。这些都算步兵的乐趣吧，我在前线经常梦到待在家里漂亮而又温暖的客厅里……写这封信时，我不得不卧倒至少 20 次，因为英国佬的炮火相当准。

好像这番折腾还不够似的，几天后，马森和部下患了腹泻。"敌人的炮火很猛烈，战斗轰炸机在空中逡巡，昼间离开散兵坑无异于自杀，所以我们只好把屎拉在罐头盒里，再抛出散兵坑……英国佬不停地开炮，我们在散兵坑里尽量伏低身子，双腿蜷缩在胸前，紧紧夹牢双膝……炮弹的冲击力把我们抛向散兵坑的泥墙，发出剧烈的撞击声……我们的钢盔撞在了一起。"[4]

几天后总算换防了，马森看着部下撤离，他待在后面，以机枪掩护他们。确定部下都已撤离，他才拎起机枪扛上肩头，朝后方转移。他沿小径而行，进入小山丘上一条窄窄的冲沟，眼前的情形把他吓坏了："我看见所有部下都在这里，还有其他人……几发炮弹落在他们当中……当天傍晚，我们安葬了这些好战友。"他的部下无一生还。[5]

德军官兵继续战斗，简直令人难以置信，弗里德里希·比希纳明确指出："战争还没结束，我们仍有任务要完成。"赫伯特·霍勒瓦的看法大致相同："我们依然是一股非常优秀的作战力量，部队里仍有许多经验丰富的老兵，年轻的新兵很尊重他们。"

德军的抵抗让盟军付出了高昂的代价。马克·克拉克将军第 5 集团军辖内 4 个美国师折损过半，1944 年 9 月和 10 月共损失 26000 人左右。第 88 步兵师伤亡尤为惨重，9250 名战斗兵折损了 9167 人，前线连队的伤亡率几乎达到 100%。后方确实派来了补充兵，可没等老兵弄清他们的姓名，这些新兵就阵亡或负伤了。有个盟军士兵绝望地写道："德国人从灾难性失败中恢复过来的能力出类拔萃，了解到这一点，我们当中某些人觉得，战争甚至有可能还要再持续一年。"

尽管如此，亚历山大还是搞到足够的兵力，继续向北攻击前进，企图在意大利彻底击败德国军队。盟军向北推进之际，意大利游击队加强了对德国人的袭击，许多游击队队员是来自意大利北部工业城镇极左地区的共产主义者。7月21日—9月25日，他们击毙624名德国人，击伤993人，另有872人列为"失踪"，由于游击队没办法关押俘虏，几乎可以肯定，这些"失踪者"被俘后很快就被枪毙了。武装党卫队掷弹兵鲁迪·施赖伯对游击队的看法颇能代表许多战友的心声："这帮平民百姓卷入战争，我们非常愤怒……但最令我们气愤的是他们对俘虏犯下的暴行。我们一直处在危险下。"弗朗茨·马森说得更加直言不讳："我憎恨游击队队员。我没参与围剿游击队的行动，可要是让我加入的话，我一点也不介意。"

　　即便以纳粹的标准看，围剿游击队的行动也很残酷，这些行动自那时起就成为意大利人苦难的来源。马克斯·西蒙的党卫队第16"党卫队全国领袖"装甲掷弹兵师不仅猛烈打击游击队，还积极展开报复。意大利共产党的红星旅在博洛尼亚南面的蒙特索勒地区活动，不断扰乱德军往前线运送物资和援兵的工作。西蒙派瓦尔特·雷德尔的侦察营去解决问题，党卫队一级突击队中队长维尔弗里德·泽格布雷希特回忆道："战斗越来越艰巨，因为游击队采用了各种歹毒的作战方式，例如从伏击阵地，从地窖、草垛、防空壕、洞穴的各个孔洞开枪射击。这些地方仍有部分平民和妇女，甚至还有孩子，游击队队员以此蒙蔽我们，想让我们以为他们没有危害。"

　　雷德尔率领部下以野蛮的手段还以颜色。他们刚刚开抵，游击队队员就躲藏起来，消失得无影无踪，党卫队官兵什么也没逮到，只遇到手无寸铁的平民。他们的应对之道是丧心病狂的屠杀，枪杀一户户居民，烧毁大大小小的村庄，死于非命的平民共计770人左右。但泽格布雷希特认为此举很有效："我们消灭了红星旅，物资和援兵又能运抵前线了。"

　　消除游击队的威胁，无法掩盖意大利境内德军防线1945年年初土崩瓦解的事实。盟军的轰炸摧毁了交通设施，就像他们D日前在法国境内做的那样，从北面驶来的德军补给列车，去年秋季每天还有38列，现在减少到每天8列。运抵的煤炭越来越少，德军官兵在冬季兵营里冻得瑟瑟发抖，口粮也越来越少。弗里多林·冯·森格尔·翁德·埃特林原先是个罗德学者，现在担任第14装甲军军长，他在日记里写道："每多拖一天，都让战争变得比先前更没有意义，成千上万人为此付出血的代价，包括那些父亲和没长大的儿子。"森格尔的儿子刚刚在战斗中丢了条胳膊，他自己也第八次负伤。

派驻意大利的党卫队高级领袖卡尔·沃尔夫跟森格尔的看法基本相同："1月底我就知道，我们的阵地守不住了。"沃尔夫决心采取措施，他秘密联络美国战略情报局（OSS，中央情报局的前身）的艾伦·杜勒斯，商讨意大利境内德国军队投降事宜。这简直令人难以置信，因为沃尔夫不仅是纳粹高级将领，更是党卫队的骨干。更让人难以置信的是，沃尔夫还面见希特勒，阐明了跟盟国谈判的理由。希特勒告诉沃尔夫，盟国很快会内讧，届时德国就得救了。沃尔夫向他坦陈了一切："我把情况原原本本地汇报给元首……没等盟国发生内讧，我们可能就战败了，决不能发生这种情况，我们必须未雨绸缪地采取措施。"令人惊奇的是，希特勒没把沃尔夫投入大牢，甚至没解除他的指挥权，沃尔夫平安返回意大利，还在瑞士逗留，与杜勒斯深入会谈。

到4月初，盟军已集中150万兵力，面对不到60万的德国和法西斯意大利官兵（德军439224人，法西斯意大利军队160180人）。由于杜勒斯同沃尔夫的秘密谈判进展缓慢，盟军决定强行解决问题，粉碎意大利境内的德国军队。

4月9日中午刚过，美国陆航队825架"解放者"和"飞行堡垒"组成的庞大编队出现在前线上方的空中。一个个弹舱打开，大批高爆弹投向下方的德国守军，把他们炸得晕头转向，惊慌失措。剧烈的爆炸掩盖了数千台引擎的嗡嗡声。弗里德里希·比希纳回忆道："太可怕了……炸弹的爆炸声震耳欲聋。"一拨拨中型轰炸机和战斗轰炸机接踵而至，待空中的战机彻底飞离，地面上的1500门火炮随即开火。"他们发动进攻第一天……我们就收拾行装朝后方退却……我们几乎一直处在炮火打击下。"

留在防线上的德军部队被打得落花流水，两天内伤亡3000多人。沃尔夫又一次力图说服希特勒，让他认清德国已然战败的现实。4月18日，他最后一次回柏林面见独裁者。可希特勒拒不认输，还告诉沃尔夫，他和德国会继续战斗下去。彬彬有礼的党卫队高级领袖沃尔夫垂头丧气地返回意大利，会晤了海因里希·冯·菲廷霍夫将军，菲廷霍夫是德国国防军派驻意大利的军事指挥官，先前担任库尔兰集团军群司令，刚刚调到意大利。

菲廷霍夫直言不讳地向沃尔夫阐述了自己的观点："数十万德军将士正在等待

我挽救他们性命的命令，时间不多了！"弗里德里希·比希纳也在"数十万将士"当中，他和部下到达波河岸边，不顾一切地企图渡过该河逃往安全处："一连12天，我们每天都在后撤，根本没有其他念头……敌战斗轰炸机活动得很猖獗，昼间我们没法渡河。"森格尔·翁德·埃特林也打算渡过波河，却发现自己和原先的部下陷入相同的境地：

我的军部人员分成几个小组。23日拂晓，我们在贝甘蒂诺找到条渡船。第14集团军作战地域的36艘渡船，只有4艘仍能使用。由于敌战斗轰炸机的空袭持续不断，昼间根本没办法渡河……许多官兵游过河去。一支支起火燃烧的车队堵住了进入雷韦雷的道路。我不得不丢下自己的汽车。黄昏前后，我们渡过波河，我和作战参谋步行25公里，总算到达莱尼亚诺。我们无法建立任何通信联络。普法伊费尔将军阵亡后，接替他指挥第65、第305步兵师残部的弗里德里希·冯·舍尔维茨少将在波河南面被俘。

此时，德军有组织的抵抗逐渐瓦解。不过，森格尔继续前进，企图在加尔达湖畔与帕苏比奥山口间设立防线。"通往北面的各条道路上，挤满了一眼望不到头的散兵游勇。"所有能拿起武器的人都被强行纳入作战部队，包括伞兵军官学校的学员、新施蒂夫特武装党卫队山地战训练学校、圣马蒂诺－迪卡斯特罗扎滑雪学校的工作人员和教官。可他们没有重武器，根本无法挡住盟军，盟军解放了维罗纳，把德军切成两段。

游击队同一天解放了热那亚。装甲兵上将冯·什未林先前违抗了希特勒明确的命令，企图把亚琛交给美军，但他幸免于难，现在决心改变现状，据詹姆斯·霍兰德在《意大利的悲剧》一书中称，什未林带着他剩余的香槟向英国第27枪骑兵团投降。霍兰德还提到德军遗弃在岸边的1000门火炮、80辆坦克、大批军用大车和马车，14000名德军官兵步入第5军战俘营，这些证据充分表明冯·什未林的决定正确无误。

意大利前法西斯独裁者贝尼托·墨索里尼不在这些俘虏当中。意大利共产党游击队俘获了他和几名随从，随后枪毙了他，还把他的尸体倒吊在米兰的加油站，供围观的民众嘲笑。墨索里尼年轻的情妇克拉拉·佩塔奇哀求游击队队长饶她一命，对方答道："我执行的是意大利人的意愿。"他枪毙了她，把她的尸体倒吊在墨索里尼身旁。

绰号"尤普"的德国伞兵军官约瑟夫·克莱因记得，有个意大利平民兴高采烈地跳起舞来，还朝他喊道："希特勒死了！广播里报道了！"

"胡说八道！"

"是真的，真的！"

"我当时想，我们该怎么办呢？我满脑子想的都是俄国人，我觉得德国完了，一旦俄国人到来，我们都活不了。"

克莱因和部下次日向美军投降。

弗里德里希·比希纳就没他这么幸运了，他和部下 5 月 1 日在贝卢诺镇附近落入游击队手里，他们很害怕，觉得自己性命难保。"共产党领导人出现了，他们从我们当中找出 3 个士兵，都是俄国人，这些希维人当初在俄国就跟我们待在一起，后来经历了整个意大利战役。"游击队队长随后朝他们开枪，但没击毙他们。"他的枪法不太好，几个俄国人倒在地上惨叫……太可怕了。"3 个俘虏在地上痛苦地扭动了 10 分钟，终于有人对着他们的脑袋补了一枪，算是"仁慈的一击"。[6]

次日，意大利境内的德国军队正式投降，经历了持续 600 天的残酷厮杀，意大利战役终于结束了。德军的伤亡超过 33 万，比盟军多损失约 2 万人。意大利人也遭了大罪，倒戈易帜前，4 万名意大利军人阵亡或失踪，之后又有 35000 名为墨索里尼而战的官兵阵亡，而站在对立面的意大利将士，阵亡人数也差不多。夹在他们当中，死于炮击、轰炸或德国人报复的意大利平民百姓超过 15 万。

注解

1. Holland, James, *Italy's Sorrow*, p500.
2. 同上，p498。
3. 同上，p367。
4. 同上，p394。
5. 同上，p410。
6. 同上，p526。

雷马根和莱茵河

西线德军在阿登和阿尔萨斯拼得筋疲力尽，眼下除了蜷缩在散兵坑里，等待春季和盟军下一轮攻势到来，几乎做不了什么。尽管如此，英军准将休伯特·埃萨姆还是对德国国防军的作战能力深感震惊："几场冬季战役期间，大批德军兵团展现出了他们的作战技能、干劲、灵活性和耐力，他们当初正是凭借这股劲头一路攻到莫斯科门前。"

第256人民掷弹兵师师长格哈德·弗朗茨少将可能不会赞同埃萨姆的看法。全师官兵在荷兰平原冻得浑身发抖，他在师驻地周围张贴了布告，里面有这样几句：

军官喝得酩酊大醉，整夜在树林里游荡，大喊大叫，还用手枪朝哨兵开枪，这决不能容忍……要是某个士兵宣称自己行走困难，不能再跟随炮兵一同行动，因为英国人到来的话，他来不及逃走，那么部队的团队精神就会荡然无存……过去8天，有报告称不下11名官兵开了小差，其中7个逃到敌人那里。

存在问题的不光是弗朗茨的兵团，京特·霍夫曼－舍恩博恩的第18人民掷弹兵师同样如此，6名士兵投靠美国人后，该师也张贴了布告："这帮混蛋泄露了重要的军事机密……放心吧，我们保证他们再也见不到故乡和亲人了。"

故乡的亲人越来越厌恶战争，埃尔温·巴特曼结束休假，来到柏林某个火车站，准备返回部队，他发现："一块石头砸在我前方几米外的墙上，第二块砸得更近……我攥住军装里上了膛的手枪，准备鸣枪示警。我感受到同胞的愤怒之情，这种体会令人痛心。"

德国国防军陷入死亡螺旋，很明显，德国正不可逆转地走向彻底失败。巴特曼登上列车时，空军、海军战友正在承受盟国军事力量的猛烈打击。"底板行动"惨败，德国空军元气大伤，油料少得可怜，眼下的处境岌岌可危，诺贝特·汉尼希紧急起飞，返回后奉命向上级报道：

"汉尼希，您和您的僚机没接到正式命令，也没获得任何批准就起飞，违反了不得毫无必要地浪费油料的规定。我不得不向温道（今拉脱维亚的文茨皮尔斯）的军法官汇报了这件事，他两个钟头内会过来。"

"可我不明白，上尉先生，我听到了警报，还看见示意紧急起飞的绿色信号灯。"

"您真该仔细看看信号弹的轨迹，不是我们发射的，是第6中队疏散地发射的。"

汉尼希最后只得了个警告，但这件事的重点很明确：每滴航空油料都很宝贵。紧急起飞的汉尼希至少活了下来。1945年1月14日上午，美国第357战斗机大队的P-51"野马"从萨福克郡南部海岸的莱斯顿起飞，飞往德国东部执行轰炸机护航任务。第353、第20战斗机大队的飞行员加入编队，一同去猎杀德国战斗机。德国空军第300、第301战斗机联队紧急起飞迎战，一架架战机以最快速度爬升，企图获得宝贵的高度。晴朗的空中，两股战斗机力量在26000英尺高度相遇，每个飞行员都在翻滚、旋转，竭力获得战胜对手的优势。

这场空战对德国战斗机飞行员不啻为灾难，大批缺乏训练的德国飞行员遭击落。第300战斗机联队，27名飞行员阵亡，6人负伤；第301战斗机联队阵亡22人，负伤8人。德国空军当天损失161架战斗机，其中60架是第357战斗机大队击落的，美国空军这项击落战果一直保持到今天。美军飞行员呈报的战绩太高了，第8航空队下令重新统计，最终得出的击落战果还是一样。相比之下，美国人只损失13架"野马"、3架P-47"雷电"，盟军在欧洲战区有14000架可用战机，这点损失根本不算什么。

德国水兵的日子也不好过。到1944年年底，海军近30%的人员已调给陆军，而且这个数字仍在攀升，甚至连精锐的潜艇艇员也被派往前线。剩下的海军官兵越来越不活跃：1942年，潜艇艇员平均每100天要在海上度过60天，其中40天从事作战行动；而到1945年年初，他们只在海上待了37天，执行作战行动的日子只有9天，少得可怜。面对盟军海空力量构成的严重威胁，德国潜艇艇员发现他们猎杀敌人船只的时间越来越少，更多时候是为陷入围困的德国守军运送补给，那些守军仍在据守法国海岸几座港口。

U-772、U-773号潜艇就执行了这样一场任务，把反坦克武器、弹药、医疗用品运往圣纳泽尔。可就算卸掉艇上8枚鱼雷，每艘潜艇也只能搭载30~40吨货物，这么点物资根本无法维持地面部队长期战斗。另外，苏联红军1月份发动维斯瓦河进攻战役，一路前出到离德国海军兼潜艇部队司令部"珊瑚营"不到30公里处，迫使德国人紧急疏散。

新型潜艇的建造项目仍在继续，但德国战时经济已难以为继。新型潜艇需要精密的电子元件，例如雷达搜索接收机、水下监听设备等，这种需求减少了发电站、火车头零部件产量，而发电站和火车头零部件都是德国目前急需的。建造潜艇还需要高规格钢板，德国生产坦克也需要这种钢板。优质钢板的需求量3.5倍于总产量，是德国整个钢铁工业最严重的瓶颈。这些问题不可避免地延长了建造工期，新型潜艇仍未交付，邓尼茨无计可施，只好派旧型潜艇出海。

油料严重短缺，德国海军不得不从剩余的水面舰艇抽出油料，确保潜艇出航，"舍尔海军上将"号和"吕措"号袖珍战列舰就是其中两位"油料捐献者"。德国潜艇总算行动起来，2月份出动36艘潜艇执行巡航任务，3月份出动38艘，4月份投入40艘。尽管如此，盟军眼下彻底控制了各条航道。安特卫普港终于启用，艾森豪威尔的后勤问题虽说没完全解决，可至少有所缓解。

在此期间，德国空军和海军想方设法腾出人手，填补陆军兵力缺口。陆军依然是纳粹德国最重要的军种，目前在三条战线苦战，兵力损失严重，1月份阵亡人数超过45万，2月份又阵亡29.5万。苏联红军占领的地方越来越多，德国人丢失了进入大部分德裔征兵区的通道，德国国内的补充兵营越来越空。

德国国防军眼下急需兵力，甚至招纳了许多看守集中营的怪物，正如集中营囚犯阿格尼丝·埃尔德什疲惫的双眼见到的那样："看管我们的警卫现在是两个新来的党卫队姑娘，原先的男警卫都被调往前线，姑娘接替了他们。"德国人百般迫害阿格尼丝，可她仍对新来的狱卒抱有恻隐之心，实在令人难以置信：

> 我问某个新来的警卫，为什么神情凄然……她似乎吃了一惊，随后情不自禁地抽泣起来……她说她不知道母亲、姐妹、两个儿子的下落。她家在波兰边境附近，她得知俄国人占领了那里，之后再也没有听到家人的消息……我竭力安慰她，说我们都是战争的无辜受害者。

维尔纳·布洛克仍在驾驶虎式坦克，知道末日即将到来："我们偶尔获得个补充兵，这种情况很少见，而且派来的纯粹是菜鸟。我们能做什么？我们知道无济于事，可还是得奋战到底。"

古斯塔夫·帕尔姆也有同感：

> 新的志愿兵到了。他们报名参加德国海军，训练结束后才得知没有舰艇供他们服役了，所以他们面临的选择是，要么回家，要么加入武装党卫队。所有人都加入

了武装党卫队，只有一个选择回家，结果进了集中营……有个 18 岁的新兵，先前因盗窃配给卡被捕，警方告诉他，要么坐牢，要么加入海军，他现在跟我们在一起。

帕尔姆乘坐汽艇渡过奥得河，刚刚从红军手里侥幸逃脱：

我知道必须渡过奥得河，俄国人朝河上所有桥梁开火射击……医生［帕尔姆当时腿部中弹］把我引见给一个身着便装的人……他藏了艘汽艇，可以送我过河去斯德丁。除了我，还有另外 6 个负伤的战友。我们悄悄走下河岸，在汽艇上坐下。渡河花了很长时间，但没人朝我们开枪。到达对岸的斯德丁，我们 5 个尚能行走的伤员坐有轨电车前往医院。

不过，风雨飘摇的第三帝国仍在苦苦支撑。东线，苏联红军占领了一片片德国领土，但西线的英美军队还没渡过莱茵河，而南线盟军滞留在布伦纳山口的意大利一侧。英美军队当年冬季也遭了大罪，几场边境交战的损失高得惊人。从布鲁塞尔获得解放到西线德军发动阿登攻势，部署在北面的 3 个美国集团军，战斗减员超过 9.2 万，非战斗减员高达 11.3 万，主要是战壕足和战斗疲劳症。[1] 但美国国内的训练基地继续培训出大批补充兵和新部队，1 月份欧洲战区的 370 万盟军将士，三分之二是美国人，另外 9 个师正在开赴前线的途中。至于英国人，他们已竭尽全力，目前以 36 个师与西线德军对峙，从这一刻起，英国陆军的兵力只会越来越少。[2]

西线德军眼下依托莱茵河阻挡英美军队。莱茵河是欧洲最大的河流之一，类似于多瑙河、顿河、塞纳河，堪称德国的"天然"西部边界。实际上，大批德国人在对岸居住了好几个世纪。长期以来的看法是，莱茵河太宽，流速太快，难以架设桥梁，但尤里乌斯·凯撒公元前 55 年、公元前 53 年两次架起桥梁，震慑了日耳曼蛮族。现在，柏林希望莱茵河把英美军队挡在西面，而不是把德国军队困在东面。人人都知道，莱茵河是德国国防军在西线最后一道真正的防线。后方还有十几条河流，但没有一条像莱茵河那般强大。所以，必须不惜一切代价守住莱茵河。可如何守住呢？用于这项任务的兵力少得可怜。第三帝国残余的精锐兵团已开往东南方的匈牙利，剩下的都是临时拼凑、几乎无法机动的步兵和人民冲锋队，七零八落的炮兵、工兵、空军、海军人员提供加强。他们根本算不上强大的河流守卫力量，仅仅是一块触之即碎的硬面包皮。

盟军统帅部把粉碎硬面包皮、渡过莱茵河攻入德国腹地的任务交给了蒙哥马利。蒙哥马利是精心策划作战行动的高手，这位英国陆军元帅拟制了"掠夺行动"，打算以迈尔斯·登普西的英国第2集团军、威廉·H.辛普森的美国第9集团军、盟军第1空降集团军的伞兵发起突击，届时，伞兵空降在莱茵河东岸，设立登陆场，等待步兵渡河而来。盟军的兵力多达130万，5000多门火炮实施炮火准备，英美空中力量也会全力提供支援。

他们小心翼翼地前运、囤积了成千上万吨物资，还用卡车把大批架桥设备和桥板运到登船地点附近的堆栈，好让工兵一到达对岸就展开架桥作业。为协助地面准备工作，辛普森第9集团军和克里勒的加拿大军队当年2月发起"手榴弹行动"，两股盟军在莱茵河畔杜伊斯堡会合，霍奇斯的美国第1集团军前出到科隆和奥伊斯基兴。德军遭击退，损失近9万人，其中半数当了俘虏。

面对南面的盟军，德国人再次陷入混乱，不断猜测对方会把主要渡场设在何处，让·德拉特·德塔西尼的法国军队终于粉碎科尔马口袋，法军伤亡2万人，德军的损失大致相当。蒙哥马利遂行宏大作战计划的舞台搭设完毕，整整两周后的3月7日，他终于发起精心策划的行动，美国第9装甲师先遣部队在雷马根镇逼近莱茵河，位于蒙蒂计划中的渡河点韦瑟尔以南90英里左右。美军官兵惊愕地见到，跨度326米的鲁登道夫桥完好无损地伫立在他们面前。第一次世界大战期间建造的这座军用桥梁，是为了把援兵和物资运往法国前线，桥梁两端的塔楼设有兵营，能容纳整整两个营的守备力量。

但3月7日，41岁的维利·布拉特格上尉只有36名部下据守桥梁，都是尚在康复期的伤兵。卡尔·菲森哈恩上尉有个125人的工兵连，正忙着布线，准备炸毁桥梁。雷马根镇内和周围还有另一些杂七杂八的部队：不到200名希特勒青年团团员、一个空军高射炮连、500名当地人民冲锋队队员，甚至还有120个希维人。没人觉得这是一股强大的守备力量。美军步兵没理会敌人虚弱的抵抗，他们知道桥上布满炸药即将被引爆，可还是勇敢地冲上桥梁，德国人引爆炸药之际，他们已到达对岸。伴随震耳欲聋的爆炸，巨大的桥拱腾起，随后落下。硝烟散去，所有人都发现爆破失败了，鲁登道夫桥依然伫立在河上。布拉特格赶紧命令部下联系上级："告诉他们爆破作业没成功，美国人到达东岸。"

莱茵河东岸的铁路隧道里，布拉特格和菲森哈恩率领大批平民和所剩无几的部下向美军投降。1962 年，在雷马根战斗过的老兵重聚，布拉特格解释了爆破失败的原因：

我请求上级拨发 600 公斤高规格军用炸药，收到的却是 300 公斤威力小得多的商用炸药。这些炸药用电力引爆，我们启动了引爆器，可只有一包炸药起爆，在桥梁前方炸出个大坑……主要的炸药包没能引爆，肯定是坦克炮弹击中了塞有引爆电缆的管子。

陆军电话接线员安东·克卢特当时也在桥上，基本同意前上司的看法："美国人投掷的手榴弹炸断了电缆。"但当时在桥梁守备部队当中士的雅各布·克勒巴赫并不赞同昔日战友的观点："这些说法都不准确，没人知道究竟出了什么岔子，反正就是没爆炸。"卡伦·勒夫是雷马根镇的居民，后来在铁路隧道里跟随布拉特格向美国人投降，他赞同克勒巴赫的看法："没人知道怎么回事，现场太混乱了。"无论实情如何，反正鲁登道夫桥依然伫立，美国人以最快的速度把部队派过河去，而德国人曾竭力炸毁这座桥梁。

德国空军率先采取行动，容克斯 Ju–88 轰炸机飞行员海因茨·菲利普回忆道：

此次行动需要几名志愿者，我报了名，我的飞行员对任何自愿参加的事情都很热衷，我不像他那么满腔热情，可他参加了，我也不得不报名。左右两侧的机翼下各挂一颗 500 磅炸弹，我们的任务是把炸弹投向雷马根大桥。总共 4~5 架飞机执行这场夜间空袭任务。但美国佬当然在莱茵河渡场部署了大批防空武器……简直像烟火表演……我们的情况很不妙，因为我们抽到的是 3 号，也就是第三架发起攻击的飞机。每架飞机都规定了攻击时间，所以第一架飞机发起攻击时，我们看得清清楚楚，随后见到它沦为一团火球，那架轰炸机粉身碎骨。第二架飞机展开攻击，也炸成火球，只是位置更靠下，随后轮到我们。不难想象我们当时的感受。轰炸没取得太大战果，可我们好歹做到了，炸弹没命中桥梁，而是落在两侧，但我们平安逃脱。令我终生难忘的是，着陆后，我们在机身上数出了子弹和炮弹留下的 88 个弹孔。[3]

菲利普和他的机组幸运地活了下来。为掩护雷马根大桥，美国人集中了战争期间最密集的高射炮群。接下来 10 天，德国人投入 350 多架战机发起攻击，菲利普的机组也在其中，近三分之一被击落。轰炸了一周后，希特勒下令朝大桥发射 V-2 飞弹，这是德国人唯一一次以 V-2 打击定点目标。但他们发射的 11 枚飞弹都没有命中桥梁，落点最近的也差了 0.25 英里。德国人甚至派出海军蛙人，引导大型漂雷顺流而下，就像他们在奈梅亨做的那样，但这次失败了，7 名潜水员不是遭射杀就是被俘。⁴

不用说，希特勒对鲁登道夫桥失守反应强烈。他解除了西线总司令冯·伦德施泰特元帅的职务，这是战争期间的第三次，他这次只是简短地说了句"感谢您的忠诚"。阿尔贝特·凯塞林接任西线总司令，他 3 月 11 日到达司令部时开玩笑地宣称："诸位，我就是新型 V-3 飞弹。"参谋长西格弗里德·韦斯特法尔向新上司简要汇报了态势："我告诉他，我方军队的实力严重受损，眼下的处境岌岌可危，他却说'元首告诉我的情况不太一样'，我请他解除我的职务……他立马驳回了。"

始终乐观的凯塞林随后会见了 B 集团军群司令莫德尔，向对方转述凯特尔和约德尔先前在柏林对他说的西线态势，莫德尔吼道："他们说的我根本不想听！"这位戴着单片眼镜的普鲁士陆军元帅有充分的理由无视希特勒跟班的意见。

两位元帅会晤之际，迈因拉德·冯·劳赫特的第 2 装甲师被盟军逼退到莱茵河，但没能到达可靠的渡场，该师是莫德尔麾下最精锐的兵团之一，阿登攻势期间向西推进得最远。第 2 装甲师遭到盟军从三个方向而来的夹击，根本没有兵力突出重围，劳赫特把麾下部队分成若干小股战斗群，命令他们自行向东突围，设法返回德军防线。他带着几名参谋最终游过莱茵河。到达对岸，这位幻想彻底破灭的装甲兵将领做出异乎寻常的决定，他没有找最靠近的德军部队报到，而是步行返回巴伐利亚北部的故乡班贝格。

另一些德军将领当年春季也无所事事，"装甲迈尔"就是其中之一，他的话道出了许多人的心声："我们怀着沉重的心情，关注着德国境内的战事。"不过，他比大多数人更有理由心存感念。1944 年 9 月他落入比利时游击队手里，勋章、手表、婚戒被劫掠一空，但跟许多袍泽不同，他保住了性命。迈尔谎称自己是第 2 装甲师的上校，但转入盟军战俘营后，党卫队血型文身暴露了他的真实身份。即便这种情况下，他也差点蒙混过关，他告诉审讯人员："你们搞错了，武装党卫队的血型文身很管用……所以陆军装甲部队也开始采用……装甲兵学校所有学员，都刺了血型文身返回各部队。"迈尔辗转到英国湖区温德米尔附近的高级军官战俘营，负责营地事务的不是旁人，正是在亚琛被俘的格哈德·维尔克上校。

特伦特公园里，身陷囹圄的德军高级将领对德国眼下的处境时而不甘，时而绝望。费迪南德·海姆在斯大林格勒战役期间落败，遭逮捕后被判处缓刑，后来出任布洛涅要塞司令，指挥1万多名守军打了场敷衍了事的港口保卫战，随后率领9000多名部下投降，根本没执行炸毁整座城市的命令："我只是在地图上画了个大红圈，表示理论上执行了爆破作业。"英国人的秘密录音记录下他1944年年末到1945年年初的冬季说的话："唯一要做的是战斗到底，哪怕摧毁一切也在所不惜。战斗到最后一刻赋予一个民族重新崛起的道德力量，一个民族认输的话就彻底完了，历史多次证明过这一点。"鲁登道夫桥失守后，海姆的论调变了："必须结束这场战争，简直是发疯。"德军高级将领的矛盾心态，同为狱友的装甲兵上将海因里希·埃贝巴赫表述得可能更加明确：

有人认为："形势比人强，我们必须投降……这样才能确保德意志民族的本质存在。"也有人觉得："眼下的局势太绝望了，最好的办法是血战到底……这样一来，德意志民族有朝一日还有可能东山再起。"[5]

无论这些将领怎么想，事实依然是，英美军队在西面渡过柏林前方最后一道重要的天堑。值此危急时刻，柏林的目光却紧紧盯着东线，又一次把作战重点置于匈牙利。

注解

1. Hastings, Max, *Armageddon*, p213.

2. Atkinson, Rick, *Guns at Last Light*, p491。英国陆军为获得足够的兵员展开了不屈不挠的斗争，但无法改变潜在于兵员心目中的看法。历史学家杰里米·克兰格在《英国陆军与人民战争，1939—1945 年》一书里指出："……与皇家海军和皇家空军相比，英国陆军是最不受青睐的军种，据说陆军征募的新兵，反应迟钝、智力欠佳者占的比例更高。"比尔·斯利姆"被遗忘的"第 14 集团军当时在远东作战，辖内 8 个满编英国步兵师，以及部署在意大利的英国第 8 集团军，还有希腊境内的 8 万 ~9 万英国远征军，情况也是如此。

3. Carruthers, Bob, *Voices from the Luftwaffe*, p123.

4. 德国海军潜水员也叫 K-Männer，是"小规模作战部队"的成员，都是志愿者，他们效仿意大利王子博尔盖塞的"第 10 车辆舰队"，使用人控鱼雷、快艇、小型潜艇打击敌人的航运。德国人以 K-Männer 对付盟军 D 日的登陆和斯海尔德水道的航运，战果喜忧参半。1944 年 12 月 31 日晚，他们在斯海尔德水道发起攻击，投入 18 艘"海豹"小型潜艇，只有 2 艘平安返回。蛙人的行动倒很成功，他们使用水雷，让安特卫普港的水闸一连几周无法使用，最著名的当属 9 月 29 日（星期五）夜间袭击奈梅亨铁路桥。12 个蛙人（包括一名前奥运游泳选手）把若干根 16 英尺长的爆破筒绑在桥墩上，他们摇摇晃晃地爬上河岸，一个个筋疲力尽，10 人被俘。东约克郡团第 5 营的马克斯·赫斯特中士当时就在现场："我们在桥梁两侧挖掘阵地，坚守了好几天。德军蛙人溯流而上，企图炸毁桥梁，但我们及时发现，把他们射杀在河里。"尽管赫斯特和部下很警惕，但次日早上 6 点 30 分，炸药爆炸，炸毁了铁路桥的中跨距，还在公路桥上炸出个 80 英尺的大洞。

5. Neitzel, Sönke and Welzer, Harald, *Soldaten*, p254。装甲兵上将海因里希·埃贝巴赫的录音。

西线和东线

经历了长达 50 天的围攻，满目疮痍的匈牙利首都布达佩斯 1945 年 2 月 13 日陷落。城内 7 万名匈牙利、德国官兵覆灭，另有 3.8 万匈牙利百姓死于战火。红军赢得胜利。但这座城市遭受的苦难仍未结束，战役结束后，苏联人逮捕了成千上万的居民，把他们列为"战斗人员"，强行押往东方劳改营接受集体惩戒。红军为这场胜利付出的代价相当惨重，伤亡人数超过 10 万，但苏联人觉得这种代价可以接受，因为他们攻占了欧洲一座大都市，现在离维也纳不到 150 英里。

不过，纳粹还没有彻底完蛋。柏林仍在指挥大批军队，各工厂继续生产弹药和装备，不断运往各条战线，简直令人难以置信。德国国防军整个结构摇摇欲坠，但目前依然有效，一道道命令继续下达，尽管越来越绝望，可前线官兵看上去仍然恪尽职守。柏林下达命令，召集德国国内最后一批十来岁的男孩，其中 5.8 万人准时报到，直接开赴前线，有时候甚至没配发武器。党卫队三级突击队中队长奥斯瓦尔德·范奥特黑姆奉命指挥这群小伙：

上级派我去党卫队第 68 志愿者掷弹兵团第 1 营，该营也叫"希特勒青年团"营，因为营里的人几乎都是（约占 75%）佛拉芒青年组织 NSJV 的年轻志愿者，战前我也是该组织成员。我指挥一个排，排里 40 名志愿者都是 15~17 岁的年轻人，先前大多在容克斯飞机厂干活，他们坚信自己能打赢战争。营长是奥卢夫·冯·克拉贝，原先是丹麦陆军军官……戈培尔的宣传机构仍在大肆吹嘘，说目前研发的秘密武器能扭转战局，可我们都知道，这场战争已经输掉了。尽管如此，上级还是派我们去奥得河抵御红军……我奉命守卫装有武器和弹药的补给仓库，那里也是个通信站。我只带了 21 个稍稍年长的部下，都是 16 岁和 17 岁的小伙，把那些刚满 15 岁的孩子留在兵营，反正我们也没有足够的武器发给所有人。上级吩咐我们这些军官："别再让那些年轻人白白送命，确保他们及时后撤。"我们被俄国人打垮了，损失很大。不过我们没怪希特勒，那时候根本没想过政治问题，只剩生存本能。我们不得不转身迎战……可我们没有坦克，没有口粮，甚至没有弹药，无法抵御敌军，许多年轻人阵亡了……没过多久，我们沦为孤军，被俄国人包围。我们逃入附近的树林，很快再次陷入重围……那天夜里，我率领剩下的年轻小伙突围，全速向西奔逃。我们借助指南针逃往西面，路过几座湖泊，还躲在树林里，避开俄国人的坦克和部队。我们只在夜间行进，以免被俄国人或盟军飞机发现，途中，许多走散的士兵加入我们的行列。最后，我掌握的兵力几乎达到一个满编连，好多人不会读我的姓，所以我们自称"奥斯瓦尔德战斗群"。有几次我们不得不跟敌人短时间交火，但最终顺利逃脱。

扬·蒙克和特奥·德奥斯特林克也是加入武装党卫队的欧洲志愿者，他们在巴特特尔茨党卫队学校接受军官培训期间，上级突然下达命令，所有教学工作暂停，教官和学员全体加入党卫队第38"尼伯龙根"装甲掷弹兵师，该师是武装党卫队组建的最后一个兵团。

德奥斯特林克："我们奉命赶往黑森林组建'尼伯龙根'师。我们乘大巴车前往，这些车辆是从镇上的公立学校搞到的。上级派我们领导希特勒青年团的小伙，他们都是孩子，有的才十四五岁。我们甚至没有足够的武器发给他们所有人。我们一直在退却，总是想办法毫发无损地撤离，竭力不失去任何一个部下，您明白吗？"

扬·蒙克："上级派我指挥由人民冲锋队和希特勒青年团人员组成的一个连，都是老人和孩子。我们没有装备，士气低落，逃兵率很高。我们在各条道路站岗放哨，看见不少部队竭力向南逃往意大利，打算向美国人或英国人投降。几天后，我们把所有部下打发回家……随后接到命令，让我们设法返回原先的师。我原先在'维京'师，有人告诉我该师目前在匈牙利，于是我决定赶往那里。"

蒙克收拾行装，背起背包前往东面的匈牙利，途中遇到几个昔日的意大利盟友：

我不知道要跋涉多远，想找个交通工具。后来我们遇到两名意大利高级军官，他们骑着辆很新的女士自行车。我想要这辆自行车。我对意大利军人的评价不太高，当初在俄国，我们跟他们并肩战斗过，他们造成的麻烦远远超过他们的价值。我告诉两个意大利军官，我想要这辆自行车，他们一声不吭地把自行车给了我。

当年春季，第三帝国决心战斗到底，采取的措施不仅仅是征召年轻人，组建新的党卫队师。自战争爆发以来，纳粹德国在民族抵抗运动方面几乎无所作为，现在决定组建自己的抵抗组织"狼人"。纳粹高层1944年秋季首次提出这个想法，最初的设想是以"意识形态正确"的纳粹特工组建地方性第五纵队，与正规军协同行动，在"暂时"被盟军占领的地区打击英国人、美国人、苏联人。1944年9月19日，希姆莱任命党卫队全国副总指挥汉斯–阿道夫·普吕茨曼为纳粹德国首任特别防御总监，其实就是"狼人"首脑。战争期间，普吕茨曼主要在乌克兰和拉脱维亚各地屠杀犹太人，党卫队高级同僚恩斯特·卡尔滕布伦纳评论道："〔普吕茨曼〕太懒，喜欢东奔西走，根本不适合认认真真、始终如一的工作。"普吕茨曼对自己的新职务一点不感兴趣，他知道这项任务会让他成为盟军的关注目标，而此时他正忙着想办法销声匿迹。

可不管怎样，命令就是命令，这位党卫队全国副总指挥着手招募志愿者，组织培训工作。16岁的维也纳希特勒青年团领导人弗雷德·博尔特主动报名，随后前往帕绍一处营地，在绰号"主教"的党卫队二级突击队大队长指导下展开训练，之所以叫"主教"，是因为此人战前是东正教神父：

> 主教的训练理念是让受训者躺在铁路枕木上，任由火车从上方驶过，或是向学员演示，如何把舌头向后折叠，堵住喉咙自杀。训练项目的重点是在一片障碍跑场地内狂奔，主教先收紧套在学员脖子上的绳索，把他们勒得几乎要丧失意识，然后在这种状态下找到正确的方向。为强化这场"运动"，他用实弹朝学员开枪，还往他们身后投掷手榴弹，迫使众人加快步伐。[1]

另一个志愿者回忆起自己学到的东西：

> 必须不择手段执行命令。教官提醒我们，不能相信任何人，就连自己的同志也不能相信，我们得相互提防。要是派某人执行破坏任务的话，另外三人就以狙击步枪掩护他，消灭一切干扰任务的家伙。他们还警告"狼人"组织的成员，不服从命令的话，会被自己的同志干掉。[2]

1945年3月初，一本狼人手册被分发给希特勒青年团的年轻人，手册里解释了为何要进行这些奇怪的训练："〔这样一来〕敌人就不得不从前线抽调兵力，确保后方地区的安全。敌人会损失重要的物资，无法用这些物资对付德国军队……给敌人造成妨碍的一切行动，都能帮助我方官兵！"

今天看来也许很怪异，可那些德国志愿者当时仍坚信纳粹主义能赢得最终胜利，即便拖延到日后某个时刻，胜利依然会到来，就像某个被俘的下级军官受审时说的那样："天生处于统治地位的优等种族，不可能被永远压制。"但这不是大多数德国人的普遍看法，希尔德加德·特鲁茨是面包师的女儿，她丈夫恩斯特是个党卫队队员：

> 他一直在说跟俄国人打仗的事，听得我烦透了，不想搭理他。他坐在床上，双手掩面，对我说战争输掉了。他告诉我，他已不在办公室工作，而是加入了武装党卫队……他的任务是组建狼人小组，展开敌后斗争。他说加入狼人组织的不过是一群毫无经验的希特勒青年团小伙，整件事毫无意义。[3]

德军加强边境地区的抵抗准备之际，希特勒的注意力仍置于匈牙利巴拉顿湖西南方的瑙吉考尼饶油田。这位纳粹独裁者不能也不愿接受他这场战争的结局，他喋喋不休地强调，无论如何都得确保国防军获得最后一批汽油储备的通道，这条通道现在受到苏联红军严重威胁，对方从布达佩斯继续向西攻击前进。希特勒的应对之道是再次发起"出敌不意的"攻势。他打算从巴拉顿湖北面发起突击，不仅要夺回布达佩斯，还要把至少两个苏联集团军围歼在布达佩斯南面。为完成这项不可思议的壮举，德军投入的主力恰恰是泽普·迪特里希匆匆调离阿登山区的第 6 装甲集团军。该集团军到达集中地域，眼前的情况令迪特里希手下某个高级参谋深感失望："巴拉顿湖与瓦伦采伊湖之间的狭窄地域遍地泥泞，令人不安……地面被水淹没，各种车辆都无法通行……面对这些状况，根本不可能在开阔地带发动坦克突击。"[4]

德军 1945 年 3 月 6 日投入进攻，代号"春醒行动"，这是他们战争期间最后一场大规模攻势。党卫队"警卫旗队"、"希特勒青年团"装甲师的坦克和装甲掷弹兵打头阵。这场进攻起初进展顺利，红军损失惨重，多少有些混乱地退却，可他们随后加强了抵抗，某个德军坦克组员回忆道："我们到达俄国人的堑壕体系，遭遇一长排埋藏起来的火焰喷射器，这些喷火器以电力击发……我方装甲掷弹兵撞上了一堵火墙。"

春季解冻随后到来，把德军的攻势扼杀在泥泞里，就像奥托·霍尔斯特目睹的那样："冰冻的地面沦为深不见底的泥沼，我们的 7 辆坦克歼击车，6 辆深陷其中，泥泞淹到履带护板，根本没办法拖出来……几个步兵连在没有坦克支援的情况下继续前进。"迪特尔·库尔曼当时也在战场上：

各条道路沦为深深的泥沼，田野里布满大水坑。阵亡的红军士兵、被遗弃的武器装备随处可见。突然，我们听见头顶上传来剧烈的呼啸，密集的弹幕袭来，一切乱了套……惨叫声，咒骂声，随后是一阵令人窒息的沉寂……我们把伤员安置在谷仓里，赫伯特有气无力地叫唤我，他胸膛两侧各有个鸽子蛋大小的弹孔，嘴角流出一丝细细的血迹，他闭上了双眼。[5]

德军的进攻陷入停顿，红军趁机发起反突击。党卫队"霍恩施陶芬"装甲师师长西尔维斯特·施塔德勒描述道：

俄国人投入营、团级兵力彻日进攻……我们刚刚击退他们的冲击，敌人又在另一处发起攻击。我师……击退对方所有进攻，敌人付出极为惨重的代价，但我们的损失也很大。[6]

党卫队军士马丁·格拉德清楚记得："我们的体力彻底耗尽，每到一处临时停止点，那些战友都会一头栽倒在地呼呼睡去。"格拉德和他的连队奉命在山丘上设立防御，他们着手挖掘阵地，但他困得睁不开眼："醒来后，我差点站不起来。"俄国人施以炮击，随后投入进攻。"敌人的火力异常猛烈……左右两侧，我的部下一动不动地趴在地上，一声不吭，身子怪异地蜷缩着……昨晚我们承受了48次冲击。"[7]沃尔夫冈·林克是"希特勒青年团"装甲师的预备军官，也参与了这场交战：

中午前后，森林里突然腾起一发信号弹。密集的火箭弹随即射向我方阵地……与此同时，一群群红军士兵冲出森林……一发炮弹落在旁边。我苏醒过来后，知道自己负了伤。我得想想办法，决不能落入俄国人手里！

不知道用了什么法子，反正林克回到了营指挥所，随后被疏散到后方。不过，东线德军继续给苏联红军制造麻烦，丹麦志愿者埃里克·布勒鲁普回忆道：

1945 年 3 月 17 日是圣帕特里克节，我们在匈牙利塞克什白堡附近。我当时的军衔是二级突击队中队长，给骑士铁十字勋章获得者、二级突击队大队长弗里茨·福格特①当副官。我把指挥所设在一座小屋里，还以电话交换机和电台建立通信联络，敌人的炮弹落在周围。党卫队全国副总指挥吉勒打来电话，祝福格特生日快乐，还告诉他，他（福格特）刚刚获得了骑士铁十字勋章橡叶饰。福格特兴奋不已："真是个好消息，得喝一杯！"我们打了几个电话，后勤军官拎着几瓶啤酒跑来，其他军官也抽时间过来小酌一杯。此时，激烈的战斗一直在我们周围肆虐。面对敌人的猛烈冲击，有个连长遇到些麻烦，于是我向福格特提出，我去把情况弄清楚。福格特笑着说道："您怎么了，是不是今天觉得自己像个英雄？"我答道，他刚刚获得新勋章，也该给其他人赢得勋章的机会。他答道："好吧，但您得当心点！"当然，我们当时都喝了一杯，一个个意气风发！

我乘坐 SdKfz 250/9（配备 20 毫米火炮的装甲运兵车）投入战斗。我们朝敌人发射高爆弹，看上去很容易，小菜一碟。俄国人随即调来一支反坦克步枪，朝我的装甲车开火，迫使我们跳出战车。我们最终与敌人展开近战。我拎着一具"铁拳"，可它无法发射，所以我把它当作棒球棍，砸碎了一个俄国人的脑袋，但我也陷入麻烦。不过，弗里茨·福格特率领几辆装甲运兵车及时赶到，把我救了出去。他吩咐我休息几个钟头，后来带我深入敌后侦察情况。这些作战行动为我赢得了一级铁十字勋章。[8]

尽管布勒鲁普在微醺状态下赢得胜利，但德军在匈牙利境内的处境已难以为继，到 3 月底，德国军队撤出该国，退入奥地利。英美两国援助的装备让苏联红军如虎添翼，展开迅猛追击，武装党卫队某位军官目睹了当时的情形："我们遇到的谢尔曼、丘吉尔、克伦威尔式坦克越来越多，俄国人把这些战车投入战斗，甚至没涂掉车上的英文标志。"

德国军队也获得了新装备和援兵，可他们的油料就这么多，只能凑合了：

第 3 连重整，从林茨获得 10 辆崭新的四号坦克，车组人员一应俱全。该连随

---

① 福格特是"维京"师装甲侦察营营长。

后从某陆军师得到一个黑豹坦克排，还有个山地猎兵连……此时的气氛确实很绝望，一道道命令姗姗来迟，不仅相互矛盾，还犹豫不决。我觉得我们面临最后一战，眼下能做的不过是推延即将到来的崩溃罢了。

泽普·迪特里希也以黑色幽默深表赞同。他告诉维也纳大区领袖巴尔杜尔·冯·席拉赫："您知道我们的番号为何是第6装甲集团军吗？因为我们只剩6辆坦克了！"

整条东线，德国军队开始土崩瓦解。第344步兵师的库尔特·福格特上尉此时置身拉泽尔维茨（今天波兰的拉茨瓦维奇基），设法在陷入包围前逃往西面：

一整夜，军人和平民混杂在一起，队伍里还有好多妇女和年幼的孩子，所有人都设法穿过封锁线依然敞开的缺口……他们得冒上穿越火线的风险……不管怎样，决不能落入俄国人手里！一发发炮弹造成可怕的破坏，把人员掀飞，支离破碎的尸体倒在路上。中弹者在自己的血泊里扭动，发出临死前的呻吟、惨叫，或大声呼救。有时候还看见妇女俯身盯着孩子的尸体……她们抱起孩子，晃动他们的身子，大声叫他们的名字，但再没得到回应。

福格特和拉泽尔维茨这场悲剧的北面，波罗的海沿岸地带的戈滕哈芬，布鲁诺·弗里森和7名战友站在他们的几辆坦克歼击车附近，突然落下的一发炮弹发出剧烈的爆炸：

我发觉自己平躺在地上……我能听见，能看见，也能说话。我觉察到自己负伤了。我闻到爆炸的火药味，以及我身上的血腥气……我判断自己挨了好几块弹片，右肩、右上臂、右臀部、左胫骨都中弹了……我估计是一发迫击炮弹击中了我们。我们当中3人阵亡，二级下士费勒看上去已经死去——他确实阵亡了，其他人负了伤，有几个伤势比我还重。

弗里森搭小船疏散到丹麦，随后跟另一些伤员乘医院列车返回德国："列车上的伤员，伤势各不相同……我记得有个伙计的裆部挨了俄国人的小口径子弹，阴茎没了，他一个劲儿地长吁短叹，随后又不停地自我安慰，说他反正有两个孩子了。"[9]

维利巴尔德·卡斯珀中士隶属德国陆军精锐兵团"大德意志"装甲掷弹兵师，他和师残部在波罗的海沿岸地带陷入困境："俄国人猛攻海利根贝尔，我记得那天是我 30 岁生日，简直像在地狱里办了场生日聚会。"原先 2 万多人的"大德意志"装甲掷弹兵师，眼下只剩 4000 人，许多掷弹兵企图游过大海，逃到邻近的半岛："好多人用木板和水密容器扎成小筏，可这些东西大多不太牢靠，夜里我们听见溺水者的惨叫声。"

亨德里克·弗尔通一直在波美拉尼亚的士官培训班参加培训，随后和其他学员奉命加入党卫队"贝斯莱茵"团，赶去协防西里西亚首府布雷斯劳。弗尔通是个土生土长的荷兰斯豪文－德伊弗兰岛人，接下来 82 天为保卫布雷斯劳浴血奋战。1945 年 3 月：

我们即将入驻齐姆佩尔区的新兵营。负责接待的纳粹党地区官员陪我们去装有波纹钢板门的车库。他想打开一扇门，于是拎起冲锋枪，用枪托撞门，可冲锋枪弹匣满满当当，保险还开着。结果走火了，一串子弹击中我们一级小队长的腹部，他当场身亡。我们狠揍了那个家伙，并大声叱骂他……一级小队长意外丧生令我们心痛不已，他经历了整个对苏战争，毫发无损……某天，三个戴着红十字臂章、"手无寸铁"的俄国人抬着担架来到距离我们几码的地方，我们觉得必须遵守神圣的交战法规，于是停止射击，让他们寻找死伤者。可他们凑近后，突然从担架的毛毯下掏出手榴弹朝我们扔来，没等我们反应过来，他们就消失在了街道另一侧。[10]

和弗尔通一样，德国红十字会的佛拉芒护士露西·勒菲弗也在陷入围攻的布雷斯劳城内：

我觉得有责任留下来。我们都以为安全无虞，可后来被迫投降时，才发现情况根本不是这样。俄国人离奥得河越来越近……我们在河流后方 1 公里左右的城堡内设立了急救站。战斗中负伤的官兵被不断送来，昼夜不停。我们根本没有救护车。运送伤员的是卡车、马拉大车，反正是能找到的一切运输工具，我们严重缺乏医疗用品，只好用纸代替绷带，好多年轻士兵死于非命，要是我们有医疗设备和药品，本来能保住他们的性命……俄国人越来越近，我们不得不撤离城堡，在甘道机场附近的法兰克福大街重新设立急救站。俄国人的轰炸持续了整整两天，我们被迫逃入百年纪念堂，这座大型现代建筑原先用于举办各种展览会。[11]

与莱茵河畔的雷马根不同，红军在奥得河畔没找到任何能让他们轻松渡河的渡场，因为东线德军把所有兵力投入各段防线，展开殊死抵抗。尽管德国军队此时严重缺乏兵力，可就像狙击手泽普·阿勒贝格尔见到的那样，还是有部分所谓的援兵开到了："这些部队里都是16岁左右的年轻小伙，几周前刚刚应征入伍，训练两周就上了前线。有个年轻的党卫队三级突击队中队长带着40多个比他更年轻的小伙，显然不在乎他们的死活。"

有的补充兵很怪异，德裔罗马尼亚人弗兰克·别列兹尼亚克记得："我们在波美拉尼亚经历了激烈交战，随后撤往阿尔特达姆，在那里遭受了惨重的损失，而后在奥得河附近的森林里休整。补充兵到来，里面有5个英国人，原先是战俘，后来自愿加入德国军队。"[12]

直到现在，纳粹宣传部门仍在大肆吹嘘，声称依然能赢得最终胜利，但这套伎俩再也骗不了京特·科朔雷克这些官兵了："还有人相信绝密的'神奇武器'，好多人讨论得热火朝天。我可不信，完全不相信，因为过去的好多承诺都没兑现。"[13]德裔比利时人赫伯特·梅格尔是个医护兵，非常清楚前线的实际情况：

奥得河畔最后几周留给我的记忆是一片混乱，鲜血、失败、绝望……手术室门前的一排排担架越来越长，伤员不是休克就是严重失血……我们根本没办法救治这么多伤员……每个人都知道末日即将到来，落入俄国人手里的恐惧挥之不去……我跟好友汉斯·本德尔谈过，我说："要想摆脱困境，我们需要的不仅仅是奇迹，所谓的预备队不过是我们的幻想。"[14]

德国国防军素来引以为傲的士气现在破裂了，埃尔温·巴特曼和部分匆匆集合的补充兵赶赴东线时注意到："中午前后……一支卡车车队到来，我们赶紧把机枪和弹药装上车。我说了句：'我觉得我们可能要去奥得河前线。'车上的新兵陷入死一般的寂静，一个个脸色苍白。"

库尔兰半岛，诺贝特·汉尼希和战友沦落到拖网打鱼的地步，他们用苏制旧炸弹炸鱼，还从气象部门的伙计那里偷兔子，以免在包围圈内挨饿。有个战友问道，战争结束时该做些什么，汉尼希答道："无论发生什么，我们都得忠于战友。"

"太好了，这就是我想听您说的。"

注解

1. Biddiscombe, Perry, *The Last Nazis*, p175.

2. 同上，p63。

3. Hagen, Louis, Ein Volk, *Ein Reich*, p212。采访希尔德加德·特鲁茨。

4. Reynolds, Michael, *Sons of the Reich*, p259.

5. Reynolds, Michael, *Men of Steel*, p206.

6. Reynolds, Michael, *Sons of the Reich*, p270.

7. Reynolds, Michael, *Men of Steel*, p239.

8. 本书作者采访埃里克·布勒鲁普。

9. Friesen, Bruno, *Panzer Gunner*, p178.

10. Verton, Hendrik, *In the Fire of the Eastern Front*, p161.

11. 本书作者采访露西·勒菲弗。

12. 40个所谓的"英国自由军"成员赶去加强党卫队"诺德兰"师，首批到达的英国兵，大多被分配到主要以瑞典志愿者组成的一个排。这些英国的叛徒，对真枪实弹的战斗没什么兴趣，不少人根本不愿打仗。肯尼斯·爱德华·贝里是这群志愿者中的一员，他开了小差，后来被红军俘虏。贝里以前是商船船员，德国人1940年击沉他的船，俘虏了年仅14岁的贝里。

13. Korschorrek, Günter, *Blood Red Snow*, p300.

14. Maeger, Herbert, Lost Honour, *Betrayed Loyalty*, p194。梅格尔加入党卫队"警卫旗队"时年仅18岁，一直在东线服役，有人无意间听到他说了句"失败主义"的话，结果梅格尔受到惩处，被打发到臭名昭著的党卫队"迪勒万格"师。

一切都结束了！

第十一章

空降兵上将阿尔弗雷德·施勒姆现年50岁，特征很明显，他个头矮小，皮肤黝黑，长了个鹰钩鼻。他在德国—荷兰边界接过库尔特·施图登特的指挥权，现在背靠莱茵河，面对英国和加拿大军队。德军眼下严重缺乏兵力，冯·伦德施泰特却告诉东线老兵施勒姆："未经我批准，不得后退一步。"元首也下过命令，莱茵河上任何一座桥梁都绝不能完好无损地落入盟军手里，施勒姆后来说："我的防御地段内有9座桥梁，长命百岁的希望迅速破灭了。"不过，这位身材矮小的空降兵将领仍能依赖麾下某些经验丰富的部队，例如冯·德尔·海特再次重建的第6伞兵团，意志坚定的团长告诫新来的补充兵：

> 每个人从自愿报名加入我的团那一刻起，就进入了人类新秩序。您只受一条规矩约束，就是我们团的规矩。您必须抛开个人的弱点和野心，认识到我们从事战斗是为了整个德意志民族的生存……哪怕理智告诉您不可能做到，您也必须相信我们会赢得胜利。

3月23日，蒙哥马利终于发起不无表演色彩的"掠夺行动"，开始强渡莱茵河。这是战争期间蒙哥马利元帅的最后一场大规模攻势，不仅展开猛烈轰炸，调集大批炮兵力量实施炮击，还辅以二战中最后一场空降突击，企图一举打垮莫德尔B集团军群的防御。

蒙哥马利展开突击前一天，巴顿在美因茨南面的奥彭海姆渡过莱茵河。一等兵亨利·梅特尔曼是个坦克驾驶员，在东线鏖战了三年多，第三次负伤后，上级把他调到西线休养。没等他彻底康复，就被征入临时拼凑的战斗群，他对自己的处境一点也不满意："他们发给我一支步枪，上面刻着1917年的戳记，准星也坏了。我还得到一具'铁拳'，这玩意儿沉甸甸的，携行很不方便。"

英美军队眼下面对的西线德军，从战斗序列看，兵力不下60个师，只比D日那天少了3个。虽说迪特里希第6装甲集团军被调往东线，但柏林部署在西线的军力仍有3个集团军群：恩斯特·布施的H集团军群驻守荷兰，辖冯·灿根第15集团军和施图登特第1空降集团军；保罗·豪塞尔是唯一升任集团军群司令的党卫队将领，目前在德国南部指挥G集团军群，辖第1、第19集团军；位于两个集团军群之间的是瓦尔特·莫德尔的B集团军群。德国国防军各高级指挥机构的大幅挂图上，这股作战力量无疑相当强大，他们也许无法赢得战争，但面对英美军队，自保应该没有问题，可惜这种念头纯属幻想。

60个德国师，半数沦为战斗群，兵力只有编制的三分之一，其他师大多是残兵败将，莫德尔的参谋长库尔特·瓦格纳① 谈到B集团军群的状况："我们只有一支混乱不堪的军队，都是散兵游勇，就算归拢起来，他们也会再次开溜。"瓦格纳说的没错，但土崩瓦解的不仅仅是B集团军群，整个德国国防军都是如此。

几个月来，德军官兵冷嘲热讽，开玩笑说英国人和美国人主导了天空，德国空军不见踪影，这些嘲讽现在成了事实。一架架飞机确实隆隆驶下装配线，可没有航空油料，无法起飞，各飞行学校基本上停止运作，再也没有新飞行员了。盟军注意到德国空军已然穷途末路。美国第56战斗机大队正式成为欧洲战区战果最丰硕的盟军战斗机部队，但战争最后4个月只击落23架Bf-109，再也没有能让他们增添战果的德国飞机了。

尽管如此，杀戮仍在继续。1945年3月，德国国防军阵亡28.4万人，发给亲属的阵亡通知书上写道："为元首、人民、祖国英勇捐躯！"德国西部省份，部分平民百姓现在公开呼吁德军官兵停止战斗，别再流血牺牲了，就像亨利·梅特尔曼目睹的那样："一群妇女把我拦下……哀求我别傻乎乎地在各条街道上跟美国佬打仗了，最终结局只会是死亡和毁灭。我打心眼儿里赞同她们的看法，可我毕竟是个德国军人。"

蒙哥马利渡过莱茵河两天后的3月25日傍晚，弗朗茨·奥彭霍夫博士——他是个律师，也是美国人任命的亚琛市市长——和妻子外出散步，管家伊丽莎白·吉勒森匆匆把他叫回家，说3个遭击落的德国空军人员想要张通行证，好通过美军检查站。刚走到后门，奥彭霍夫就遇到两个男人，其中一个攥着装有消音器的瓦尔特手枪。枪手有所犹豫，旁边的金发壮汉一把抢过手枪，什么也没说，对着奥彭霍夫的脑袋开了一枪。奥彭霍夫当场身亡，两名刺客逃入夜幕。"狼人"组织宣称，他们取得了迄今为止最大的成果。[1]

英美军队在南北两面渡过莱茵河，终于有机会完成他们在整个欧洲战争期间一

---

① 原文如此。应为卡尔·瓦格纳。

直没能实现的目标：围歼德国整个野战军队。布施、豪塞尔集团军群实力虚弱，莫德尔集团军群因缺乏汽油几乎无法机动，盟军庞大的钳形攻势即将到来。这是艾森豪威尔出任盟国远征军最高统帅以来一直梦寐以求的战役，他想赢得自己的坎尼之战。法莱斯包围圈部分实现了他的梦想，但大批德军逃之夭夭，德国国防军也没有彻底崩溃。这次还会这样吗？难道德国人还有什么锦囊妙计？

盟军的计划雄心勃勃。蒙哥马利指挥的英国、加拿大军队构成北钳，奥马尔·布拉德利麾下的美国军队形成南钳。两股铁钳打算在莱茵河以东 80 英里左右的利普施塔特地域会合。落入口袋的是整个鲁尔区，也是当时世界上规模最大的单一工业区，烟雾缭绕的埃森、多特蒙德、杜伊斯堡、哈姆市坐落其间。这些城市都建在世界第二大煤田上，为德国生产了三分之二的钢铁，堪称德国战时经济的核心。盟军情报部门报告，一旦鲁尔区丢失，德国再也无力维持战争，届时落入口袋的德军官兵可能多达 8 万。前一个估计正确无误，后一个估计未免太少了。

为摆脱迫在眉睫的危险，莫德尔请求希特勒批准，至少让他设法率领军队撤往东面，不出所料，元首拒不批准，鲁尔要塞必须坚守到最后一兵一卒，牵制盟军大批作战力量，为新式武器和新建兵团争取时间，这样才能转守为攻，扭转态势。反正柏林方面是这么说的。可战场上的现实，跟他们荒诞的幻想截然不同。"生存很重要，我们都觉得输掉战争很可怕。我们用了不少时间猜测自己可能会落入何种境地，无非是身陷囹圄之类的事情。我们一个个城镇沦为废墟，怎样才能活下去？会发生些什么呢？"[2]

不是所有德军官兵都赞同奥托·亨宁的看法，罗伯特·福格特在诺曼底负过伤，伤愈后归队，目前在鲁尔区作战："我们是军人，当初向元首起过誓。我不认为凭手里的'铁拳'能打赢战争，可开小差还是算了吧，我从没有过这种念头。"另一个德国兵也有同感："我觉得德国本土的人都不会当逃兵，只有奥地利人和德侨能干出这种事。"[3]

为加强德军官兵的抵抗意志，纳粹出台了严厉的惩戒措施，党卫队队员和宪兵组成执法队，无论遇到什么人，都有权检查对方的证件，就地处决疑似玩忽职守的家伙。约瑟夫·戈培尔在国家广播电台宣读了一份公告：

不履行自己职责的人，经即决审判，会被吊死在灯柱上。另外，还要把告示牌挂在他们的尸体上："我吊死在这里，是因为我是个懦夫，不敢挺身保卫帝国首都。我被吊死是因为我不相信元首。我是个逃兵，所以看不到这个历史的转折点。"

大多数情况下，行刑者不会费心思编写长长的说明性文字，挂在倒霉蛋脖子上的木板只是简短地写道："我是个懦夫！"有个德国平民记得："党卫队队员找到几个躲起来的小伙，把他们当作叛徒绞死了，还警告道：'不敢挺身而战的人必须去死！'树木不够用，就把人吊死在灯柱上。到处都能见到吊着的尸体，有军人也有平民，有男人也有女人，都是被一小群狂热分子处决的普通公民。"

平民百姓不敢把吊着的尸体放下来，生怕招来报复。罗伯特·福格特别无选择："某个狂热的军官可能会毙了我们，所以只要还有武器，还有命令，我们就得继续打下去。"但不是所有人都这么看，就连精锐的武装党卫队也不例外，"弗伦茨贝格"师某个身陷囹圄的士兵称："我当了逃兵，他们可能会判处我死刑，可我至少现在还活着，总好过死在战场上。"德国人抵抗到底的决心不断瓦解，党卫队关于民众情绪的内部报告坦率地指出："直到最后几天，民众仍抱有一丝残念，认为'神奇武器'能产生奇迹，这种信念完全是宣传工作娴熟而又刻意地培养起来的。"

新式"神奇武器"没有出现，德国军队土崩瓦解。向东攻击前进的英国第2集团军，3月26日呈交了一份惊人的报告："敌人彻底垮了，莱茵河与易北河之间绵亘的防御体系不复存在，现在很难看到还有什么能阻挡我们的挺进。"

几天后，也就是1945年愚人节，英美先遣部队在利普施塔特会合，此时离他们在韦瑟尔渡过莱茵河才过去一周。整个B集团军群落入4000平方英里左右的大口袋。盟军起初估计8万德军官兵陷入合围，随后把数字增加到12.5万，最后增加到15万，但还是严重低估了口袋里的德军人数：实际上高达32.3万，包括25名将军，还有一位海军少将和一位陆军元帅。[4]格尔达·埃尔哈特是B集团军群司令部的参谋助理，他看见孤身孑影的陆军元帅：

莫德尔迈着大步走来走去，像困在笼中的猛虎。他不知道该如何是好……在他看来一切都结束了……我现在什么也不在乎了。我躺在苹果园里，美国佬的炮弹一发接一发从空中呼啸而过。我看见莫德尔的绘图员。"我打算步行去慕尼黑，跟我走吧！"我受够了，该回家了！[5]

心灰意冷的不止埃尔哈特一个，罗伯特·福格特也是如此，美军发动进攻时，他正忙着据守公路：

> 此举毫无意义，我们正为注定要失败的事业赌上性命。就连我们也知道，战争输掉了。于是我们把武器抛入小河，挥着白手帕朝公路走去。

盟军主力攻往易北河之际，留下18个美国师肃清鲁尔口袋。莫德尔手下的参谋罗尔夫·蒙尼格尔回忆道："我们遭到追杀，一点不夸张，真是追杀。眼下不再有合适的指挥部，我们只好找地方停车，通常停在树林里，至少能有点隐蔽。"希特勒下达命令，指示B集团军群突围，蒙尼格尔没加理会，觉得这道指令无关紧要了，莫德尔得知后大发雷霆："我真该当场毙了您！"他的怒火没吓到蒙尼格尔："枪毙我也不那么容易，因为我们既没有枪支也没有弹药。"

绝望之余，莫德尔请求柏林给他的军队空投补给。这种要求显然无法满足，德国空军几乎已不复存在，所以柏林拒绝了他的请求。此时，莫德尔只有20%的部下仍有武器，局势已然无望，他最终悻然认命。4月15日，莫德尔打发麾下16岁、17岁的小伙，以及40岁和40岁以上的士兵离开。他没有率领残部投降，两天后解散了B集团军群，批准部下放下武器设法逃回故乡。莫德尔随后召集司令部人员："我们是否已尽一切努力，从历史的角度证明我们的所作所为正确无误？失败的指挥官还能做些什么呢？古时候，他们会服毒自尽。"

罗尔夫·蒙尼格尔回忆道："莫德尔告诉我们：'诸位，一切都结束了，我们没什么可做的了，何去何从你们自行决定。'就这样，一切都结束了，没有更多命令，就剩我们6个仍穿着军装。"

柏林的反应相当强烈。戈培尔在广播里兴风作浪，大肆抨击B集团军群，说他们是"背信弃义的鲁尔军队"。莫德尔长期担任希特勒的"救火队员"，不折不扣地执行元首下达的各道命令，从没提出过任何质疑，此时却对剩下的3名同伴说道："我现在由衷地认为，自己原先效忠于一个罪犯。我凭良心领导自己的部下……却是为犯罪政府效劳。"有充分的理由认为，莫德尔用了太长时间才认清这个基本事实。他突然转变立场，可能是受到以下消息刺激：苏联政府以战争犯罪起诉他，尤其是他在苏联境内参与了大规模强制驱逐平民百姓的勾当，没有证据表明他直接涉事，甚至没有证据证明他知道这些事，但他确实视若无睹地看着数十万百姓踏上死亡之路。

3 天后的 4 月 21 日，美军不断逼近，莫德尔带着身边仅剩的一名副官，驱车驶入杜塞尔多夫东北面一片树林。他指指伐木路，汽车调转方向驶入树林深处。莫德尔随后吩咐副官停车，两人走下汽车。莫德尔把婚戒和写给妻子的信塞入信封，交给身旁的副官："陆军元帅不会投降，不可能这么做。"他朝一棵老橡树走去，指指树旁的地面说道："您就把我埋在这里。"说罢，莫德尔掏出瓦尔特手枪，对着头部扣动扳机。[6]

B 集团军群灰飞烟灭，西线德军时日无多。没有天然防御屏障可供他们构设防线，眼下也没有大股兵团能阻挡英美军队推进，对方攻入德国腹地不过是时间问题罢了。从这一刻起，德军的抵抗断断续续，毫无章法，但他们确实仍在抵抗，交战双方都付出了高昂的代价。当年 4 月的交战中，美军阵亡人数超过 1 万，确切地说是 10677 人，几乎与诺曼底登陆后一个月的损失数相当。德军阵亡官兵的数字高得惊人，多达 28.1 万，但大多阵亡在德国东面的东线。

英美两国与苏联商定的分界线是宽阔而又蜿蜒的易北河。至少可以说，德国人在分界线东西两侧的遭遇截然不同。查尔斯·亨特·格哈特指挥的美国第 29 步兵师呈交的报告恰如其分地描述了易北河西面的状况："只要允许部下搜罗战利品，部队就能全速挺进。"东面的苏联红军官兵受到鼓励，对当初残酷欺辱自己祖国的这个国家施以报复。大规模强奸和破坏成为常态。有个苏联军官坦陈："我们的战士朝那些想救孩子的父母开枪。"[7]

德军残兵败将做出的应对，反映出他们眼下遭受的威胁。党卫队"警卫旗队"装甲师有个候补军官，先前参加过阿登山区的鏖战，目前在慕尼黑南面加入某战斗群："我们……企图阻滞美国佬推进，可我们没有全力以赴……军官允许部下开小差，这是有史以来的第一次，待我们到达巴德赖兴哈尔，只剩 400 来人。"[8]

德国国防军最后几个月的态度，费利克斯·施泰纳指挥的党卫队第 11 装甲集团军堪称风向标。该集团军 2 月初组建，辖内部队只够编一个军，冠以集团军番号仅仅因为"装甲集团军听上去更威风"。他们立即展开"至日行动"，在波美拉尼亚打击红军暴露在外的翼侧。施泰纳集团军一路猛冲，到达遭受围攻的阿恩斯瓦尔德镇，不仅救出 2000 名守军，还疏散了城内居民。面对红军，他们顽强奋战，该

247

集团军的瑞典志愿者埃里克·瓦林回忆道：

> 我操纵机枪猛烈射击……我们的武器喷吐着火焰和死亡……我看见个俄国人穿过洼地朝我们扑来……他举起冲锋枪朝我打了个连发……我端着突击步枪，等待他靠近……俄国佬终于犯了错……没等他反应过来，我扣动扳机，子弹在他两眼间留下个弹孔。

瓦林随后投入另一场进攻："伴随疯狂的'呼啦'呐喊，我们穿过灌木丛向前冲去，手里的武器猛烈射击……没用几分钟，我们就夺回了整片林区……战场上到处是毙命的敌军官兵。"德军付出的代价也很大，瓦林的机枪副射手格鲍尔"是德国农民的儿子，来自罗马尼亚，才 19 岁……他突然被猛地向后甩去，倒在一旁……子弹击中他左眼下方，射穿了他的脖子。格鲍尔还活着，他搂着我……'写信告诉我妈妈。'他的手渐渐松开，双臂垂下……机枪组就剩我一个了"。

德军收复阿恩斯瓦尔德，红军迅速前调新锐力量，"至日行动"逐渐消退，党卫队第 11 装甲集团军调往南面，改由炮兵上将瓦尔特·卢赫特指挥。集团军参谋长弗里茨·埃斯托上校指出："［集团军辖内］没有一支完整的部队具备真正的战斗力，没有值得一提的炮兵力量，没有预备队，也没有空中支援。"大部分作战师在北面与红军作战期间严重受损，面对攻往哈茨山的美国军队，他们除了后撤别无选择。

阿尔弗雷德·施图尔姆的"施图尔姆师"，眼下的编成很有代表性。该师原先只有 2000 人，短短一个多星期搜罗了大批散兵游勇，到 4 月 10 日，兵力达到 7000 人，但开小差的现象很严重。两周后，施图尔姆只能召集起 30 来人，几乎都是他身边的参谋人员，其他人直接扔掉武器回家了。3 个德国兵朝停在路旁的一辆美军坦克走去，啪的一声立正，高举双手向美国人投降，坐在炮塔上的美军中士一脸困惑："滚开！我们不会给你们吃的！"

在高级军士卡尔·尧斯看来，最重要的时刻是"我们首次看见一栋栋房屋挂着白旗"。年轻军官瓦尔特·弗尔贝和保罗·森哈斯记得战争结束的那一刻。弗尔贝回忆道：

> 我们在村口挖掘了堑壕……突然，我们看见美国佬的坦克驶来……他们也发现

了我们。几乎是同时,剧烈的爆炸声在我们身边响起,美国佬朝我们射了几发高爆弹,炮火吞噬了我们,随后一切平静下来。我旁边的泽普负了致命伤,弹片击中我小腿和大腿,我无法行走。由于失血过多,我晕了过去,其他战友把我藏在农舍地窖里,过了一阵子我才苏醒过来。后来我去了军医院,然后坐了两年牢。

保罗·森哈斯记得:

我们征用了一辆民用汽车……我跟另外3名战友驱车上路,我坐在左前保险杠上……一扇扇窗户此时挂出白旗……随后,一辆美军装甲车击中我们……我跌入路边的沟渠,身负重伤,大腿和左脚各挨了一颗子弹,另一发跳弹射穿我左下臂,擦过动脉,导致神经受损……过了一会儿,美国兵俘虏了我们。

西面仍有抵抗,但这些战斗大多敷衍了事,扬·蒙克证实:

当年4月,我们唯这位旗队长马首是瞻,那段日子很奇妙。他吩咐我们尽量多搞点手枪、机枪、迫击炮、"铁拳",于是我们拦下几支军用车队,搜罗我们想要的东西,再把这些武器装上卡车,运到某座农场的隐蔽处。我当时以为这一切肯定跟"狼人"组织有关,他们都是党卫队队员,发誓要展开游击战,决不投降,可实际情况根本不是这样……我们随后分开了,我又一次奉命指挥由希特勒青年团和帝国劳工组织的小伙组成的连队,他们大多16岁,也有些才15岁。我们待在慕尼黑东北方的埃根费尔登……那里有一条进入树林的道路,我的任务是占据防御阵地,阻挡敌坦克通过。我派这群小伙挖掘散兵坑,吩咐他们无论如何都得隐蔽好。他们斗志昂扬,决心为战争尽把力。没过几个钟头,10~12辆美军坦克出现了,没有步兵伴随。道路很窄,而且高出周边田地,迫使敌坦克不得不一辆接一辆列队而行,这给我们提供了有利的战机。我率先开火,击伤为首的敌坦克,美国佬火力全开,朝树林猛烈射击,直到我觉得他们耗尽了炮弹。我看见受损坦克的组员登上另一辆坦克,随后朝来的方向退却。连里的小伙没有一个负伤,一切都很好,可态势已然无望。我告诉他们,趁最靠近的敌机赶来轰炸前,咱们得赶紧转移。回到附近村庄的安全处,我告诉这群小伙,就这样了,大家赶紧回家吧。有些小伙失望不已,甚至失声痛哭。

这是我唯一一次遭遇美军。

蒙克和他那群小伙很幸运。胜利在即，和平就在眼前，很快能回家了，许多盟军官兵不愿再冒任何风险，对德国人负隅顽抗的一切挥之不去的迹象愤怒不已，英国皇家坦克团的埃利斯中士明确无误地指出：

我们大老远跑来，可不是为了在战争最后几周挨揍，或被这帮小子滋扰……他们的打法屁用没有……他们想打巷战，可采用的手段只有在开阔地才能奏效。例如，他们投掷手榴弹，随后躲入屋内，我们随即用主炮轰击房屋，几炮就把屋子轰塌了……我们的主炮开火时，他们不仅没散开，反而聚在一起，真可悲！[9]

埃利斯的做法无可指责，毕竟德国国防军和"狼人"仍在戕害盟军官兵。4月21日，蒙哥马利最喜欢的联络官约翰·波斯顿少校驾驶吉普车外出期间遭遇伏击，在同疑似"狼人"游击队的枪战中丧生。盟军迅速做出果断应对，美国第5步兵师有个士兵回忆道：

某天，我听见屋外传来喧闹声。透过窗户望去，我看见个美国兵推着个平民往前走，他哭得稀里哗啦，大声咒骂那个平民杀了他朋友。对方吓坏了，企图挣脱。没过一会儿，我听见一声枪响。我们这些待在屋里的人面面相觑，随后又各自忙起自己的事情。[10]

不过，投降现在成了司空见惯的事，负伤的里夏德·冯·罗森解释道："当年4月，每天都有一座大城镇陷落。很明显，末日即将到来，哪怕发生奇迹，也无法阻止我们的彻底失败。4月20号是元首的生日，戈培尔发表讲话，大唱赞歌，一如既往，他最后说道：'愿他继续领导我们，永远是我们的希特勒！'"

一等兵亨利·梅特尔曼和战友躲在地下室里，被美国人包围了：

我对几个战友说道："好吧，事已至此，咱们得投降了。"没人反对……我把白毛巾绑在扫帚把上，登上地下室台阶，推开门走上街头，其他人跟在我身后……对面人行道上一群妇女盯着我们，其中一个语带讥讽地说道："看，他们就是希特勒最后的希望。"

东线的情况完全不同，那里的德军官兵继续战斗。为什么？他们究竟想达成什么目的？胜利是个遗忘已久的美梦，同英国人、美国人携手对付苏联人的想法虚无缥缈，关押在遥远英国湖区的库尔特·迈尔和同袍现在终于醒悟过来：

我们原以为欧洲人民会改变想法，阻止红军武装占领德国东部和中部，可我们打错了算盘。一切自有定数，亚洲人到达易北河，进入欧洲腹地。德国彻底崩溃，让我们惊骇莫名。虽说我们这几周一直有心理准备，可还是深受打击……我们好几个月没有家人的音信，谁都无法确定自己的家人在哪里，甚至不知道他们是否还活着。[11]

苏联红军 1939 年秋季确实伙同德国国防军入侵了波兰，华沙起义期间，斯大林确实不允许盟军飞机为波兰家乡军空投物资后降落在苏联机场，大联盟也确实出现过些裂痕，但没有分崩离析。不管怎么说，英国皇家海军 1940 年 7 月在凯比尔港打死 1300 名法国水兵，1942 年 11 月，美军登陆法属北非，又击毙 1400 名法国官兵，更别说盟军的轰炸造成近 7 万名法国男女老幼丧生，法国人都容忍了。最终的胜利就在眼前，英国首相温斯顿·丘吉尔耗尽心思、采用种种手段才建立的伙伴关系，眼下肯定不会破裂。因此，德军官兵放弃了虚无缥缈的幻想，转而面对残酷的现实，1945 年春季的现实，就是让尽可能多的德国百姓和东线官兵逃离苏联人的魔爪。换句话说，东线将士为每一寸德国土地顽强奋战，好让百姓和自己的战友逃往西面，对德国国防军备受忽视的海军和海军将士而言，这也是他们最后一次出击。

卡尔·邓尼茨投入一切能开动的舰船，策划、组织了可能是史上最大规模的海运救援——"汉尼拔行动"，希特勒没有横加干涉，邓尼茨顺利完成了行动。1945年 1 月 21 日—5 月 9 日，德国海军把 200 多万军民从库尔兰半岛、东普鲁士、波美拉尼亚、德国波罗的海沿岸地区疏散到西面。1000 多艘舰船参与其中，既有"希佩尔海军上将"号战列巡洋舰这种主力舰，也有不定线货船和游艇。

无论这些舰船运载的是军人还是平民——当然许多船上既有军人也有平民——苏联海空力量都把她们视为合法目标，施以猛烈攻击。他们击沉约 206 艘舰船，包括昔日的大型邮轮"威廉·古斯特洛夫"号。这艘邮轮 1 月 30 日从但泽起航，1.1 万名军人和平民挤得满满当当，亚历山大·马利内斯科指挥的 S–13 号潜艇发现了她。追踪几个钟头后，马利内斯科朝对方发射了 4 枚鱼雷，1 枚卡在发射管内，另外 3 枚命中目标，"威廉·古斯特洛夫"号在劫难逃。此时天寒地冻，船上的绞车被冻住，没办法放下救生艇，再说救生艇的数量也远远不够，邮轮沉入汹涌的海浪，船上大多数人没过几分钟就冻死在冰冷的海水里。附近几艘德国船只救起 1000 人，但 10600 人淹死在海里，包括 5000 个孩子。相比之下，"泰坦尼克"号海难只有 1500 人丧生。时至今日，"威廉·古斯特洛夫"号的沉没依然是史上丧生人数最多的海难，真是谢天谢地。

当年春季，波罗的海发生的大悲剧不止这一起，11 天后，马利内斯科又击沉"冯·施托伊本将军"号班轮，船上 4000 人葬身海底。战争结束后，苏联海军在德国人疏散期间的所作所为引起广泛争议，相关著作也很多，不时冒出"战争犯罪"之类的词语。实际上，德国人和苏联人都遵守了当时的战争法规，德国人没提醒苏联人，"威廉·古斯特洛夫"号是医院船，或是只搭载平民的船只，因为她确实不是，船上有 1600 名军人，包括 373 名女性辅助人员，伤员只有 170 来人。邮轮还安装了高射炮，所以是个合法打击目标。德国作家京特·格拉斯指出："他们说'威廉·古斯特洛夫'号的悲剧是战争犯罪，其实不是。这场灾难很可怕，可它是战争造成的，是战争造成的可怕后果。"[12]

对苏联海军更恰当的评论是，纳粹德国 1941 年夏季入侵苏联，红海军为战争做出的贡献乏善可陈，所以战争临近结束，他们可能想通过击沉敌国船只来崭露头角，哪怕船上挤满无助的难民。

疏散行动成为德国海军的最后一幕。海军总司令部 4 月 30 日下达指令，收到"彩虹"代号就凿沉舰队残余的舰艇。波罗的海、挪威沿海地带周围的港口和锚地，德国水兵等待着即将把希特勒海军力量送入海底的信号。

与海军不同，德国空军没能给逃往西面的军民帮上什么忙，这股作战力量眼下只剩一具空壳。德国的领土不断萎缩，一个个机场和疏散机场上，数百架德国飞机停飞，因缺乏油料、零配件、飞行员（或三者都缺）动弹不得。跟许多袍泽一样，诺贝特·汉尼希想尽办法升空，一心为地面上的战友提供些援助。4 月 6 日，他和僚机起飞后赶去迎战敌机：

我抬头望向右侧的大海，敌机就在那里，20架伊尔-2排成紧密编队，紧贴高低不平的云底，以此为掩护，不时进入、消失在我的视线里。敌机很聪明，因为这样不会遭到来自上方的攻击。"北极狐1号的1号机呼叫，与敌人接触，我正发起攻击……"我逼近敌人的长机。以往的经验告诉我们，飞行编队长机通常是唯一听取任务简报的飞行员，只要击落他，剩下的敌机往往会彻底不知所措。我从50米外用机炮朝对方的散热器打了几个短点射……敌机机腹窜出一团火焰……这架依柳辛前倾，像火炬那样拖着熊熊火焰栽入海里……编队里其他敌机散开……不远处冒出另一架敌机，我再次发动攻击，敌机中弹起火。我看着那架伊尔-2坠入波罗的海，跟他的长机做伴去了。这是我在战争中取得的第42个击落战果，也是最后一个。

13天后，西线仅剩的Bf-109联队，也就是绰号"黑桃A"的第53战斗机联队，声称他们取得战争期间最后一个战果，击落美军一架P-47"雷电"战斗机。从这一刻起，整个制空权彻底落入盟军手里。借助这种优势，美国第8航空队4月25日发起最后一场空袭，第15航空队次日也投入行动，但他们再也找不到可供打击的目标了。德国空军升空时，地面上的战友对他们付出的努力心存感念，汉斯·冯·卢克证实：

我们得到过承诺，获得过最高等级勋章的著名战斗轰炸机飞行员鲁德尔上校会提供协助。他擅长驾驶配备反坦克炮的Ju-87俯冲轰炸机，朝俄国人的坦克部队俯冲，以直接命中的方式击毁敌坦克……经历了漫长的艰难时刻，我们这些老兵再也不用毫无掩护地暴露在敌人的空中力量下，这种感觉真棒。但最重要的是，许多年轻人首次参加战斗，空中支援鼓舞了他们的士气。

鲁德尔、汉尼希和幸存的战斗机飞行员竭尽全力支援战友，但地面上的主要战斗依然是德军官兵竭力挡住红军。赫尔曼·范盖齐格姆是"追猎者"坦克歼击车报务员，兼任机枪手和装填手，此时就在德国东部的红军进军路线上：

一片混乱，到处是俄国人，所有人都赶往柏林方向。这种情况在地图上看得清清楚楚。所有道路从柏林向东呈扇形散开，自1945年2月起，这些道路上到处都是俄国人的坦克。在我们看来，情况很有利，用不着四处寻找目标，他们都在这里，目标太多了，不可能错过。我们离柏林60公里左右，待在一个名叫旧弗雷岑的小村里，等待俄国人到来……322号"追猎者"坦克歼击车上，除了我还有两个佛拉芒人，古斯塔夫·塞热是驾驶员，米歇尔·帕尔芒捷担任炮手，我们的车长党卫队二级小队长维泽纳是奥地利人。4月18日，星期三，春天终于到来。此时的气候还不暖和，但也不太冷，我们进入阻击阵地，精心伪装了几辆坦克歼击车，炮口指向东面的弗雷岑村，离奥得河超过1公里……我们没等太久，很快听见坦克引擎的轰鸣，几分钟后，一股红军出现了，7辆T-34朝我们驶来，车身、炮塔、发动机舱盖上载着步兵。维泽纳用喉式传声器下达命令，帕尔芒捷知道自己该怎么做，他调整火炮，瞄准不断逼近的目标。一切都是例行公事，但逼仄的战斗舱内，我们浑身是汗，黑色粉尘在我们脸上留下一条条污迹。肾上腺素飙升，此刻一片沉寂，我们屏住呼吸，随后听到维泽纳下达了命令："开炮！"就在这一瞬，伴随剧烈的轰鸣，一发75毫米坦克炮弹窜出长长的炮管，击中敌纵队首辆T-34，直接命中！敌坦克立即停下，腾起火焰，几个敌步兵身上着了火，几名T-34坦克组员发出痛苦的惨叫，企图爬出坦克，就在这时，炮塔爆炸了。窄窄的巷道被堵住了，俄国人的车队陷入停顿，他们只好倒车，退往来的方向，但我们没让他们轻易逃脱。

范盖齐格姆迅速装填，往炮膛里塞了发穿甲弹，帕尔芒捷再次开炮，俄国人根本来不及做出应对：

我们又击毁队列最后方的敌坦克，堵住了整支队伍……随后逐一打击队列中间的战车。俄国人以为通往柏林的各条道路畅通无阻，我们早已逃之夭夭，可接下来的事情却让他们知道，我们狠揍了他们，他们陷入困境。没用几分钟我们就把7辆敌坦克消灭殆尽，看着敌人的战车起火燃烧，我们兴奋不已。这场伏击打得很轻松，甚至很有趣，结果我们忘了自身的安危，忽略了先前学到的各种教训和规则，形势随后发生逆转，俄国人前调火炮，现在轮到我们挨揍了。

赢得胜利的维泽纳高兴过了头，爬出"追猎者"，跟旁边一辆战车的车长聊了起来。就在这时，另一辆突然出现的苏联坦克开火射击，炮弹击中他胸部，把他炸成碎片后从他后背穿出，继续飞向前方。范盖齐格姆跳下战车，朝倒下的车长跑去。到达维泽纳支离破碎的遗体旁，一切都来不及了，他只好掰断维泽纳的身份牌，拿了半块返回自己的"追猎者"。

车长阵亡，剩下的组员犹豫了片刻，结果造成灾难性后果。苏联坦克再次开炮，直接命中322号"追猎者"，没过几秒，这辆坦克歼击车起火燃烧。古斯塔夫·塞热身负重伤，可还是爬出损毁的战车，参与战斗的几个党卫队伞兵把帕尔芒捷和范盖齐格姆拽出战斗舱。苏联坦克炮弹的猛烈冲击撞晕了范盖齐格姆，但他毫发无损。帕尔芒捷就没这么幸运了，他被弹片重创，还严重烧伤，战友把他和塞热送到西南面几公里的布利斯多夫村，野战医院设在那里。弹片在帕尔芒捷的肩膀和后背上削掉块肉，骨头露了出来。担任医护兵的佛拉芒人斯坦·斯海尔切斯紧急救治负伤的炮手，还安慰他："米歇尔，我的朋友，伤不重，你会没事的。"肯定不会没事，听着斯海尔切斯的话语，帕尔芒捷眼中的泪水滚滚落下，固然是疼痛的缘故，但也是因为他想到自己死后，他弟弟就一个人待在前线了，几周前，尽管米歇尔极力反对，可他弟弟还是加入了武装党卫队。

天黑后，由于担心苏联人来袭，急救站不得不疏散。工作人员和伤员别无选择，只得躲入西面的树林。混乱中，斯海尔切斯跟帕尔芒捷失去联系。负伤的佛拉芒人亚历山大·科伦是最后一个见到那位年轻炮手的人。帕尔芒捷列入"战斗失踪"人员名单，他和车长维泽纳的遗体再也没找到。范盖齐格姆很快康复，继续从事战斗，而古斯塔夫·塞热的伤势很重，虽说活了下来，但终身残疾。范盖齐格姆的连队当日击毁苏联16辆T-34，322号坦克歼击车取得7个击毁战果，全体组员获得二级铁十字勋章：

我们殊死奋战，但损失太大了。我们在柏林附近耗尽了一切，没有坦克，没有火炮，没有空军，甚至没有弹药，只有越来越多的俄国人。许多战友不是阵亡就是负伤。经历了奥得河战役，有组织的抵抗土崩瓦解，我们继续战斗不过是为了求生。所有人向西逃窜，可我们是武装党卫队，早就发过誓，虽然知道战争输掉了，但我们还得继续战斗，别无选择。

苏联红军忙着消灭波罗的海沿岸负隅顽抗的几座港口，还在维也纳附近鏖战，但他们的主力正赶去攻克柏林。斯大林没有协调麾下军队的政治顾虑，所以不需要像艾森豪威尔那样采用"宽大正面"战略，更乐意鼓励高级指挥员展开竞争，他告诉伊万·科涅夫和格奥尔吉·朱可夫，攻克柏林的荣誉归于率先到达的指挥员。

在两位元帅调集重兵发起突击之际，德军把现有兵力悉数投入塞洛高地，那是红军与柏林之间最后一片可供防御的阵地。但正如某个党卫队掷弹兵说的那样，派来据守阵地的补充兵根本派不上用场："我们简直不敢相信自己的眼睛，这帮倒霉蛋，有个瘸子，有个聋子，另一个近视，还有个驼子！我身旁的战友开玩笑说，我们得派两个人一同站岗，一个能看见敌人，另一个能听见敌人逼近！"

埃尔温·巴特曼仍在前线全力拼杀，此时他指挥重机枪班，目睹了红军对塞洛高地的炮击：

> 我停下来，看着地平线腾起一股股云团，剧烈的闪光从里面照亮了云团……4月20日凌晨2点30分，俄国人发动全面突击，他们遭受了惨重的伤亡。清晨5点30分，对方实施猛烈的炮火准备，再次发起冲击。我们再也无法守住阵地，持续不停的射击导致枪管过热，机枪已无法使用……我们的处境岌岌可危，现场没人指挥，指挥官都已逃离，我们的连长是个十八九岁的年轻人，没有战斗经验……我的排长是个军校学员，他告诉我，我们的团长、一级突击队大队长罗森布鲁赫已自杀身亡。

巴特曼觉得，最糟糕的情况莫过于眼睁睁地看着苏联坦克载着士兵隆隆驶向柏林："敌人把德国妇女和姑娘，甚至孩子绑在炮管上，就这样从我们身旁驶过，我们什么也做不了，更别说朝他们开火了。"令人难以置信的是，德国空军此时仍在柏林上空奋战，尽管约翰内斯·考夫曼知道战争已经输掉了："我们从柏林上空飞过，执行武装侦察和自由猎杀任务，在此期间，我又击落3架敌机，都是俄国人的雅克-3战斗机……这场战争显然到了山穷水尽的地步。"

到4月22日，"千年帝国"的首都几乎彻底陷入合围，与外界隔绝。150万居民早已逃离，另外175万人困在柏林城内，有个居民在日记里写道："街道上起火了，俄国人迈着沉重的步伐沿街道而行，一个个身材魁梧，穿着皮夹克和高筒皮靴。"

希尔德加德·特鲁茨问身为党卫队队员的丈夫，接下来会发生什么事："我问他人民冲锋队的情况，他说他们成事不足败事有余，一个个胆小如鼠，甚至不是国家社会主义者，但不管怎样，这一切很快就会结束了。"特鲁茨的丈夫恩斯特再也不相信什么最后的胜利了，但某些德国人仍对希特勒笃信不疑，觉得他能挽救柏林。弗里茨·米尔巴赫就是其中一个，他在东普鲁士的战斗中负伤，被疏散到柏林治疗："文克将军指挥的解围军团正赶往柏林，据说西方盟国的军队已经跟我们合兵一处，共同对付俄国人。另外，元首手里还有一种可怕的'神奇武器'，一旦其他措施无法奏效，他就要使用了。"[13]

米尔巴赫的三个猜测都是幻想，希特勒根本没有随时可用的"神奇武器"，英美军队也没有跟德国国防军合流，文克第12集团军被红军挡在波茨坦郊外。装甲兵上将瓦尔特·文克拼命为注定要陷落的柏林城打开一条走廊，好让困在城内的军民逃离，他激励部下全力以赴："同志们，你们还得再冲一次……不是为解救柏林，也不是为挽救帝国，而是为救出柏林城里的人。"

德国2004年拍摄的电影《帝国的毁灭》里，出现了充满戏剧性的一幕，恰如其分地体现了当时的真实情形。4月22日下午，希特勒得知救援行动失败，这位独裁者情绪失控地怒吼起来，朝身旁的亲信发泄怒火，他终于承认战争输掉了。尽管承认战败，但他和身边的亲信都没有采取合理的措施，尽快结束所有人遭受的苦难。相反，希特勒沉溺于虚无世界，躲入自己的房间，任由残酷的杀戮在上方的市区肆虐。据飞越柏林上空的约翰内斯·考夫曼说，整座城市沦为"一片冒烟的废墟……除了大片碎石瓦砾，什么都不剩，一幅彻底毁灭的景象，几乎见不到可供识别的地标"。

柏林城内，形形色色的部队、不同国家的守军混杂在一起，跟德国国防军和党卫队的德国兵并肩奋战的，既有法国人、拉脱维亚人，也有挪威人、丹麦人、瑞典人。瑞典志愿者埃里克·瓦林也在他们当中：

我这个连，残余人员都在赫尔曼广场南面几条街道上战斗……我们赶往市中心，途中见到的混乱情形令人沮丧，好多德国兵站在门口，手里没有武器，还有些士兵喝得大醉，踉踉跄跄地走在街道上，根本不在乎呼啸袭来的炮弹或炸弹。

武装党卫队军官亨利·弗内是个法国志愿者，腿部负伤后被送到师指挥所救治。他刚想离开师部归队，师长古斯塔夫·克鲁肯贝格便问道："您去哪里？"

"回营里。"

"别急着走，您现在站不起来，就待在师部吧，命令让传令兵传达。"

戴着眼镜的弗内连声反对，但无济于事。激烈的战斗在各条街道肆虐，守军以"铁拳"抵御红军的进攻，武装党卫队的法国志愿者干得尤为出色，弗朗索瓦·阿波洛和欧仁·沃洛因表现突出获得骑士铁十字勋章，可由于随之而来的混乱局面，两枚勋章都没得到确认。[14]威廉·韦伯是在法国志愿者营服役的德国军官，他站在俯瞰威廉大街的一堵墙上，指着个弹孔对身旁的战友说道："看，很漂亮吧！"他指的是他刚刚击毁的一辆 T-34。没过多久，瓦林从事的战斗结束了：

> 我赶去探望战友林德瑙，途中，一堵山墙突然朝我们压下来……身后传来剧烈的爆炸，就在几部车辆间……我们的半履带车几乎被炸成碎片！几部车辆起火燃烧，我的部下倒在四周，整个排 20 来人都完了……我的军装被撕碎了，我一直很喜欢脚上那双漂亮、柔软的军官靴，现在也毁了……我摸摸左脚，湿漉漉的，是血，我负伤了。我大腿上有个很大的洞，我喊道："我负伤了！"随后晕了过去。

瓦尔特劳特·威廉斯是个平民，此时躲在柏林的地下室里，暗暗祈祷战斗赶紧结束：

> 到 4 月 26 日，也就是我生日那天，结局越来越近……只是时间问题而已。国防军和党卫队小股部队企图合兵一处继续战斗……我记得一辆德国军用卡车停在我们的住处外面，有个租户，是个老太太，她跑入屋内喊道："肉！肉！他们给我们送肉来了！我看见那些肉就放在外面的卡车上！"几个人跑过去查看情况，见到了她说的"肉"。卡车上堆满阵亡的士兵，老太太以为的那些肉，渗出的鲜血从卡车车厢地板往下滴落。

纳粹当局在战斗中堕落到这般地步，瓦尔特劳特深感厌恶："他们企图以形形色色的人充当士兵，给 70 岁和 70 岁以上的老人发一支比利时制造的步枪，再把'铁拳'发给孩子。这是件可怕的武器，他们让孩子扛着这玩意儿去炸毁敌坦克。"

4 月 30 日下午，阿道夫·希特勒和新婚妻子埃娃·布劳恩自杀身亡。多年来，这位纳粹独裁者反复颂扬在战斗中英勇捐躯的美德，数百万德军将士慷慨赴死，可他没有恪守自己的格言，而是决定开枪自尽，堪称一系列背叛中的最后一个。

遵照希特勒的遗嘱，卡尔·邓尼茨出任帝国总统，约瑟夫·戈培尔任总理。最后时刻，戈林笨拙地企图攫夺权力，而希姆莱通过第三方与盟国谈判，结果都被希特勒排除在继任者名单外。戈培尔和玛格达用氰化物和吗啡毒死了他们的 6 个孩子，随后自杀，第三帝国现在由邓尼茨全权负责。

希特勒离世的消息传来，德军官兵五味杂陈。此时在布雷斯劳战斗的亨德里克·弗尔通后来回忆道："这个消息简直把我惊呆了……我意识到，第三帝国覆灭了……我觉得我做的一切，我付出的所有牺牲，都是徒劳。再也无法拯救德国，我们输了。"古斯塔夫·帕尔姆负了伤，跟两个荷兰战友步行赶往什未林的医院，途中听到这个消息："所有士兵都在传，说希特勒死了！我们很震惊，可眼下最重要的是，我们不想落入俄国人手里。"

京特·科朔雷克在日记里写的话，很能代表众人的感受："三天前我们听说阿道夫·希特勒和埃娃·布劳恩自杀身亡。我们很震惊，这位傲慢的领导人居然决定以这种怯懦的方式推卸自己的责任。但没过几个钟头我们就忘了他，因为我们还有自己的问题要解决。"[15] 里夏德·冯·罗森持同样的看法，但他知道战争还没有彻底结束："5 月 1 日，《特别公报》播报了希特勒去世的消息，这件事瞒了我们 12 个钟头，据说他是在'保卫帝国首都的战斗中牺牲的'。一切……终于结束了，我们总算能停止毫无意义的杀戮了。赶紧结束吧，因为恐怖的结局总好过没有结局的恐怖。"

卡尔·邓尼茨目前待在弗伦斯堡的指挥部里，就在荷兰边境附近，他是个地地道道的海军人员，所以立即下达了两道事关海军的指令：舰队继续执行疏散东部军民的任务，直到后续命令下达；撤销"彩虹"计划，不再大规模凿沉舰船。但许多潜艇艇长违抗命令，率领艇员自沉了大约 218 艘潜艇。

战斗仍在继续，可至少在西线，荒原大火只剩余烬，虽说仍能造成破坏，但不过是熄灭前短暂的闪光罢了。武装党卫队军官卡尔·尼科卢西–莱克回忆道：

一群潜艇艇员想跟我们一同战斗，还有个自行火炮连也想加入我们的行列。我们在哈诺马格厂甚至搞到 7 辆崭新的"猎豹"坦克歼击车。美国人从希尔德斯海姆攻往汉诺威期间，我们凭借这些"猎豹"，击毁对方 60 辆装甲和其他车辆。几天后，汉诺威向美国人投降，我们居然毫不知情……我们后来不得不在吉夫霍恩地区炸毁这些"猎豹"，因为我们再也没有弹药了。我和副官后来被关押在那里的美军战俘营。

"狼人"仍以很小的规模展开行动，抵抗纯属个人行为，除了涉事人员，没发生任何值得一提的事情。15岁的胡戈·施特曼肯佩尔因从事"狼人"活动被捕，"一位美国军官审问我，他德语说得很流利，我身后坐着个士兵……我不知道到底是审问的伎俩，还是他听得怒火中烧，反正那个士兵跳起来，拔出手枪抵着我的头吼道：'你这个狼人！'我当时觉得这回完蛋了……可他们随后把我和其他战俘一同关入了监牢"[16]。

富尔达地区的美国驻军逮捕了另一个"狼人"，把他送到监狱，他掏出酒壶请警卫喝，几个警卫没理他，于是这个年轻人自己灌了一大口，随即瘫倒在地——酒里掺了毒。还有个加入"狼人"组织的德国国防军士兵也使用了毒药，他向美军官兵兜售掺有氰化物的白兰地，事发后被捕。审讯期间，他坦率交代了自己的动机：

我在前线打了5年仗，回家后发现家里的房子没了，是你们美国人的轰炸造成的。我还得知我的女朋友跟某个美国军官同居了，他能给她食物。我找不到活儿干，因为美国军政府把我列入纳粹分子黑名单。我恨你们，要是我们有机会报复的话，肯定会动手。[17]

东线，几乎没人因为希特勒死了就考虑投降的问题。毕竟保卫柏林的德国军队战斗到最后一刻，尽管他们缺乏实施抵抗的各种军事资源，可还是让俄国人付出了伤亡30多万的惨重代价，仅阵亡人数就高达8万。但即便在东线，德军官兵也知道一切即将告终，里夏德·冯·罗森承认："不再有战争，和平还没有彻底实现，但没有空袭，没有枪击，没有死亡，也没有肢解。我们现在有了新的生活前景，没有战斗，没有危险，或许有朝一日真能实现和平。"德国国防军残余人员仍有数百万，他们的命运接下来要由今天面对的苏联人决定了。西面的德军官兵往往会扔掉武器，向他们遇到的首批盟军官兵投降。

东线的情况截然不同。德军官兵迅速退却，企图与红军脱离接触，逃往西面，渡过易北河，向英美军队投降。赫伯特·梅格尔就是其中之一："我们一直害怕落入俄国人手里，所有人毫不犹豫地逃跑了……我把最重要的物品塞入野战背包，不假思索就大步出发了……此刻我只想尽快逃离俄国人的魔爪，逃离坠入西伯利亚地狱的噩梦。"党卫队"霍斯特·韦塞尔"师某个士兵发现，红军不是唯一的威胁：

我在师里当文书……师里有些会说德语的士兵是匈牙利人……我听说他们放下了武器。不管怎么说，全营必须整顿，师军法官押着党卫队战斗工兵舍尔策到来。军法官当着我们的面枪毙了他，罪名是在敌人面前表现怯懦……打那以后，整个部队士气低落，士兵现在只用匈牙利语交谈。

穿过捷克领土后撤期间，这位党卫队文员发现，先前温顺的当地人一反常态"司机烧毁车辆，我们扯掉军装上的党卫队徽标……这救了我们的命，没落在捷克人手里饱受折磨而死……捷克人在俘虏里搜寻党卫队队员，找到后就用马刀或诸如此类的东西狠揍一通，然后推入土坑里枪毙。"党卫队小队长弗朗茨·文施也穿过捷克领土逃往奥地利：

整个国家似乎都奋起反抗了，到处挂着捷克的旌旗……我们追上其他师源源不断的后撤纵队，有的骑马，有的步行，所有人都沿波西米亚各条道路朝同一个方向退却……德国军队土崩瓦解的迹象随处可见。这种情况下，只有少数部队继续保持军纪。各条道路挤得满满当当，部队行速缓慢。

党卫队掷弹兵赫尔曼·梅尔歇尔才16岁，他的部队竭力掩护逃离布拉格的德国平民：

我右小腿先前挨了颗子弹，伤还没痊愈，可军医说"伤口看上去还不错"，认为我"适合服役"，于是我奉命赶往布拉格……我们同敌人首次发生接触……突然间，火力似乎从四面八方袭来……我们奋力向前，枪声突然停了。我们朝第一排房屋走去，四下里寂静无声，真怪异……游击队又开火了，率领我们的二级突击队中队长埃特尔命令道："准备进攻！"他拔出手枪冲上道路，一声枪响，他倒下了，不停地呻吟。党卫队队员迪尔维茨冲上去把埃特尔拖到墙后，结果他自己的后背却负了贯穿伤。埃特尔脸色苍白，嘴里吐出血沫；迪尔维茨浑身是血，吐出几颗牙齿。

海因茨·克诺克从布拉格驱车向北："伴随一声爆炸，汽车剧烈晃动，方向盘坏了，车辆失控，一头撞上桥梁护栏。我旁边的京特·格哈德通过挡风玻璃被甩了出去，断了条腿……我的左膝和右盆骨骨折……腿上挨了好几块弹片，鲜血从军靴渗出……这是蓄意破坏，捷克恐怖分子在路上埋了地雷。"不管怎样，对克诺克来说战争结束了。

许多事情表明，其他人迎来的结局，简直是一出充满官僚作风、傲慢自负的闹剧。西线的主要战线上，德国人企图向蒙哥马利求助。海军大将汉斯–格奥尔格·冯·弗里德堡接替邓尼茨出任德国海军总司令，奉命来到吕讷堡草原的英军司令部，这里原先是德国军队的训练场。戴着贝雷帽的英国陆军元帅接待了他，一如既往，蒙哥马利的话很刻薄："你是谁？我从没听过你的名字，你来这里想做什么？"弗里德堡想谈判，可蒙哥马利立即打断了他的话，除了无条件投降，没什么可谈的。5月4日黄昏，弗里德堡签署了无条件投降的降书，100万德军官兵随之沦为战俘。

次日，约翰内斯·布拉斯科维茨在瓦赫宁恩的旅馆房间里，把麾下军队和荷兰交给盟军，此处就在沦为废墟的奥斯特贝克村西面。两名美国记者发现，目前依然是西线总司令的阿尔贝特·凯塞林，他那辆5节车厢组成的专列停在奥地利边境的侧线上。凯塞林误以为他俩是艾森豪威尔派来的特使，于是邀请对方共进午餐，用火腿、卷心菜、土豆、啤酒款待他们。发觉自己弄错后，"微笑的阿尔贝特"往后靠了靠，笑着说道："哎呀，您看我……"

邓尼茨厚着脸皮，竭力争取时间，哪怕多拖一个钟头，都能让更多德国军民摆脱俄国人逃到西面。5月6日，他向德国人民发表广播讲话："依据已生效的停战协定，我要求所有德国男女民众，不得在敌人占领的西部地区，以'狼人'或其他有组织的方式从事任何地下战斗活动，因为此类活动只会给我们的人民造成伤害。"

邓尼茨的广播讲话有效地结束了"狼人"的威胁。不管怎么说，德国国防军从没觉得此类活动是行之有效的抵抗方式。例如西格弗里德·韦斯特法尔就谈到过"狼人"和该组织的四五千名成员："国防军做不到的事情，好像这帮童子军组成的乌合之众能做到似的。"邓尼茨的讲话故意没提东线仍在持续的战斗，那里还有时间，但也不是所有地方。布雷斯劳经受了长达58天的围攻，5月6日，步兵上将赫尔曼·尼霍夫率领残部向红军投降。保卫布雷斯劳期间，近 3 万名德军官兵阵亡或负伤，红军伤亡数比他们高一倍。亨德里克·弗尔通走出防空洞，看着自己和战友顽强抵御了这么长时间的苏联红军开入城内：

> 我心里泛起苦涩，一时间心乱如麻。我看见与之厮杀多年的敌人近在咫尺，自己却手无寸铁，这还是第一次。眼前的情形就像一支花里胡哨、狂呼乱叫的马帮穿过遍布碎石瓦砾的各条街道……醉醺醺的红军官兵用各种武器朝空中胡乱射击……有个红军士兵跟跟跄跄地走下地下室台阶，他个头不高，又矮又胖……他一把搂住我，亲吻我双颊，还宣称："希特勒完蛋了！"

荷兰人的手表被他新结识的"朋友"偷走了："我那些战友的手表无一幸免，这家伙把抢到的手表戴在他已经戴满手表的胳膊上，一只挨着一只，一直戴到胳膊肘。"弗尔通脱掉身上的党卫队制服，换上一身陆军军装，还"怀着沉重的心情烧掉士兵证，上面有我的服役条目，包括一个个近战日的详细情况"。不过，弗尔通心知肚明，虽说自己暂时没什么危险，可城里的女性却不是这样："所有妇女和姑娘都是俄国人玩弄的对象，她们犹如树林里惊慌奔逃的猎物。就算某位作风正派的红军军官确实阻止了部下的强奸行径，但数百个军官对此置若罔闻。"

佛拉芒护士露西·勒菲弗就是个受害者："守军投降后，我们想逃往西面，但我和另一些人在途中被拦下。我带着红十字会的通行证，于是拿出来给他看，请他放行。可他一把抢过通行证，当着我的面把它撕得粉碎，情况就是这样。"勒菲弗遭到暴力强奸。

邓尼茨无法再拖了。阿尔弗雷德·约德尔代表他，在法国兰斯签署了正式降书，艾森豪威尔随后致电华盛顿："1945 年 5 月 7 日，当地时间 2 点 41 分，盟国远征军胜利完成任务。艾森豪威尔。"此时是 D 日后的 335 天。

听闻盟军举办投降仪式，斯大林怒不可遏，立即要求暂缓，必须有苏联代表出席，哪怕投降仪式已经在进行也不作数。戴高乐不甘示弱，也大加抱怨，说这么重要的场合居然没有法国国旗。原本庄严的事沦为闹剧。为满足这些要求，平息几个国家的怒火，德国正式投降的日期定在 1945 年 5 月 8 日星期二，这一天就此成为欧战胜利日。

当天，里夏德·冯·罗森回到家里："那种感受难以言述，经历了这一切，我终于回家了……我认出妈妈，她从远处朝我走来，看上去很疲惫。她随即认出了我……'儿子，我简直不敢相信你回来了！埃里希，里夏德回来了！'时至今日我仍记得清清楚楚，爸爸跳起身朝我走来，一句话也说不出……活着回家真是太好了，我对此感激不尽。"[18] 罗森在战争中失去一个叔叔、三个表兄弟、一个姐夫。家人眼含热泪迎接他归来后，罗森走入自己以前的卧室，却找不到合适的裤子，因为他饿得半死，骨瘦如柴，只好换上多年前穿的短裤。

德国全面投降 1945 年 5 月 9 日凌晨 1 点生效，邓尼茨给德国国防军发出最后一份报告：

自午夜起所有战线停火……德国军队停止了毫无希望的战斗行动。持续近 6 年的英勇搏斗终告结束。我们在这场搏斗中赢得过伟大的胜利，但也遭受了惨重的失败。敌人强大的优势兵力最终战胜了德国国防军。德国军人忠于誓言……赢得的胜利会永载史册……德国军人在陆地、海上、空中取得的成就，就连我们的敌人也不得不表示钦佩。所以每个军人现在可以坦然而又自豪地放下武器，在我们历史上最艰难的时刻，为德意志民族的永生重新投入工作。

胜利者有充分的理由欢呼庆祝，然后才是反思。德国国防军认为，英美军队凭借技术装备战、物资战、消耗战赢得胜利，他们声称，从诺曼底登陆到欧战胜利日，仅美国军队就在欧洲战区发射了 2300 万发炮弹、5 亿发机枪子弹，谁能与之抗衡？但许多德国老兵觉得，盟军的战术缓慢而又笨拙，例如戴着眼镜的瓦尔特·舍费尔－克内尔特就沉思道："盟军花了好长时间才攻入德国，荒唐得可笑，要是他们采用我们的战术，说不定几个星期就攻入柏林了。"这种看法有些片面，盟军的后勤和火力看上去似乎占有压倒性优势，但攻城略地靠的是人，西线盟军为赢得胜利付出了高昂的代价，伤亡 75 万，其中三分之二是美军官兵，阵亡的美国、英国、加拿大官兵共计 15.1 万。

德国国防军官兵眼下的境况当然很绝望，依然充满危险。有些人比较幸运，例如京特·科朔雷克，战争结束时，他在苏台德区的医院里疗伤。美国人俘虏了他，本打算把他移交给红军，为了不落入俄国人手里，科朔雷克故意把伤口弄感染，美国人最后让他出院回家了。弗朗茨·文施逃脱了一心复仇的捷克游击队之手，最终到达奥地利："我们得知战争结束、德国军队投降的消息，我的情绪前所未有的低落……失败主义的念头油然而起，我们把武器、弹药、各种装备抛入空地里燃起的一大堆篝火，我们垂头丧气，我们该何去何从，一个个在心里盘算着。"

埃尔温·巴特曼和寥寥几个战友逃到易北河畔，找到条小船，朝美军据守的对岸划去："我们到达的对岸是美军一处炮兵阵地，没人站岗放哨，所有人都在呼呼大睡，我们绕过美军阵地后出发。"巴特曼几周后被俘，在英国战俘营关了近4年才获释。他留在英国，1955年加入英国籍。维尔纳·布洛克也是如此，沦为战俘后，在汉普郡某座农场干了好几年活儿。扬·蒙克在荷兰服刑，后来娶了个英国护士，移民到德文郡的农场，之后成为土木工程师。

什未林城内，古斯塔夫·帕尔姆向他遇到的首批美军官兵投降："他们毫不犹豫地抢走了德国军人身上的手表、贵重物品和其他纪念品……把我们有点价值的东西劫掠一空，但没拿走我的旧怀表，可能是因为美国佬觉得这玩意儿不值钱。"后来发生的稀罕事，彻底改变了帕尔姆的命运，他结识了匈牙利犹太人阿格尼丝·埃尔德什，她是个集中营囚犯，两人坠入爱河，结婚后移居瑞典。

绰号"装甲迈尔"的库尔特·迈尔是个臭名昭著的武装党卫队将领，身份最终暴露，由于在诺曼底犯有战争罪行，加拿大人对他提起诉讼，罪名成立，判处死刑，后来减为无期徒刑。迈尔1954年9月获释，成为HIAG（前武装党卫队队员互助协会）的重要成员，该组织主要是为昔日的武装党卫队队员辩护，争取社会福利。迈尔的健康状况一直不太好，熬了几年，1961年12月心脏病发作去世，终年51岁。

18岁的骑兵赫尔穆特·施赖伯在布达佩斯被俘，辗转到苏联古拉格劳改营服了9年苦役，1954年获释返回德国。

面包师的女儿希尔德加德·特鲁茨嫁了个党卫队队员，她不顾天寒地冻向西跋涉，最小的孩子死在途中，她厌恶地抛弃了丈夫恩斯特。特鲁茨担心的事情终于发生了，她一再遭到红军官兵强奸，随后"适应了"这种事，干脆跟他们睡觉，换取食物和其他好处。有段时间，她当了某个非裔美国兵的女朋友，最后成为黑市商人的女友，这名黑市商人是波兰犹太人寥寥无几的生还者之一，不无讽刺的是，以前的种族偏见和嫁给党卫队队员的经历似乎没给她造成任何心理障碍。

赫伯特·梅格尔想方设法逃到易北河的安全处，可还是落入红军手里，身陷囹圄。

不知怎么回事，他说服战俘营指挥官他病得太重无法干活，当年 9 月被释放。返回比利时途中，梅格尔决定留在德国，因为他觉得回国后肯定没好果子吃，他猜得没错。奥斯瓦尔德·范奥特黑姆也抱同样的想法：

战争结束时我想过自杀，但最终还是脱掉军装换上便衣，决心留在德国，而不是冒险返回比利时。我知道我得隐瞒、否认在武装党卫队当过兵，幸好我有几张身着德国陆军军装拍摄的照片，有人盘问的话，我可以用这些照片搪塞。肩章和领章都是硬纸板做的，粘在军装上，但看上去很像真的，能骗过所有人。我不得不这么做，因为他们到处搜寻党卫队队员，各处都有迹象表明，要是有谁胆敢包庇党卫队军人的话，会判处 20 年徒刑。所以我逃到德国的法语地区，装成德国人，说自己是汉斯·里希特，还娶了个德国女人，因为我不相信比利时当局。我在黑森林落户，当了建筑绘图员。

几年后，范奥特黑姆打算移民南美，但在母亲劝说下，还是返回了佛兰德斯的故乡。刚到家他就遭逮捕，法庭判处他犯有通敌罪，范奥特黑姆、他父亲和数百名佛拉芒民族主义者一同在牢里服刑。几年后，范奥特黑姆当选比利时议会参议员，还加入佛拉芒武装党卫队老兵组织，与战友赫尔曼·范盖齐格姆、德里·库朗、特奥·德奥斯特林克重逢。

柏林陷落后，埃里克·瓦林活了下来。他躲在地下室里好好休息了一番，战争结束几周后才离开这座城市，跟另一个瑞典党卫队战友一同赶往易北河，渡过该河到达英美军队一侧。丹麦军官埃里克·布勒鲁普战后移居加拿大，随后加入加拿大陆军，最终成为飞行医疗机构的飞行员。

战争结束前一天，比约恩·林德斯塔德开了小差，返回挪威后入狱服刑，最终获释。战争结束时，诺贝特·汉尼希正接受 Me-262 喷气式战斗机训练。他回到家里，却被苏联人逮捕，囚禁了一段时间后获释。布鲁诺·弗里森更幸运："我没当俘虏，从来没受过审问，甚至没参加去纳粹化的讲座。"战争结束后他留在德国，1950 年前往美国，再从那里返回自己的祖国加拿大。

汉斯–阿道夫·普吕茨曼是"狼人"首任也是唯一一任首脑，他落入盟军手里，囚禁期间，没等上法庭接受战争犯罪审判，就在 5 月 21 日自杀身亡。两天后，英国人逮捕弗伦斯堡政府成员，汉斯－格奥尔格·冯·弗里德堡自杀身亡。

阿尔贝特·凯塞林因涉嫌战争犯罪被递押到卢森堡，受审期间谈到希特勒，据他说："希特勒是我知道的最杰出的历史人物。"

伞兵上校马丁·费特尔和战斗机飞行员安东·韦芬无疑赞同凯塞林的看法，战争结束时，他俩在牢里的秘密录音可资证明。

费特尔："无论您怎么看待国家社会主义，阿道夫·希特勒作为我们的元首，给予德国人民的东西实在太多了，我们总算能再次对自己的国家深感自豪，永远不该忘掉这一点。"

韦芬："这是无论如何都无法否认的。"

费特尔："我毫不怀疑他会成为德国人民的掘墓人，可我不会改变自己的看法。"

韦芬："没错，德国人民的掘墓人。"

费特尔："毫无疑问，他干得很棒。"[19]

注解

1.　开枪的刺客是党卫队小队长、绰号"泽普"的约瑟夫·莱特格布，这个 30 岁的奥地利人是个东线老兵，完成暗杀任务后企图逃回德军防线，结果踩到地雷，当场身亡。

2.　Williams, Andrew, *D-Day to Berlin*, p314。这段话出自装甲教导师的奥托·亨宁中士。

3.　Neitzel, Sönke and Welzer, Harald, *Soldaten*, p271.

4.　一如既往，难以得出合围圈内德军官兵的确切数字，尤其是在战争最后几个月无比混乱的情况下。合围圈内究竟有多少将级军官，确切数字也有争议，里克·阿特金森认为是 24 名，安德鲁·威廉姆森认为是 25 名，另一些历史学家给出的数字更高，认为多达 29 人，但他们一致认为口袋里只有一位海军将领。我采用了威廉姆森的数字。

5.　Williams, Andrew, *D-Day to Berlin*, p316.

6.　Atkinson, Rick, *The Guns at Last Light*, p584。莫德尔的副官落入盟军手里，受审期间拒不交代莫德尔葬身何处。战争结束 10 年后，他带着莫德尔的儿子汉斯·格奥尔格找到莫德尔元帅的葬身地，汉斯·格奥尔格·莫德尔掘出父亲的遗骸，重新安葬在沃森纳克军事公墓。

7.　同上，p513。

8.　Villani, Gerry, *Voices of the Waffen-SS*, p240.

9.　Lucas, James, *Kommando*, p211.

10.　Biddiscombe, Perry, *The Last Nazis*, p234.

11.　Meyer, Kurt, *Grenadiers*, p347.

12.　诺贝尔文学奖获得者京特·格拉斯知道自己在说什么。长期以来，他一直是德国战后左翼文学的元老，2006 年坦承自己在战争期间是武装党卫队队员，说他先是自愿加入潜艇部队，但没被录取，随后投身党卫队第 10 "弗伦茨贝格"装甲师，当了坦克炮手。

13.　Hagen, Louis, *Ein Volk, Ein Reich*, p40.

14.　欧仁·沃洛在柏林战役中阵亡，而弗朗索瓦·阿波洛当时是法国共产党的正式党员，这种突然改变立场的事情在战争中很常见。

15.　Korschorrek, Günter, *Blood Red Snow*, p311.

16.　Biddiscombe, Perry, *The Last Nazis*, p238.

17.　同上，p88。

18.　Von Rosen, Richard Freiherr, *Panzer Ace*, p357.

19.　Neitzel, Sönke and Welzer, Harald, *Soldaten*, p209。马丁·费特尔和安东·韦芬的秘密录音。

历史照片和示意图

光荣时刻！1944年9月4日，英国禁卫装甲师师长艾伦·阿代尔少将率领部下解放布鲁塞尔，他站在"克伦威尔"坦克炮塔顶上，向欢呼的民众敬礼。

盟军解放安特卫普，数千名德军官兵列队步入战俘营。

被美国陆航队轰炸后，罗马尼亚哥伦比亚阿奎拉炼油厂起火燃烧。普洛耶什蒂几座油田对纳粹德国的战争努力至关重要，这些油田8月底丢失，对柏林不啻为灾难。

在东线负伤的武装党卫队佛拉芒志愿者，布鲁塞尔举行阅兵仪式期间，这群康复中的伤员思忖着他们的前景。他们中的许多人战斗到最后一刻。

弗里德里希·冯·德尔·海特男爵，阿登攻势期间，这位获得过高级勋章的伞兵指挥官指挥一个临时拼凑的战斗群。

1944年，比利时，党卫队"警卫旗队"装甲师赫伯特·林克装甲掷弹兵连的连军士长。

1944年10月，梅茨附近，党卫队第17"格茨·冯·贝利欣根"装甲掷弹兵师的炮兵观察员正准备召唤炮火，打击前进中的美国人。"格茨·冯·贝利欣根"装甲掷弹兵师是整个战争期间唯一一个一直在西线鏖战的武装党卫队师。

270

1944年10月，梅茨附近，一名德国人民掷弹兵警惕地守卫着西墙。他配备的是"战车噩梦"，这款反坦克武器仿制了美国著名的巴祖卡火箭筒。这名掷弹兵佩戴着铁十字勋章、步兵突击章、战伤勋章、近战勋饰。

党卫队旗队长恩斯特·肯珀，后来调到"维京"师任职，海因里希·希姆莱提名他指挥梅斯守军，但第462人民掷弹兵师师长瓦尔特·克劳泽取代了肯珀，克劳泽随即着手准备梅斯防务。

亚琛附近，向前推进的德国人民掷弹兵。争夺亚琛的战斗非常激烈。

1945 年的亚琛，盟军的轰炸、激烈的巷战，把这座德国最美丽的城市夷为平地。

1945 年许特根森林战斗中，一门德军步兵炮提供火力支援。

纳粹德国外交部部长约阿希姆·冯·里宾特洛甫的儿子鲁道夫·冯·里宾特洛甫，他在党卫队第12"希特勒青年团"装甲师服役，参加了阿登战役。

第2装甲师师长迈因拉德·冯·劳赫特，阿登攻势期间，该师取得的进展远远超过其他德军兵团。

第2装甲师的恩斯特·冯·科亨豪森少校，他的战斗群围绕第304装甲掷弹兵团组建，获得第3装甲团1个营，外加师里所有火炮和大部分高射炮加强。阿登攻势期间，该战斗群在距离默兹河几英里处止步不前。

来自波罗的海地区的德国贵族、装甲王牌里夏德·威尔弗雷德·哈里·埃里希·冯·罗森男爵少尉。冯·罗森在第503重型装甲营任连长，战争最后几个月的大部分时间，他在匈牙利鏖战，对抗苏联红军。

阿登攻势头几天，德军人民掷弹兵穿过林地向前推进。照片里的掷弹兵配备了世界上首款真正的突击步枪，也就是 StG-44。

1944 年 11 月，伦敦北部的特伦特公园战俘营。盟军把欧洲战场俘虏的轴心国高级军官关押在此处，还偷偷录下他们谈论德国战争努力的对话。后排站立者，从左到右分别是：步兵上将迪特里希·冯·肖尔蒂茨、格哈德·维尔克上校、空降兵上将赫尔曼－伯恩哈德·拉姆克、库尔特·埃伯丁少将、埃伯哈德·维尔德穆特上校。前排坐者，从左到右分别是：吕迪格·冯·海金空军中将、威廉·冯·施利本中将、威廉·达泽尔中将。

1944 年深秋，巴德埃姆斯附近，党卫队第 2 "帝国"装甲师的黑豹坦克连连长、二级突击队中队长阿尔弗雷德·哈格斯海默（图左）坐在缴获的美制吉普上，后来的阿登攻势期间，哈格斯海默使用了这辆吉普。

派佩尔战斗群编号 213 的虎王坦克。该战斗群步行撤离期间被迫丢弃了这辆战车，时至今日，它依然停在拉格莱兹村的阿登战役纪念博物馆外。

1944 年 10 月末，布达佩斯街头，冯·罗森连里编号 323 的虎王坦克。苏联红军不断逼近，德国人把这些战车调入布达佩斯城内，目的是恐吓匈牙利当局站在德国一方继续战斗。

布达佩斯附近，卡罗伊·拜赖格菲元帅（左三戴眼镜者）视察党卫队第 8 "弗洛里安·盖尔" 骑兵师的阵地，约阿希姆·鲁莫尔指挥的这个师以德裔组建。1944—1945 年，拜赖格菲在匈牙利箭十字党政府任国防部部长，1944 年 4 月因作战失利被解除战地指挥职务。1945 年 4 月下旬，美国人逮捕了拜赖格菲，后来把他移交给匈牙利共产党，经审判、定罪，拜赖格菲 1946 年 3 月 12 日上了绞刑架。

盟军 1945 年 2 月轰炸德累斯顿后，救援队把遇难者的遗体堆放在老市场广场，准备集体火化。

1944 年 11 月的库尔兰口袋里，一个德军突击炮组合影留念。坐在突击炮上的是骑士铁十字勋章获得者、奥地利人泽普·布兰德纳上尉。

苏联红军把东线德军逐向德国边界，德军把所有兵力投入战斗，包括这些年轻的爱沙尼亚武装党卫队志愿者。

加入武装党卫队的佛拉芒人特奥·德奥斯特林克，战争期间，他在东线对抗苏联红军。

加入武装党卫队的佛拉芒人赫尔曼·范盖齐格姆称："他们一直告诉我们，要么选择罗马，要么选择莫斯科，这就是我们这么多人自愿入伍的原因，因为我们选择了罗马和欧洲。现在俄国人来了，要是不挡住他们，他们会一路攻到佛兰德斯。"

负伤的党卫队队员康复期间摆拍留念。手持拐杖的站立者是佛拉芒武装党卫队志愿者奥斯瓦尔德·范奥特黑姆，战后他当选比利时议会参议员。

来自荷兰莱顿的扬·蒙克，他加入党卫队 10 "韦斯特兰" 装甲掷弹兵团，从荷兰和佛兰德斯地区招募的新兵组建了该团。

安德烈亚斯·弗莱舍尔是来自丹麦的德裔，在党卫队第 3 "骷髅" 装甲师服役，1945 年初经历了匈牙利境内的鏖战。

挪威党卫队队员比约恩·林德斯塔德，先前在苏联北部和库尔兰战斗，对抗苏联红军，战争结束前一天，他开了小差。

年轻的丹麦党卫队志愿者伊瓦尔·科内柳森，他在第聂伯河畔的战斗中失去了左眼，1945年参加了匈牙利境内的激战，企图解救陷入围困的布达佩斯守军。

1944 年 10 月，东普鲁士某地，德国陆军精锐"大德意志"装甲掷弹兵师一名高级军士指导年迈的人民冲锋队队员操作 MG-42 机枪。

1945 年春季仓促的训练期间，一名年迈的人民冲锋队员发射"铁拳"。由于缺乏武器装备，战争最后几个月阵亡的人民冲锋队员超过 10 万人。

人民冲锋队指挥官恩斯特·蒂布尔齐获得骑士铁十字勋章后拍摄的标准照。1945 年 2 月，他在保卫家乡柯尼斯堡的战斗中身负重伤。34 岁的蒂布尔齐坚守阵地，用"铁拳"亲手击毁 5 辆 T-34，随后率领部下发起反冲击，击退红军。他还枪毙了手下一名畏战逃跑的排长。

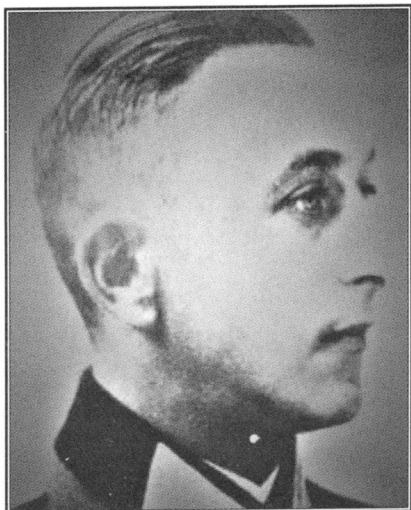

1945 年 3 月初，美军不断逼近，德国人在雷马根镇和著名的鲁登道夫大桥仓促部署防御，由维利·布拉特格上尉指挥。战争结束后，布拉特格在雷马根镇当了教师。

约翰内斯·舍勒少校和女儿的合影。上级派他赶往雷马根，确保炸毁那里的桥梁，但他到得太晚，无法完成爆破作业，盟军已渡过莱茵河，攻入第三帝国腹地。

美军拿下鲁登道夫大桥后，卡尔·蒂梅中校率领第 11 装甲师战斗群发起猛烈的反冲击，企图夺回桥梁，但最终失败。蒂梅因此战获得骑士铁十字勋章双剑饰。

德国空军年轻的战斗机飞行员海因茨·克诺克的标准照。他取得过 52 个击落战果，后因不慎碾上捷克抵抗组织埋设的地雷而负伤，战争结束时，他在医院里疗伤。

1945 年 3 月，蒙哥马利强渡莱茵河的目标地域韦瑟尔市。盟军的轰炸夷平了该市大约 97% 的地区，战前的 2.5 万居民，到 1945 年 5 月仅剩 1900 人。

战争末期，党卫队全国副总指挥汉斯－阿道夫·普吕茨曼指挥纳粹"狼人"抵抗组织。这张照片 1942 年 9 月摄于乌克兰，党卫队全国领袖海因里希·希姆莱视察党卫队"维京"师期间接见普吕茨曼。

1945 年 3 月 13 日，德国凯梅格 – 金斯特海因附近，胡德尔装甲集群被美军 M36 坦克歼击车击毁后遗弃的一辆"猎豹"坦克歼击车。

战争期间，汉堡遭受了 70 多次空袭，整座城市几乎被夷为平地。英国官员把该市称为"德国的广岛"。

参加柏林战役的志愿者有法国人、挪威人、瑞典人、丹麦人。这张照片拍摄于苏联北部，照片里的部分丹麦党卫队队员也参与了柏林战役。

德国 1939 年入侵波兰期间，党卫队二级小队长罗胡斯·米施身负重伤，伤愈后被调去担任希特勒的警卫。希特勒和埃娃自杀身亡，米施帮着烧毁了他们的遗体。战争结束后，米施在柏林经营一家小小的油漆装修店。这张照片是 1944 年在东普鲁士拉斯滕堡元首大本营拍摄的。

1945 年 4 月 20 日，纳粹独裁者 56 岁生日当天拍摄的最后一批照片中的一张。红军不断逼近，希特勒离开暗堡，在总理府花园接见了年轻的希特勒青年团团员，他们中的许多人因作战英勇获得勋章。照片里，希特勒正与 16 岁的威廉·许布纳握手。

1945 年 5 月 5 日，荷兰瓦赫宁恩，约翰内斯·布拉斯科维茨大将（右中）率领荷兰境内残余的德军官兵向加拿大第 1 军军长查尔斯·福克斯中将（左中）投降。法庭宣判布拉斯科维茨并未涉及战争犯罪，可他却在囚禁期间莫名其妙地自杀身亡。

维尔纳·布洛克战争期间在东线担任虎式坦克驾驶员，他给自己的战车起名为"莱奥"，还称赞虎式坦克厚重的装甲多次救了自己的命。

伊瓦尔·科内柳森在战争中活了下来，战后在商船队工作，退休后返回丹麦农村，2018年去世。

前党卫队"骷髅"师军士安德烈亚斯·弗莱舍尔在丹麦南部过着平静的退休生活。

挪威森林深处的小木屋里,前党卫队士兵比约恩·林德斯塔德站在他亲手雕刻的维京人塑像旁。

战争结束后，许多生还的德国国防军老兵群策群力，缅怀往事，帮助昔日的战友。照片里是佛拉芒斯奈森斯小组最后几位活着的成员。后排站立者，从左到右分别是奥斯瓦尔德·范奥特黑姆、赫尔曼·范盖齐格姆（本书出版时已离世）；前排坐者，从左到右分别是特奥·德奥斯特林克、露西·勒菲弗（德国红十字会的佛拉芒志愿护士）。

1945 年，荷兰党卫队志愿者扬·蒙克不愿毫无必要地牺牲他指挥的那群希特勒青年团小伙。蒙克最终娶了英国姑娘莫文，他们住在英格兰西南部，蒙克 2010 年去世。

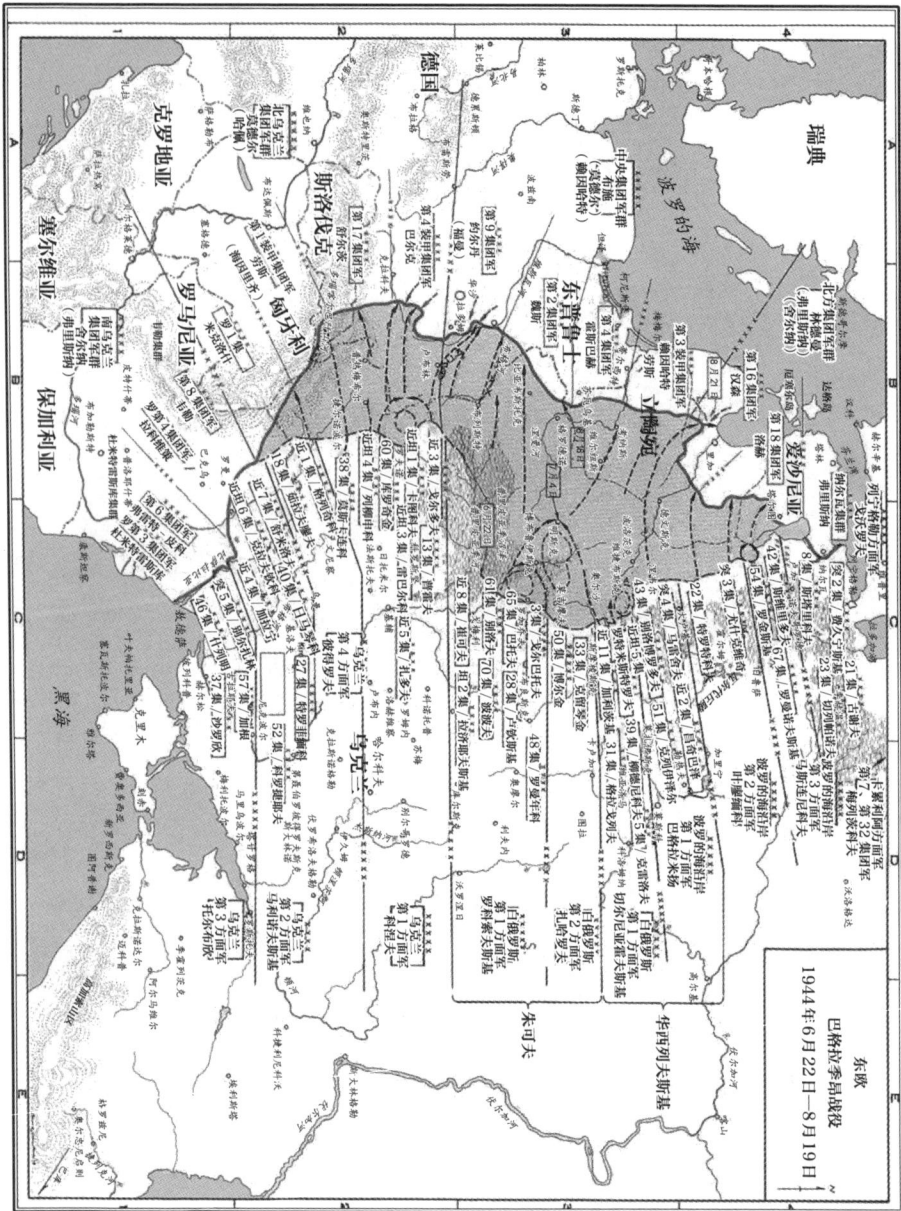

东欧
巴格拉季昂战役
1944年6月22日—8月19日

意大利北部，1944 年 6 月 5 日—8 月 25 日
盟军1944 年 6 月 5 日—8 月 25 日攻往哥特防线取得的战果，以及
8 月 29 日—12 月 31 日的德军防线

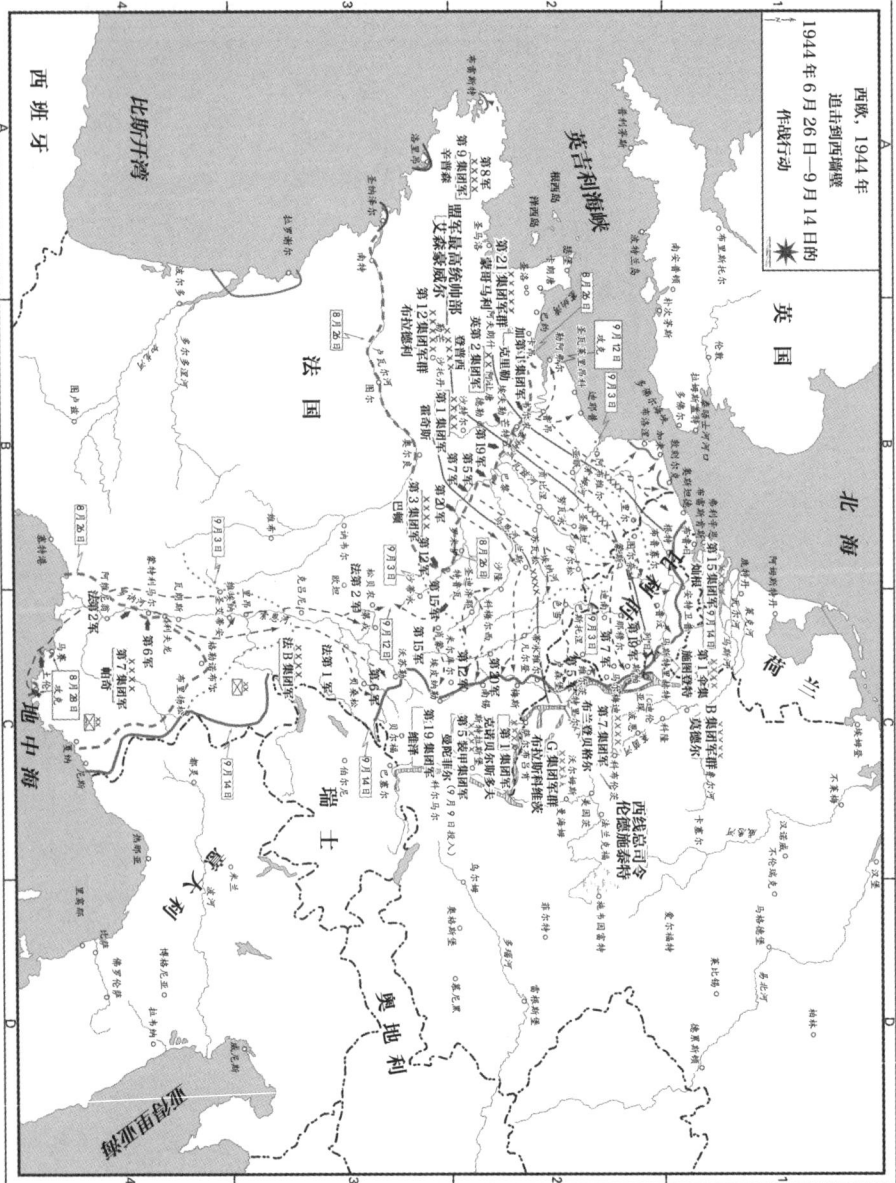

西欧，1944年
1944 年 6 月 26 日—9 月 14 日的
追击到西墙壁
作战行动

292

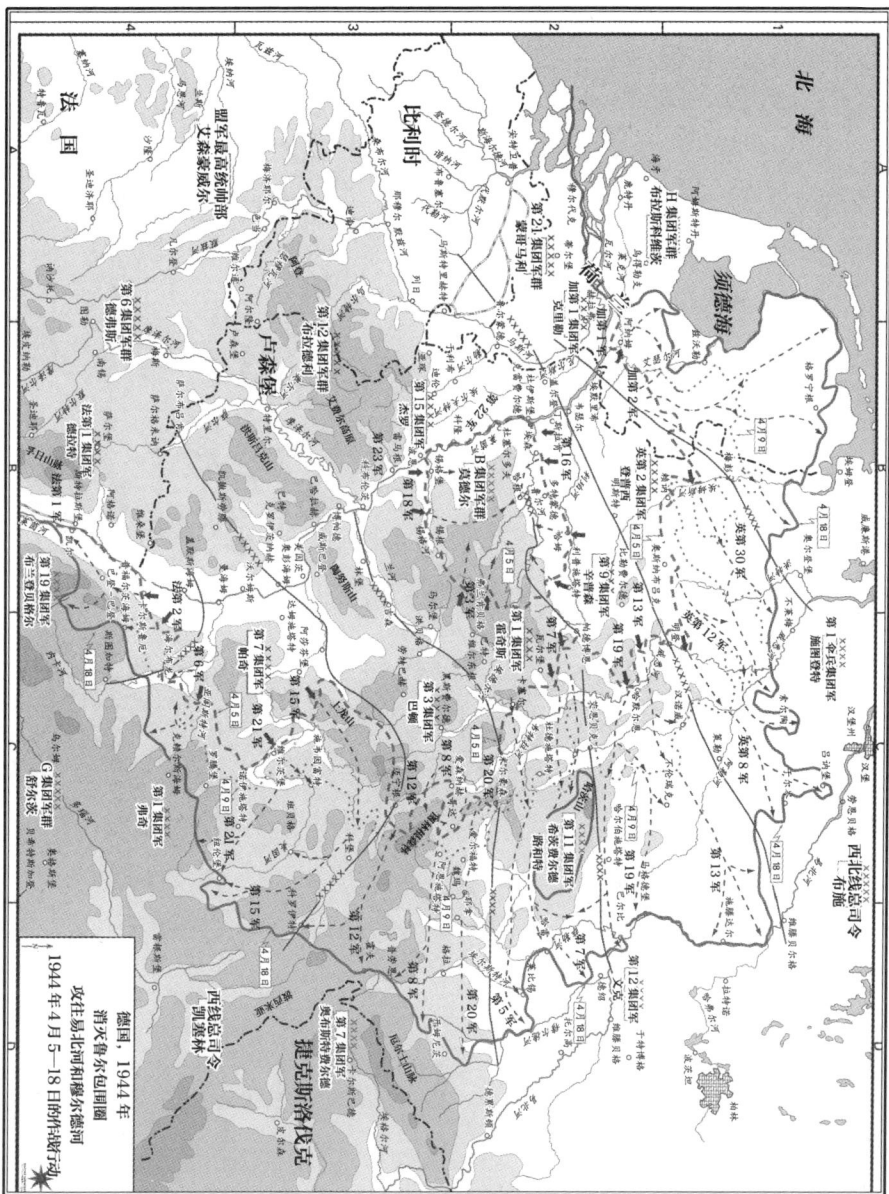

北海

法国

比利时

盟军最高统帅部
艾森豪威尔

第2、1集团军群
布拉斯科维利
蒙哥马利

第12集团军群
布拉德利

卢森堡

B集团军群
莫德尔

第6集团军群
德弗斯

第19集团军
布里翁将军

G集团军群
舒尔茨

西线总司令
凯塞林

捷克斯洛伐克

德国, 1944年
消灭鲁尔包围圈
攻往易北河和穆尔德河
1944年4月5—18日的作战行动

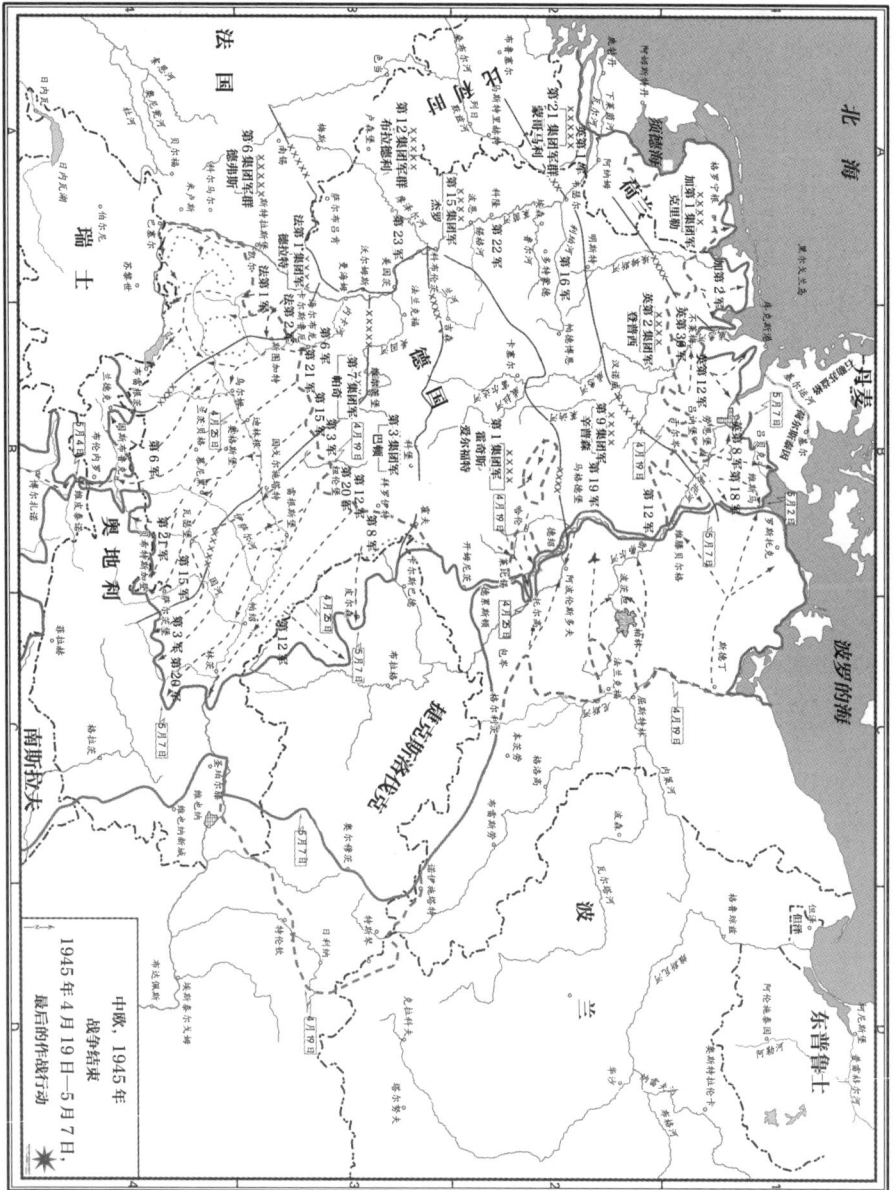

中欧，1945年
战争结束
1945 年 4 月 19 日—5 月 7 日，
最后的作战行动

294